Ullstein

W0024153

ÜBER DAS BUCH:

Die Stücke *Antigone* und *Becket oder die Ehre Gottes* können als Höhepunkte im umfangreichen Bühnenwerk von Jean Anouilh gelten. *Antigone* (1942) ist eine moderne Version des klassischen Tragödienstoffes vom Protest gegen Kreons Neue Ordnung. Anouilh hat den Konflikt hinter die Mauern des Palastes von Theben verlagert, von der politischen Szene in das Seelenleben seiner Protagonistin. Sein Kreon bemüht sich, Antigone zu verstehen, was ihm leichtfällt, und ihre öffentliche Wirkung zu verhindern, was mißlingt. Die politischen Umstände der Uraufführung des Stückes im besetzten Paris (1944) waren Anlaß zu Kontroversen über den politischen Gehalt des Stückes, die bis heute nachwirken. In *Becket* (1958) bietet Anouilh eine ganz eigene Darstellung der Verfolgung und Ermordung des Erzbischofs von Canterbury durch Männer des Königs Heinrich, dessen Freund und Kanzler der rätselhafte Thomas Becket war, bevor er mit der Übernahme des geistlichen Amtes plötzlich und unerwartet vom leichtfertigen Lebemann zum kämpferischen Kirchenmann wurde. Aber ist er in seinem neuen Eifer und durch den in Kauf genommenen Tod ein großer Heiliger oder ein genialer Heuchler? Das bleibt die Frage in diesem aufwendigen Historienspiel, in dem sich alle thematischen und formalen Stränge von Anouilhs Werk kreuzen.

Prof. Dr. Manfred Flügge, Jahrgang 1946, Privatdozent für Französische Literaturwissenschaft und freier Autor, lebt in Berlin. Aufsätze und Features zur französischen Literatur der Gegenwart, Biographien (*Paris ist schwer*, 1992) und Kindergeschichten.

JEAN ANOUILH

ANTIGONE

BECKET
ODER DIE EHRE GOTTES

SCHAUSPIELE

Aus dem Französischen von Franz Geiger

Mit einem Nachwort, einer Zeittafel zu Anouilh,
Anmerkungen und bibliographischen Hinweisen
von Manfred Flügge

Ullstein

Ullstein Buchverlage GmbH,
Berlin
Taschenbuchnummer: 22732
Vollständige Texte von
Antigone und *Becket oder die Ehre Gottes*
Titel der Originalausgaben:
Antigone / Becket ou l'honneur de Dieu

4. Auflage Februar 1997

Umschlagentwurf:
Tandem Design, Hamburg
Foto: G + J Photonica/H. Murakami

Printed in Germany 1997
Druck und Verarbeitung:
Presse-Druck Augsburg
ISBN 3 548 22732 5

Vom selben Autor
im Ullstein Taschenbuch:

Das Leben ist unerhört! (22534)

Gedruckt auf alterungsbeständigem
Papier mit chlorfrei gebleichtem Zellstoff

Die Deutsche Bibliothek – CIP-Einheitsaufnahme

Anouilh, Jean:
Antigone, Becket oder die Ehre Gottes, Schauspiele / Jean Anouilh.
Mit einem Nachw., einer Zeittafel zu Anouilh, Anm. und bibliogr. Hinweisen
von Manfred Flügge. [Aus dem Franz. von Franz Geiger], 4. Aufl.;
Berlin ; Ullstein, 1997
(Ullstein-Buch ; Nr. 22732)
Einheitssacht.: Antigone <dt.>
Einheitssacht. des beigef. Werkes: Becket ou l'honneur de Dieu <dt.>
ISBN 3-548-22732-5
NE: Flügge, Manfred [Hrsg.]; Anouilh, Jean [Sammlung <dt.>]; GT

INHALT

ANTIGONE

Schauspiel

PERSONEN

ANTIGONE
ISMENE
DIE AMME
EURYDIKE
KREON
HÄMON
WÄCHTER
EIN BOTE
SPRECHER

Neutrales Bühnenbild. Im Hintergrund drei gleiche Türen. Beim Aufgehen des Vorhangs sind alle Personen auf der Bühne. Sie plaudern, stricken oder spielen Karten. Der Sprecher tritt vor.

SPRECHER: Also gut... Diese Gestalten werden Ihnen jetzt die Geschichte der Antigone vorspielen. Antigone, das ist die kleine Magere, die dort drüben sitzt und kein Wort sagt. Sie blickt starr vor sich hin. Sie überlegt. Sie überlegt, daß sie nun gleich Antigone sein wird, daß sie plötzlich nicht mehr das schmächtige, schwarze, verschlossene Mädchen sein wird, das keiner in der Familie ernst genommen hat, und daß sie sich allein gegen die Welt stellen wird, allein gegen Kreon, ihren Onkel, der König ist. Sie überlegt, daß sie sterben wird, daß sie ja noch jung ist und daß auch sie gerne gelebt hätte. Aber man kann daran nichts ändern. Sie heißt nun mal Antigone, und sie muß ihre Rolle durchhalten bis zum Ende... Und seit dieser Vorhang aufgegangen ist, spürt sie, wie beängstigend schnell sie sich von ihrer Schwester Ismene entfernt, die dort mit einem jungen Mann plaudert und scherzt. Sie entfernt sich auch von uns allen, die wir heute abend nicht zu sterben brauchen und ihr gelassen zusehen können.
Der junge Mann, mit dem die blonde, schöne, glückliche Ismene spricht, ist Hämon, Kreons Sohn, der Verlobte Antigones. Eigentlich zog ihn alles zu Ismene: seine Lust am Tanzen und Spielen, seine Freude am Glück und leichten Erfolg, seine Sinnlichkeit – denn Ismene ist schöner als Antigone. Aber eines Abends auf einem Ball, nachdem er nur mit Ismene getanzt hatte – sie hatte bezaubernd ausgesehen in ihrem neuen Kleid –, da ging er zu Antigone, die in einer Ecke saß, ihre Arme um die Knie geschlungen, so wie jetzt. Hämon bat sie, seine Frau zu werden. Keiner konnte jemals begreifen, warum er das getan hatte. Antigone blickte mit ihren ernsten Augen ohne Überraschung zu ihm auf und sagte: »Ja« – mit einem kleinen traurigen Lächeln... Die Musik spielte zu einem neuen Tanz

auf, und Ismene, umgeben von anderen jungen Herren, lachte laut. Und nun soll er Antigone heiraten. Er weiß ja nicht, daß es nie einen Gemahl Antigones geben kann auf dieser Welt und daß sein fürstlicher Stand ihm nur das Sterben erlaubt.
Der kräftige, weißhaarige Mann, der nachdenklich dort neben seinem Pagen sitzt, das ist Kreon. Er ist der König. Er hat Runzeln und ist müde. Er versucht sich in dem mühsamen Spiel, die Menschen zu führen. Früher, zu Ödipus' Zeiten, als er nur der Erste bei Hofe war, liebte er Musik, schöne Einbände und lange Streifzüge durch die Antiquariate von Theben. Aber Ödipus und seine Söhne sind tot. Er verließ seine Bücher und Sammlungen, krempelte die Ärmel auf und begann zu regieren.
Abends, wenn er dann müde ist, fragt er sich oft, ob es nicht sinnlos sei, die Menschen führen zu wollen, ob es nicht ein schmutziges Geschäft sei, das man weniger empfindsamen Naturen überlassen sollte. Doch am nächsten Morgen erwarten ihn neue Aufgaben, und er steht auf, gelassen wie ein Arbeiter, der an sein Tagewerk geht.
Neben der Amme, die die beiden Mädchen aufzog, sitzt eine alte Dame und strickt. Das ist Eurydike, Kreons Frau. Sie strickt während der ganzen Tragödie, bis auch sie aufsteht und stirbt. Sie ist gutmütig, würdevoll und liebt ihren Mann. Aber helfen kann sie ihm nicht. Kreon ist allein mit seinem kleinen Pagen, der zu klein ist und auch nichts für ihn tun kann.
Der dort bleich und einsam an der Wand lehnt und so merkwürdig schaut, das ist der Bote. Er wird später den Tod Hämons melden. Darum will er sich auch nicht zu den anderen stellen und schwätzen. Er weiß bereits...
Die drei Männer, die Karten spielen, mit roten Gesichtern, ihre Mützen im Genick, das sind die Wächter. Sie haben Weib und Kind und kleine Sorgen wie wir alle. Es sind also keine schlechten Kerle. Aber mit der größten Gelassenheit werden sie die Angeklagten festnehmen. Sie riechen nach Knoblauch,

Rotwein und Leder und sind völlig phantasielos. Sie sind die unschuldigen und immer selbstzufriedenen Handlanger der Gerichtsbarkeit. Augenblicklich dienen sie Kreon, bis sie ihn eines Tages auf Befehl irgendeines neuen Chefs von Theben seinerseits verhaften werden.

So, nun kennt ihr sie alle, und die Geschichte kann beginnen. Sie fängt damit an, daß die zwei Söhne von Ödipus, Eteokles und Polyneikes, in Streit geraten waren und sich vor den Stadtmauern gegenseitig erschlagen hatten. Denn jeder sollte immer abwechselnd ein Jahr über Theben regieren. Aber nachdem das erste Jahr verstrichen war, hatte sich Eteokles, der ältere, geweigert, die Herrschaft seinem Bruder zu übergeben. Sieben mächtige ausländische Fürsten, die Polyneikes zu Hilfe gekommen waren, wurden vor den Toren Thebens geschlagen. Die Stadt ist gerettet, und die feindlichen Brüder sind beide tot. Kreon, der neue König, ordnete für den guten Bruder Eteokles ein großartiges Begräbnis an. Polyneikes aber, der Taugenichts, der Aufrührer, soll unbeweint und unbestattet auf dem Schlachtfeld liegen bleiben, den Raben und Schakalen zum Fraß. Jeder, der sich unterstehen sollte, ihm den letzten Dienst zu erweisen, wird erbarmungslos mit dem Tode bestraft.

Während der letzten Sätze des Sprechers sind die Personen nacheinander abgegangen.

Der Sprecher verschwindet.

Neue Bühnenbeleuchtung: Graue, bleifarbene Morgendämmerung. Ein schlafendes Haus.

Antigone öffnet behutsam die Türe und schleicht barfuß herein, ihre Schuhe in der Hand. Sie bleibt einen Augenblick stehen und lauscht. Die Amme erscheint.

AMME: Wo kommst du her?

ANTIGONE: Ich ging spazieren, Amme. Es war schön. Alles so grau. Jetzt kannst du es nicht mehr sehen. Inzwischen ist alles schon rot, gelb und grün wie auf einer Postkarte. Wenn du eine

Welt ohne Farben sehen willst, mußt du früher aufstehen. *Sie will an ihr vorbeigehen.*

AMME: Ich stehe mitten in der Nacht eigens auf, weil ich nachsehen will, ob du dich im Schlaf nicht aufgedeckt hast – und da bist du nicht mehr im Bett.

ANTIGONE: Der Garten schlief noch. Ich habe ihn überrascht, Amme. Ich sah ihn an, und er merkte es nicht. Schön – so ein Garten, der noch nicht an die Menschen denkt.

AMME: Du warst ausgegangen. Ich ging zur Hintertüre und fand sie offen.

ANTIGONE: Die Felder waren noch naß, und alles schien zu warten. Meine Schritte machten so viel Lärm auf der verlassenen Straße. Da bekam ich ein wenig Angst, denn man wartete doch nicht auf mich. Ich zog meine Schuhe aus und schlich mich unbemerkt über die Felder.

AMME: Du mußt dir die Füße waschen, bevor du wieder ins Bett gehst.

ANTIGONE: Jetzt lege ich mich nicht mehr hin.

AMME: Was? Es ist doch erst vier Uhr! Ich stehe eigens auf und will nachsehen, ob sie sich nicht aufgedeckt hat. Und was finde ich? Ein kaltes, leeres Bett!

ANTIGONE: Meinst du, es ist jeden Tag so schön, wenn man so zeitig aufsteht und als erste draußen ist?

AMME: Es war noch Nacht! Stockfinstere Nacht! Und da soll ich glauben, daß du nur spazierengegangen bist, du Lügnerin! Wo kommst du her?

ANTIGONE *mit seltsamem Lächeln:* Das stimmt, es war noch Nacht. Auf allen Feldern war ich die einzige, die glaubte, es sei der Morgen. Es ist wunderbar, Amme. Heute war ich die erste, die an den Tag glaubte.

AMME: Tu nur wieder recht überspannt. Ich kenne das schon. Ich war ja auch einmal jung und gewiß nicht leicht zu erziehen, aber so starrköpfig wie du war ich nicht. Woher kommst du, du schlechtes Mädchen?

ANTIGONE *plötzlich ernst:* Nein – schlecht bin ich nicht.
AMME: Gib zu, du hast dich mit jemandem getroffen?
ANTIGONE *leise:* Ja – das habe ich.
AMME: Hast du einen Liebhaber?
ANTIGONE *mit seltsamem Tonfall, nach einer Pause:* Ja, Amme... Der Ärmste... Ich habe einen Liebhaber.
AMME *herausplatzend:* Das ist ja reizend! Eine feine Geschichte! Du, eine Königstochter! Da gibt man sich die größte Mühe, die Kinder ordentlich zu erziehen... Aber es ist ja eine wie die andere! Trotzdem – so ganz wie die anderen warst du nicht. Du hast eigentlich nie in den Spiegel gegafft und dich geputzt und geschminkt. Du hast auch nie auffallen wollen. Wie oft dachte ich mir: Mein Gott, die Kleine ist nicht eitel genug. Immer läuft sie in ihren alten Kleidern herum und ist schlecht frisiert. Die jungen Herren werden nur Augen für Ismene haben, und sie bleibt mir sitzen. Und nun bist du doch nur wie deine Schwester, ja vielleicht noch schlimmer, du Heuchlerin! Wer ist es, sag! Ein Gassenjunge vielleicht? Einer, den du niemals deiner Familie vorstellen darfst: Hier ist er, den liebe ich, den will ich heiraten. So ist es doch? Gib Antwort, du Übergeschnappte!
ANTIGONE *unmerklich lächelnd:* Ja – so ist es, Amme.
AMME: Sie sagt glatt ja! O du heilige Barmherzigkeit! Ganz klein war sie noch, als ich ihrer armen Mutter selig versprach, daß ich ein anständiges Mädchen aus ihr mache. Aber so einfach geht das nicht ab, meine Liebe. Ich bin zwar nur deine Amme, und du behandelst mich wie ein altes Tier – aber dein Onkel Kreon wird es erfahren, das verspreche ich dir.
ANTIGONE *plötzlich etwas müde:* Ja, liebe Amme, Onkel Kreon wird es erfahren. Jetzt laß mich in Ruhe.
AMME: Du wirst schon sehen, was er sagt, wenn er hört, daß du nachts davonläufst. Und Hämon erst, dein Verlobter. Verlobt ist sie ja auch noch! Und da schleicht sie um vier Uhr in der Frühe aus dem Haus und streunt mit einem anderen herum!

Dann will sie auch noch, daß man sie in Ruhe läßt und nichts sagt. Eigentlich solltest du richtige Hiebe bekommen wie ein kleines Mädchen.

ANTIGONE: Bitte schrei nicht! Du solltest nicht so häßlich sein mit mir heute morgen.

AMME: Da soll man obendrein noch nicht schreien. Wo ich doch deiner Mutter versprochen habe, daß ich dich ordentlich erziehe. Mein Gott, was würde sie sagen, wenn sie das erlebte? »Zu dumm bist du, auf sie aufzupassen. Sonst bellst du immer wie ein alter Wachhund, bei jedem Lüftchen kommst du mit den Wollsachen, damit sie sich ja nicht erkältet, du gibst ihr Eigelb mit Zucker, damit sie kräftig wird, aber um vier Uhr morgens schläfst du, läßt sie entwischen, und wenn du kommst, findest du ein leeres Bett vor.« Genauso wird sie sprechen, wenn ich zu ihr hinaufkomme, und ich müßte mich zu Tode schämen, wenn ich dann nicht schon tot wäre. Ich könnte nur zu Boden blicken und sagen: »Jawohl, Frau Jokaste, Sie haben recht.«

ANTIGONE: Nein, Amme. Weine nicht mehr. Du kannst Mama ruhig in die Augen sehen, wenn du zu ihr kommst. Sie wird sagen: »Guten Tag, Amme. Vielen Dank für alles, was du für die kleine Antigone getan hast! Du hast gut auf sie aufgepaßt.« Sie weiß, warum ich heute ausgegangen bin.

AMME: Du hast also keinen Liebhaber?

ANTIGONE: Aber nein, Amme.

AMME: Du hältst mich wohl zum Narren? Ich bin schon zu alt. Trotz deines schlechten Charakters habe ich dich der anderen vorgezogen. Deine Schwester war zwar viel folgsamer, aber dich hatte ich doch lieber. Wenn du mich ein bißchen gern hättest, würdest du mir jetzt die Wahrheit sagen. Warum war dein Bett leer, als ich dich zudecken wollte?

ANTIGONE: Nun weine nicht mehr. *Sie küßt sie* Du guter, alter rotbackiger Apfel. Laß deine Tränen nicht durch all die kleinen Rinnen laufen wegen so einer Kleinigkeit. Ich bin nicht schlecht, und ich schwöre dir – ich liebe nur Hämon, meinen Verlobten. Und wenn du willst, schwöre ich auch, daß ich nie einen anderen haben werde. Spar deine Tränen – vielleicht brauchst du sie noch. Wenn du so weinst, komme ich mir wieder vor wie ein kleines Kind – und das darf nicht sein – heute nicht.

Ismene tritt ein.

ISMENE: Du bist schon auf? Ich war in deinem Zimmer.

ANTIGONE: Ja, ich bin schon auf.

AMME: Seid ihr denn beide verrückt geworden, daß ihr vor den Dienstboten aufsteht? Was für ein Unsinn, mit nüchternem Magen in aller Frühe herumzulaufen! Das schickt sich doch nicht für Prinzessinnen! Und nicht einmal ganz angezogen seid ihr! Ihr werdet mir noch krank.

ANTIGONE: Schon gut, Amme. Wir frieren bestimmt nicht. Es ist ja bald Sommer. Komm, bring uns etwas Kaffee. *Sie setzt sich müde* Ein bißchen Kaffee täte mir jetzt gut.

AMME: Mein armes Täubchen. Sie ist ja ganz schwindlig vor Hunger, und ich stehe da blöd herum, statt ihr etwas Warmes zu geben.

Geht schnell hinaus.

ISMENE: Bist du krank?

ANTIGONE: Es ist nichts. Ich bin nur ein wenig müde... *lächelt* weil ich so früh aufgestanden bin.

ISMENE: Ich habe auch nicht geschlafen.

ANTIGONE: Du mußt aber schlafen, sonst bist du morgen nicht schön.

ISMENE: Lach mich nicht aus.

ANTIGONE: Ich lache dich nicht aus. Es beruhigt mich heute morgen, daß du schön bist. Als ich klein war, war ich so unglücklich, weißt du es noch? Dann strich ich dir Lehm ins Haar und steckte dir Regenwürmer in den Nacken. Einmal habe ich dich an einen Baum gefesselt und dir die Haare abgeschnitten, deine schönen Haare... *Sie streichelt Ismenes Haare* Wie leicht es sein muß, nicht auf Dummheiten zu kommen, wenn man so schöne, glatte, gepflegte Locken um den Kopf hat!

ISMENE *plötzlich:* Warum weichst du mir aus?

ANTIGONE *sanft, während sie immer noch die Haare streichelt:* Ich weiche dir nicht aus...

ISMENE: Weißt du, ich habe viel überlegt, Antigone.

ANTIGONE: Ja.

ISMENE: Die ganze Nacht habe ich darüber nachgedacht. Du bist verrückt.

ANTIGONE: Ja.

ISMENE: Wir können es nicht tun.

ANTIGONE *nach einer Pause, mit weicher Stimme:* Warum nicht?

ISMENE: Er würde uns töten lassen.

ANTIGONE: Gewiß. Jeder tut, was er muß. Er muß uns töten lassen, und wir müssen unseren Bruder bestatten. So sind eben die Rollen verteilt. Wie könnten wir etwas daran ändern?

ISMENE: Ich will nicht sterben.

ANTIGONE *sanft:* Auch mir wäre es lieber gewesen, nicht zu sterben.

ISMENE: Höre, ich habe die ganze Nacht lang nachgedacht. Ich bin die Ältere von uns – und die Vernünftigere. Du stürzt dich immer auf den nächstbesten Gedanken – und wenn es die größte Dummheit ist. Ich bin doch viel abwägender und überlegter.

ANTIGONE: Manchmal darf man gar nicht so viel überlegen.

ISMENE: Doch, Antigone, doch! Natürlich ist es grauenhaft, und unser Bruder tut mir genauso leid wie dir. Aber ich kann auch unseren Onkel ein wenig verstehen.

ANTIGONE: Ich will nicht ein wenig verstehen!

ISMENE: Er ist der König – er muß ein Beispiel geben.

ANTIGONE: Und ich bin kein König und muß kein Beispiel geben. Ich weiß schon, wie man immer sagt: die kleine, böse, dickköpfige, schlechte Antigone. Und dann schließt man sie irgendwo ein. Ganz recht geschieht ihr, warum war sie so ungehorsam!

ISMENE: So bist du ... zusammengezogene Augenbrauen, starrer Blick, in etwas verrannt, ohne auf andere zu hören. Hör mir zu. Ich habe doch öfter recht als du.

ANTIGONE: Ich will gar nicht recht haben.

ISMENE: Dann versuche wenigstens zu verstehen!

ANTIGONE: Verstehen ... Seit ich klein bin, höre ich von euch nichts als dieses Wort. Ich mußte verstehen, daß man nicht mit dem kühlen, lustig plätschernden Wasser spielen darf, weil sonst die Fliesen naß werden, daß man Erde nicht aufhebt, weil man sonst die Kleider schmutzig macht. Ich mußte verstehen, daß man nicht alles auf einmal essen darf, daß man nicht dem erstbesten Bettler alles geben darf, was man bei sich hat, daß man nicht mit dem Wind über die Felder laufen darf, bis man ermattet zu Boden fällt, daß man nicht trinken darf, wenn man erhitzt ist, daß man nicht baden darf, wenn man Lust hat, weil es zu früh oder zu spät ist. Verstehen! Immer nur verstehen. Aber ich will nicht verstehen. Ich werde verstehen, wenn ich alt bin. *Sie fährt sanfter fort* Falls ich alt werde. Jetzt nicht.

ISMENE: Antigone, er ist der König und ist stärker als wir. Und die ganze Stadt denkt so wie er. All die Tausende, die in den Straßen Thebens wimmeln, sind seiner Meinung.

ANTIGONE: Ich will nichts davon hören!

ISMENE: Sie werden hinter uns herjohlen, mit tausend Armen, tausend Mündern, und uns ins Gesicht spucken. Durch ihren Haß, ihren Gestank und ihr rohes Lachen wird man uns auf einem armseligen Karren zur Richtstätte zerren. Dort werden uns die Schergen übernehmen, mit ihren stupiden, verkrampften Gesichtern, mit ihren großen, roten, geschrubbten Händen und ihrem Ochsenblick. Dann möchten wir ihnen ins Gesicht schreien und ihnen verständlich machen, daß sie wie blöde Tiere sind, die alles peinlich ausführen, was man ihnen sagt, ohne zu wissen, ob es gut oder schlecht ist. Und wir werden leiden müssen, wir werden fühlen, wie der Schmerz und die Angst in uns steigen, so daß es den Atem schnürt. Man glaubt, es muß aufhören, aber es hält nicht ein und steigt und steigt, wie ein Schrei, der immer schriller wird... – Oh – nein, ich kann nicht, ich kann nicht.

ANTIGONE: Wie du dir das alles so überlegt hast!

ISMENE: Die ganze Nacht. Du nicht?

ANTIGONE: Doch, sicher.

ISMENE: Weißt du, ich bin eben nicht sehr mutig.

ANTIGONE *ruhig:* Ich auch nicht. Aber was tut das? *Schweigen.*

ISMENE *plötzlich:* Hast du denn keine Freude mehr am Leben?

ANTIGONE *leise:* Keine Freude... *Noch stiller* Wer stand morgens als erste auf, um die kühle Luft auf der nackten Haut zu fühlen? Wer legte sich erschöpft vor Müdigkeit als letzte schlafen, um die Nacht noch zu erleben? Wer weinte schon als kleines Kind, weil es so viele Tiere und Gräser und Blumen auf der Wiese gab, die man nicht alle mitnehmen konnte?

ISMENE *will sie plötzlich umarmen:* Meine kleine Schwester...

ANTIGONE *weist sie ab und ruft:* Nein! Laß mich! Streichle mich nicht! Wir wollen jetzt nicht rührselig zusammen heulen. Du hast es dir gut überlegt, sagst du? Und es reicht dir, an die Menschenmenge zu denken, die uns beschimpfen wird, es reicht dir, an den Schmerz und die Todesangst zu denken?

ISMENE *senkt den Blick:* Ja.

ANTIGONE: Dann halte dich an diese Vorwände.

ISMENE *umarmt sie:* Antigone, ich flehe dich an. Nur von Männern verlangt man, daß sie an Ideen glauben, für die sie sterben. Du bist ein Mädchen.

ANTIGONE: Allerdings – ich habe genug darüber geweint, daß ich ein Mädchen bin.

ISMENE: Dein Glück liegt vor dir. Du brauchst nur zuzugreifen. Du bist verlobt, du bist jung, du bist schön.

ANTIGONE *leise:* Nein, ich bin nicht schön.

ISMENE: Doch! Nicht so wie wir, aber anders. Du weißt sehr gut, daß dir alle jungen Burschen auf der Straße nachblicken und daß die Mädchen plötzlich verstummen und die Augen nicht von dir wenden, bis du um eine Ecke entschwindest.

ANTIGONE *unmerklich lächelnd:* Junge Burschen, kleine Mädchen...

ISMENE *nach einer Pause:* Und Hämon, Antigone?

ANTIGONE *unzugänglich:* Ich werde gleich mit Hämon sprechen. Die Sache mit Hämon wird gleich geregelt sein.

ISMENE: Du bist verrückt.

ANTIGONE *lächelt:* Das hast du mir immer schon gesagt. Geh, lege dich wieder hin. Jetzt, wo es schon tagt, kann ich nichts mehr tun. Unser toter Bruder ist von Wächtern umgeben, als ob es ihm gelungen wäre, König zu werden. Schlafe, du bist ganz blaß vor Müdigkeit.

ISMENE: Und du?

ANTIGONE: Ich kann jetzt nicht schlafen. Aber ich verspreche dir, daß ich hier bleibe, bis du wieder aufwachst. Die Amme wird mir zu essen bringen. Ruhe dich noch etwas aus. Sieh, jetzt erst geht die Sonne auf. Du hast ja ganz kleine Augen vor Schlaf. Geh!

ISMENE: Du wirst dich überzeugen lassen, nicht wahr? Ich darf nochmals mit dir darüber sprechen? Ja?

ANTIGONE *ein wenig müde:* Ja, du darfst nochmals mit mir sprechen. Ihr dürft alle nochmals mit mir sprechen. Geh jetzt bitte schlafen. Sonst bist du morgen nicht schön. *Sie sieht ihr nach und läßt sich dann müde in einen Stuhl fallen...* Arme Ismene.

Die Amme tritt ein.

AMME: So! Hier hast du heißen Kaffee und ein paar Brote, mein Täubchen. Iß jetzt.

ANTIGONE: Ich habe keinen Hunger, Amme.

AMME: Ich habe sie dir eigenhändig gegrillt und bestrichen, so wie du es magst.

ANTIGONE: Du bist sehr lieb, meine Gute. Ich möchte nur ein wenig trinken.

AMME: Was tut dir denn weh?

ANTIGONE: Gar nichts, du Gute. Aber gib mir trotzdem genügend Wärme, wie früher, wenn ich krank war... Du meine Gute, du warst stärker als das Fieber, stärker als die bösen Träume, stärker als der Schatten vom Schrank, der so schlimm lacht und sich auf der Wand immerzu verwandelt, stärker als die tausend unhörbaren Insekten, die immerzu an etwas nagen, die ganze Nacht hindurch, du warst stärker als die Nacht selber mit ihrem verrückten Schreien, das man nicht vernimmt, du Gute, du warst stärker als der Tod. Gib mir deine Hand wie damals, als du an meinem Bett sitzen bliebst.

AMME: Was hast du denn, mein Täubchen?

ANTIGONE: Nichts, Amme. Ich bin nur noch ein bißchen klein für das alles. Aber das darf außer dir niemand wissen.

AMME: Wofür bist du zu klein, mein Liebchen?

ANTIGONE: Für nichts, du Gute. Du bist ja bei mir. Ich halte deine rissige, welke Hand, die mir schon so oft geholfen hat. Vielleicht tut sie es auch dieses Mal, Amme, du vermagst ja so viel.

AMME: Was kann ich für dich tun, sag?

ANTIGONE: Nichts, Amme. Laß nur deine Hand so auf meiner Wange. *Sie schließt einen Moment die Augen* Siehst du, schon habe ich keine Angst mehr. Weder vor dem bösen Menschenfresser noch vor dem Einschläferer, noch vor dem schwarzen Mann, der die Kinder holen kommt... *Schweigen, dann mit anderer Stimme* Amme, du weißt doch, mein Hund...

AMME: Ja, was ist mit ihm?

ANTIGONE: Versprich mir, daß du ihn nie wieder ausschimpfst.

AMME: Das Vieh macht alles schmutzig mit seinen dreckigen Pfoten. So etwas gehört nicht in ein Haus.

ANTIGONE: Versprich mir's, Amme, selbst wenn er noch so schmutzig ist.

AMME: Dann darf ich nichts sagen, wenn er die Stühle ruiniert?

ANTIGONE: Nein, Amme.

AMME: Das ist zu viel verlangt!

ANTIGONE: Bitte, tu mir den Gefallen. Und im Grunde magst du ihn ja ganz gern mit seinem dicken, gutmütigen Kopf. Du wärest auch ziemlich unglücklich, wenn immer alles peinlich sauber bliebe, denn du kehrst und wischst ja sehr gern. Also, bitte, schimpfe ihn nicht.

AMME: Und wenn er mir auf die Teppiche pinkelt?

ANTIGONE: Auch dann nicht, ich bitte dich.

AMME: Also meinetwegen, ich verspreche dir's. Aber trotzdem...

ANTIGONE: Ohne zu brummen und ohne »trotzdem«, bitte.

AMME: Gut, ich werde es stillschweigend aufwischen. Du machst mich wirklich lächerlich.

ANTIGONE: Du mußt mir versprechen, daß du dich sehr oft mit ihm unterhalten wirst.

AMME *erstaunt die Schulter zuckend:* Ja, hat man so was schon gesehen, sich unterhalten – mit einem Vieh.

ANTIGONE: Nein, eben nicht wie mit einem Tier. Du mußt mit ihm sprechen wie mit einem Menschen. So wie ich es immer getan habe.

AMME: Das kommt ja gar nicht in Frage. In meinem Alter noch solche Dummheiten! Aber sag doch bloß, warum alle im Hause mit diesem Tier so reden sollen wie du?

ANTIGONE *ganz sanft:* Falls ich, aus irgendeinem Grund, nicht mehr mit ihm reden könnte...

AMME *die nicht verstanden hat:* Nicht mehr mit ihm reden? Warum denn das?

ANTIGONE *sich abwendend, hart:* Aber wenn er zu traurig ist und wenn er zu sehr auf mich zu warten scheint, mit der Nase an der Türspalte – dann ist es wohl besser, ihr tötet ihn, doch ohne ihm weh zu tun.

AMME: Was, umbringen? Deinen Hund umbringen? Heute morgen bist du ja ganz übergeschnappt.

ANTIGONE: Nein, Amme... *Hämon tritt auf* Hier kommt Hämon. Laß uns jetzt allein, Amme. Und vergiß nicht, was du mir versprochen hast. *Die Amme geht ab. Antigone verbirgt sich in den Armen Hämons* Hämon, verzeih mir unsern lächerlichen Streit von gestern abend. Verzeih mir alles. Ich war im Unrecht. Bitte verzeih!

HÄMON: Du weißt genau, daß ich dir schon verziehen hatte, als du die Tür hinter dir ins Schloß warfst. Dein Parfüm war noch überall. Ich habe dir gleich verziehen. *Er hält sie in den Armen, blickt sie an und lächelt.* Von wem hattest du denn das Parfüm gestohlen?

ANTIGONE: Von Ismene.

HÄMON: Und den Lippenstift, den Puder, das schöne Kleid?

ANTIGONE: Auch von ihr.

HÄMON: Und aus welchem Anlaß hattest du dich so schön gemacht?

ANTIGONE: Ich will es dir sagen. *Sie schmiegt sich noch fester an ihn* O mein Liebling, wie dumm ich doch war! Ein ganzer Abend vertan! Ein schöner Abend.

HÄMON: Es gibt noch andere Abende für uns, Antigone.

ANTIGONE: Vielleicht nicht.

HÄMON: Und noch anderen Streit. Auch Streit gehört zum Glück.

ANTIGONE: Zum Glück, ja... Hör zu, Hämon.

HÄMON: Ja.

ANTIGONE: Keine Scherze heute morgen. Sei ernst.

HÄMON: Ich bin ja ernst.

ANTIGONE: Halte mich ganz fest. So fest wie noch nie, daß ich deine ganze Kraft in mich aufnehme.

HÄMON: So, ganz fest.

ANTIGONE: Schön! *Sie bleiben einen Augenblick ganz ruhig stehen, dann sagt Antigone leise* Höre, Hämon!

HÄMON: Ja?

ANTIGONE: Weißt du, der kleine Junge, den wir haben wollten...

HÄMON: Ja?...

ANTIGONE: Wie hätte ich ihn gegen alles beschützen und verteidigt! Ganz fest hätte ich ihn an mich gedrückt, daß er sich nie vor etwas gefürchtet hätte. Unser Junge, Hämon! Er hätte zwar eine kleine, zerzauste Mutter gehabt, aber vielleicht wäre sie besser gewesen als alle anderen mit ihren prallen Brüsten und ihren großen Schürzen. Das glaubst du doch auch, nicht wahr?

HÄMON: Doch, Liebling...

ANTIGONE: Und glaubst du auch, daß du eine richtige Frau gehabt hättest?

HÄMON *hält sie:* Ich habe eine richtige Frau.

ANTIGONE *drückt sich fest an ihn und ruft:* Oh, und du hast mich wirklich geliebt, Hämon, du hast mich geliebt an jenem Abend?

HÄMON *sie im Arm wiegend:* An welchem Abend?

ANTIGONE: Du bist ganz sicher, daß du nicht das falsche Mädchen gewählt hast auf jenem Ball, als du zu mir in meine Ecke kamst? Du bist sicher, daß du es nie bedauert hast seither, daß du niemals gedacht hast, ganz bei dir, auch nur einmal gedacht hast, daß du doch um Ismene hättest anhalten sollen?

HÄMON: Dummes Zeug!

ANTIGONE: Du liebst mich doch? Du liebst mich wie eine Frau? Deine Arme lügen nicht, wenn sie mich halten? Deine großen Hände lügen nicht, wenn du sie auf meinen Rücken legst, und auch dein Duft nicht, diese Wärme, dieses große Vertrauen, das mich überspült, wenn ich meinen Kopf an deine Schulter lehne?

HÄMON: Ja, Antigone, ich liebe dich wie eine Frau.

ANTIGONE: Ich bin schwarz und mager. Ismene ist süß wie eine goldene Frucht.

HÄMON *leise:* Antigone...

ANTIGONE: Oh, ich schäme mich so. Aber bitte sag die Wahrheit. Ich muß es jetzt wissen. Und fühlst du auch, daß sich irgend etwas in dir ganz fest zusammenballt bei dem Gedanken, daß ich dir ganz gehören werde?

HÄMON: Doch, Antigone.

ANTIGONE *leise, nach einer Pause:* Ich fühle es so. Wie stolz wäre ich gewesen, deine Frau zu sein – so ganz deine Frau, auf die du, ohne zu denken, deine Hände legen kannst wie auf etwas, was dir ganz sicher gehört! *Sie macht sich von ihm los, dann in einem anderen Ton* Und nun möchte ich dir noch zwei Dinge sagen. Aber dann mußt du sofort hinausgehen, ohne mich zu fragen. Auch wenn es dir weh tut oder ungeheuerlich erscheint. Versprich es mir.

HÄMON: Was willst du mir denn noch sagen?

ANTIGONE: Schwöre mir erst, daß du hinausgehen wirst ohne ein Wort. Sogar ohne mich anzusehen. Wenn du mich liebst, dann schwörst du es. *Sie sieht ihn ganz verstört an* Du siehst, wie sehr ich dich bitte. Schwör es doch, Hämon, bitte schwöre es. Es ist die letzte Verrücktheit, die du mir noch erlauben sollst.

HÄMON *nach einer Pause:* Gut – ich schwöre es.

ANTIGONE: Danke. Also, du hast mich gefragt, warum ich gestern mit einem Kleid Ismenes, mit diesem Parfüm und dem Lippenstift gekommen war. Es war dumm von mir. Aber ich wußte nicht genau, ob du mich wirklich begehrst. Deshalb wollte ich ein wenig so sein wie die anderen Mädchen, damit du mehr Sehnsucht und Verlangen nach mir bekommst.

HÄMON: Deshalb?

ANTIGONE: Ja, deshalb. Aber du lachtest mich aus, und wir stritten uns. Dabei siegte mein schlechter Charakter, und ich lief davon. *Leiser* Ich war gekommen, weil du mich ganz nehmen solltest, weil ich schon vorher deine Frau werden wollte. *Er will sprechen, sie schreit* Du hast geschworen, nichts zu fragen, Hämon, du hast geschworen. *Leiser* Ich flehe dich an... *Sie wendet sich wieder ab, dann entschlossen* Ich will dir sagen, warum. Ich wollte schon vorher deine Frau sein, weil ich dich sehr, sehr lieb habe und weil... jetzt werde ich dir sehr weh tun, Liebster – weil ich dich niemals heiraten werde – niemals. *Er ist stumm vor Staunen; sie läuft ans Fenster und schreit* Hämon, du hast es geschworen! Geh! Geh hinaus und sag kein Wort. Wenn du sprichst oder auch nur einen Schritt zu mir tust, stürze ich mich aus diesem Fenster. Glaub mir, ich tu's, Hämon, bei dem kleinen Jungen, den wir beide in Gedanken hatten, bei allem, was uns teuer ist, glaub mir, ich tu' es. Geh jetzt, schnell, geh! Morgen wirst du mehr wissen. Vielleicht schon in ein paar Stunden. *Vor ihrer Verzweiflung gehorcht Hämon und entfernt sich langsam* Ja, geh bitte, Hämon, das ist das einzige, was du für mich tun kannst, wenn du mich liebhast. *Er ist hinausgegangen. Sie blickt geraume Zeit bewegungslos zum Fenster hinaus, den Rücken zum Zimmer. Dann schließt sie es, setzt sich auf einen Stuhl und sagt, seltsam beruhigt* So, Hämon hat es hinter sich.

ISMENE *tritt ein, rufend:* Antigone... Ach, da bist du ja.

ANTIGONE *regungslos:* Ja, hier bin ich.

ISMENE: Ich kann nicht schlafen. Ich hatte solche Angst, du könntest fortlaufen und sogar am hellichten Tag versuchen, ihn zu bestatten. Antigone, liebe Schwester, sieh, wir sind doch alle bei dir, Hämon, die Amme, ich und auch dein Hund. Wir alle haben dich lieb und brauchen dich zu unserem Leben. Der tote Polyneikes aber liebte dich nicht. Er war für uns alle ein Fremder, ein schlechter Bruder. Vergiß ihn, Antigone, so wie er uns vergessen hatte. Und wenn es Kreons Gesetz verlangt, dann eben soll sein Schatten ewig ohne Grab umherirren. Versuche nicht etwas, was deine Kräfte übersteigt. Du möchtest immer allem trotzen, aber dazu bist du noch zu klein. Bleib bei uns, geh nicht dorthin, heute nacht, ich bitte dich.

ANTIGONE *steht auf und lächelt seltsam, sie geht bis zur Tür und sagt leise, von der Schwelle her:* Es ist zu spät. Als du mich heute morgen trafst, kam ich gerade von dort. *Sie geht hinaus, Ismene läuft ihr schreiend nach.*

ISMENE: Antigone, Antigone! *Ismene ist ihr nachgelaufen, Kreon tritt durch eine andere Türe ein, begleitet von seinem Pagen.*

KREON: Ein Wächter, sagst du? Einer von denen, die bei der Leiche aufpassen? Er soll hereinkommen. *Der Wächter tritt ein, ein ungeschlachter Bursche, der weiß vor Angst ist.*

DER WÄCHTER *nimmt Haltung an:* Wachmann Jonas von der zweiten Kompanie.

KREON: Was gibt's?

WÄCHTER: Die Sache ist so. Wir haben gelost, wer gehen soll. Es traf mich. Also, ich bin gekommen, weil es doch besser ist, wenn nur einer den ganzen Vorgang erklärt, und weil wir nicht alle drei unseren Posten verlassen können. Wir sind nämlich zu dritt auf der Wache bei der Leiche.

KREON: Und was hast du mir zu berichten?

WÄCHTER: Wir sind zu dritt. Ich bin nicht allein dort. Die beiden anderen sind Wachmann Bauch und Oberwachmann Schattenfraß.

KREON: Warum ist der Oberwachmann nicht zu mir gekommen?

WÄCHTER: Nicht wahr, das habe ich auch gleich gesagt! Der Oberwachmann hätte kommen müssen. Denn wenn kein anderer Vorgesetzter da ist, dann ist der Oberwachmann verantwortlich. Aber die beiden anderen sagten nein und wollten losen. Soll ich schnell den Oberwachmann holen?

KREON: Nein, wenn du schon da bist, dann sprich.

WÄCHTER: Ich bin jetzt im siebzehnten Dienstjahr. Ich habe mich seinerzeit als Freiwilliger verpflichtet. Dreimal verwundet, zwei Belobigungen wegen guter Führung. Ich weiß, was ein Befehl ist und was Dienst heißt. Meine Vorgesetzten sagen immer: Auf den Jonas kann man sich verlassen.

KREON: Das freut mich. Aber nun sprich. Oder hast du Angst?

WÄCHTER: Eigentlich hätte ja der Oberwachmann kommen müssen. Ich bin zwar auch schon zum Oberwachmann eingereicht, aber noch nicht befördert. Im Juni soll ich befördert werden.

KREON: Willst du jetzt endlich sprechen? Wenn etwas vorgekommen ist, seid ihr alle drei verantwortlich. Also sprich.

WÄCHTER: Also, das war so. Wir hatten Wache bei der Leiche. Um zwei Uhr lösten wir ab. Diese Ablösung ist die schlimmste, wenn die Nacht so langsam ins Morgengrauen übergeht. Die Augen möchten einem zufallen, und im Nacken fühlt man ein Zentnergewicht. Der erste Nebel steigt auf, die Schatten sehen aus, als ob sie sich bewegten. Sie haben sich wirklich den besten Augenblick ausgesucht. Wir standen da, unterhielten uns und stampften uns dann und wann die Füße warm. Geschlafen hat niemand, das kann ich schwören – keiner von uns hat geschlafen! Außerdem war es viel zu kalt. Da schaute ich mir den Toten genauer an. Ich stand ungefähr zwei Schritte von ihm weg und besah ihn mir von Zeit zu Zeit. So bin ich immer, so gewissenhaft. Deshalb sagen meine Vorgesetzten auch, auf den Jonas kann ... *Eine Geste Kreons läßt ihn verstummen, plötzlich schreit er* Ich habe es als erster bemerkt. Die anderen können bezeugen, daß ich als erster Alarm gegeben habe.

KREON: Alarm? Warum?

WÄCHTER: Wegen der Leiche. Jemand hatte Erde darauf geworfen. Nicht viel natürlich. Sie konnten nicht viel ausrichten, wo wir doch daneben standen. Nur so ein bißchen Erde. Aber es reichte, um die Geier abzuhalten.

KREON *auf ihn zugehend:* Bist du sicher, daß es nicht irgendein Tier war?

WÄCHTER: Nein, bestimmt nicht. Zuerst hofften wir es auch. Aber die Erde war richtig auf ihn geworfen. So, wie es der Brauch verlangt. Sie wußten genau, was sie wollten.

KREON: Wer hat es gewagt? Wer war so verrückt, meinem Erlaß zu trotzen? Hast du Spuren bemerkt?

WÄCHTER: Nichts, gar nichts, nur ein ganz schwacher Fußabdruck im Boden, leichter als der eines Vogels. Später, als wir die Umgebung genauer absuchten, fand Wachmann Bauch eine Schaufel, eine ganz alte, kleine, verrostete Kinderschaufel. Wir dachten dann auch, daß nur ein Kind so etwas getan haben konnte. Der Oberwachmann nahm wegen weiterer Nachforschungen die Schaufel an sich.

KREON *nachdenklich:* Ein Kind!... Die Opposition wühlt und rumort schon wieder überall. Das sind die Anhänger des Polyneikes, deren Gold noch in Theben festliegt. Die Anführer des stinkenden Pöbels, die sich nun plötzlich mit dem Prinzen verbünden und den Priestern, die überall ihre gesalbten Predigten ausstreuen. Ein Kind! Sie dachten wohl, das würde am rührendsten wirken. Ich kann mir das Kind schon lebhaft vorstellen mit seiner Killervisage und der sorgfältig eingewickelten Schaufel unter der Jacke. Das heißt, wenn sie nicht wirklich ein Kind dazu abgerichtet haben. Ein Unschuldsengel, hinter dem man sich verbergen kann, ist unschätzbar wertvoll für eine Partei. Ein kleiner, schmächtiger Junge, der dem Erschießungskommando vor die Füße spuckt, ein frisches, unschuldiges Blut, das an meinen Händen kleben soll... Nicht schlecht ausgedacht! *Er geht auf den Wächter zu* Aber vielleicht haben sie sogar Helfershelfer unter meinen Wachen. Höre mir mal gut zu...

WÄCHTER: Wir haben alles getan, was in unserer Macht stand. Wachmann Bauch hat sich zwar ungefähr eine halbe Stunde hingesetzt, weil ihm die Füße weh taten. Aber ich stand die ganze Zeit. Der Oberwachmann kann es bezeugen.

KREON: Wem habt ihr von dieser Sache schon erzählt?

WÄCHTER: Niemandem. Wir haben gelost, und ich bin sofort gekommen.

KREON: Hör zu. Eure Wachzeit wird verlängert. Schickt die Ablösung wieder weg. Nur ihr bleibt bei der Leiche. Und zu keinem Menschen ein Wort davon! Ihr habt euch eine Nachlässigkeit zuschulden kommen lassen und werdet auf alle Fälle dafür bestraft. Aber wenn ihr sprecht, wenn es in der Stadt bekannt wird, daß die Leiche Polyneikes' mit Erde bedeckt wurde, dann seid ihr alle drei des Todes!

WÄCHTER *heult:* Wir haben kein Wort gesagt. Ich schwöre es. Aber wenn es die anderen schon der Ablösung erzählt haben, während ich hier war... *Er kommt ins Schwitzen und stottert* Ich bin Vater von zwei Kindern, eines davon ist noch ganz klein. Sie können bezeugen, daß ich hier war, wenn ich vor das Kriegsgericht muß. Ich war hier bei Ihnen. Ich habe Sie als Zeugen. Wenn jemand gesprochen hat, waren es die anderen. Ich nicht. Ich habe einen Zeugen!

KREON: Geh jetzt schnell zurück. Wenn niemand davon erfährt, wird dir nichts passieren. *Der Wächter geht eilig ab. Kreon schweigt. Dann murmelt er* Ein Kind... *Er faßt den kleinen Pagen an der Schulter* Komm, mein Kleiner. Das müssen wir uns alles gut überlegen. Das gibt eine feine Geschichte. Würdest auch du dich mit deiner kleinen Schaufel aufmachen? *Der Kleine sieht ihn an, Kreon streichelt ihm die Haare und geht mit ihm* Sicher, du tätest es auch. Du bestimmt. *Geht seufzend ab* Ein Kind.

Sie sind fort. Der Sprecher tritt auf.

SPRECHER: So weit wären wir also: Das Uhrwerk ist aufgezogen. Jetzt schnurrt es von allein ab. Das ist das Praktische bei einer Tragödie. Ein kleiner Stups mit dem Finger, und die Sache läuft. Da genügt schon ein kurzer Blickwechsel mit einem Mädchen, das auf der Straße vorbeigeht, oder ein unbestimmter Wunsch nach Ruhm und Ehre, der so beim Frühstück auftaucht, oder irgendeine überflüssige Frage, die eines schönen Abends gestellt wird... Mehr braucht es meist gar nicht. Dann kann man beruhigt sein, die Geschichte läuft von allein ab. Es ist alles bis ins kleinste ausgetüftelt und von Anfang an gut geschmiert. Tod, Verrat, Verzweiflung, donnernde Gewitter, alles ist da, je nach Bedarf. Auch alle Arten von Schweigen – das tödliche Schweigen, wenn der Arm des Henkers zum letzten

Streich ausholt; das Schweigen, wenn sich die beiden Liebenden zum ersten Mal nackt gegenüberstehen und sich im dunklen Raum nicht zu rühren wagen; das Schweigen, bevor das Gebrüll der Menge dem Sieger entgegenschlägt; es ist wie bei einem Film, dessen Ton ausfällt: zum Sprechen aufgerissene Münder, die keinen Laut von sich geben.
Eine Tragödie ist etwas Feines, so geruhsam, so gewiß. Beim Drama mit dem ganzen Verräterpack, mit diesen bösartigen Hitzköpfen, den verfolgten Unschuldigen, mit den Rächern und den Hoffnungsschimmern nach dumpfer Verzweiflung, da wird einem das Sterben scheußlich schwer gemacht. Man stirbt oft ganz unvorhergesehen. Vielleicht wäre noch Rettung möglich gewesen, der wackere junge Mann hätte ja noch rechtzeitig mit der Polizei ankommen können...
In der Tragödie kann man beruhigt sein. Da befindet man sich in bester Gesellschaft, denn im Grunde sind alle gleich unschuldig. Wenn da einer jemanden umbringt und ein anderer umgebracht wird, dann ist das lediglich eine Frage der Rollenverteilung.
Vor allem hat die Tragödie gar nichts Aufregendes. Man weiß dann, daß es keine Hoffnung gibt, diese elende Hoffnung. Man weiß, daß man wie eine Maus in der Falle gefangen wird. Man braucht nur noch zu schreien – aber bitte nicht seufzen und jammern –, man muß nur noch schnell brüllen, was bisher noch nicht gesagt wurde, weil man es vielleicht selbst noch nicht gewußt hatte. Übrigens ganz zwecklos: Man sagt es nur für sich selber, begreift es endlich. Im Drama strampelt man sich ab, weil man noch auf Rettung hofft. Wie häßlich! Wie berechnend! Dort aber ist alles zweckfrei. Wie unter Königen. Dort muß man sich nicht mehr abmühen.

Antigone wird von den Wächtern auf die Bühne gestoßen.

SPRECHER: Sehen Sie, schon geht es an. Nun haben sie die kleine Antigone erwischt. Die kleine Antigone wird zum ersten Mal ganz sie selber sein können.

Der Sprecher verschwindet, während Antigone von den Wächtern bis zur Bühnenmitte gestoßen wird.

WÄCHTER *der nun wieder ganz sicher auftritt:* Vowärts, keine Geschichten da! Das können Sie alles unserm Chef erzählen. Ich kenne nur meinen Befehl. Was Sie dort anstellen wollten, will ich gar nicht wissen. Da hätte jeder immer seine Ausreden und etwas einzuwenden. Wo kämen wir denn da hin, wenn wir alle Leute anhören müßten oder uns gar bemühen wollten, sie zu verstehen? Los, vorwärts! Und ihr da, haltet sie fest. Nur keine langen Geschichten machen. Ich will gar nicht hören, was sie uns alles erzählen möchte.

ANTIGONE: Sag ihnen, daß sie mich augenblicklich loslassen sollen mit ihren schmutzigen Händen. Sie tun mir weh.

WÄCHTER: Schmutzige Hände... Sie könnten etwas höflicher sein, mein Fräulein. Ich bin ja auch höflich.

ANTIGONE: Sie sollen mich loslassen. Ich bin Antigone, Ödipus' Tochter. Ich laufe euch nicht davon.

WÄCHTER: Ja, ja, schon gut, Ödipus' Tochter! Jede Hure, die man auf der Straße mitnimmt, sagt einem, sie wäre eine gute Freundin des Polizeipräsidenten und man solle sich in acht nehmen! *Sie lachen.*

ANTIGONE: Ich will gerne sterben – aber anrühren sollen sie mich nicht.

WÄCHTER: Aber die Leiche und die Erde waren dir wohl nicht zu unappetitlich? Du sprichst von schmutzigen Händen! Sieh dir doch deine eigenen an.

Antigone sieht lächelnd ihre verkrusteten Hände an, die Handschellen an den Gelenken.

WÄCHTER: Hat man dir deine Schaufel weggenommen? Mußtest alles mit den Fingernägeln machen beim zweiten Mal? Eine solche Frechheit! Ich drehe mich nur einen Augenblick um, verlange einen Priem, und in der Zeit, in der ich ihn in den Mund stecke und danke sage, war sie schon da und kratzt wie eine Hyäne am Boden herum. Am hellichten Tag! Und wie sie um sich schlug, das Frauenzimmer, als ich sie greifen wollte! Die Augen hätte sie mir bald ausgekratzt. Sie schrie dabei, sie müsse es vollenden. Ich glaube, sie ist verrückt.

ZWEITER WÄCHTER: Wir haben neulich auch eine Verrückte festgenommen. Sie zeigte allen Leuten ihren bloßen Hintern.

WÄCHTER: Sag, wo werden wir denn einen trinken, um das zu feiern?

ZWEITER WÄCHTER: Im Blauen Fisch. Der Wein dort ist nicht schlecht.

DRITTER WÄCHTER: Nächsten Sonntag haben wir frei. Sollen wir unsere Weiber mitnehmen?

WÄCHTER: Nein, lieber ganz unter uns. Wir wollten doch was zum Lachen haben! Mit den Weibern ist das immer so eine Geschichte. Und dann sind die Kinder dabei, die fortwährend zum Pissen geführt werden wollen. Sagt, hättet ihr zuerst gedacht, daß wir heute noch so lachen werden?

ZWEITER WÄCHTER: Vielleicht gibt's eine Belohnung?

WÄCHTER: Gut möglich, wenn unser Fang von Bedeutung ist.

DRITTER WÄCHTER: Wie Schwemmler von der Dritten neulich den Brandstifter ergriff, bekam er einen ganzen Monat lang doppelten Sold.

ZWEITER WÄCHTER: Was du nicht sagst! Aber wißt ihr, wenn wir doppelten Sold bekommen, gehen wir nicht in den Blauen Fisch, sondern in den Arabia-Palast.

WÄCHTER: Zum Saufen? Du bist ja verrückt. Da zahlst du ja für eine Flasche genau das Doppelte. Reingehen können wir schon. Wir saufen uns im Blauen Fisch erst einmal richtig an, und dann gehen wir in den Arabia-Palast. Sag, Schattenfraß, kannst du dich an die dicke Blonde im Arabia erinnern?

ZWEITER WÄCHTER: O je, an dem Abend warst du schön besoffen.

DRITTER WÄCHTER: Aber wenn unsere Weiber erfahren, daß wir doppelten Sold bekommen? Es kann nämlich sein, daß wir vor versammelter Mannschaft belobigt werden.

WÄCHTER: Das werden wir dann schon sehen. Wenn wir alle auf dem Kasernenhof antreten müssen wie bei einer Ordensverleihung, dann wollen die Weiber und die Kinder wohl mitkommen. Dann gehen wir alle zusammen zum Blauen Fisch.

ZWEITER WÄCHTER: Dann müssen wir das Essen aber schon vorher bestellen.

ANTIGONE *schüchtern:* Ich möchte mich gerne ein wenig setzen, bitte.

WÄCHTER *nachdem er etwas nachgedacht hat:* Meinetwegen, aber laßt sie nicht los.

Kreon tritt auf, sofort brüllt der Wächter.

WÄCHTER: Achtung, stillgestanden!

KREON *der überrascht stehen bleibt:* Laßt sofort das Mädchen los! Was soll denn das heißen!

WÄCHTER: Wir sind die Wache. Meine Kameraden sind auch mitgekommen.

KREON: Wer ist jetzt bei der Leiche?

WÄCHTER: Unsere Ablösung.

KREON: Ich habe euch doch befohlen, daß ihr sie wegschickt. Außerdem habe ich ausdrücklich gesagt, daß ihr kein Wort verlauten lassen dürft.

WÄCHTER: Wir haben auch nichts gesagt. Aber wie wir die da verhaftet haben, dachten wir, es wäre besser, wenn wir alle mitkämen. Dieses Mal haben wir nicht gelost. Wir sind lieber gleich alle drei gekommen.

KREON: Idioten! *Zu Antigone* Wo haben sie dich denn festgenommen?

WÄCHTER: Bei dem Toten natürlich.

KREON: Was wolltest du bei der Leiche deines Bruders? Du weißt genau, ich habe verboten, daß man sich ihr nähert.

WÄCHTER: Was sie dort tat? Deswegen bringe ich sie ja her. Mit ihren Händen kratzte sie in der Erde herum. Sie wollte ihn schon wieder zuschaufeln.

KREON: Hast du dir auch überlegt, was du da sagst?

WÄCHTER: Sie können meine Kameraden fragen. Als ich wieder zurückgekommen war, haben wir den Toten freigelegt. Als aber die Sonne immer wärmer wurde und es zu stinken anfing, gingen wir etwas seitab auf einen kleinen Hügel, um frische Luft zu haben. Da es inzwischen heller Tag war, glaubten wir, es wäre keine Gefahr dabei. Um aber ganz sicher zu gehen, mußte immer einer von uns die Leiche im Auge behalten. Aber so gegen Mittag, als die Sonne und der Gestank immer stärker wurden und ich die Augen krampfhaft offenhielt, da flimmerte alles, und ich konnte kaum noch etwas sehen. Also bitte ich meinen Kameraden, mir einen Priem zu geben. Ich stecke ihn nur in die Backe, sage danke schön und drehe mich wieder um, da war sie schon da und kratzt mit ihren Händen in der Erde herum. Am hellichten Tag! Ich glaube gar, sie bildete sich ein, wir würden sie nicht bemerken. Und wie sie sah, daß wir herbeiliefen, glauben Sie, sie hätte aufgehört oder wäre weggesprungen? Nein, sie wühlt weiter aus Leibeskräften und so schnell sie kann, als ob sie uns nicht kommen sähe. Und als ich sie ergriff, schlug sie um sich wie eine Furie und wollte immer noch weitermachen. Sie schrie, wir sollten sie in Ruhe lassen, die Leiche wäre noch nicht genug mit Erde bedeckt.

KREON *zu Antigone:* Ist das wahr?

ANTIGONE: Ja, es ist wahr.

WÄCHTER: Darauf legten wir den Körper nochmals vorschriftsmäßig frei und übergaben ihn der Ablösung, ohne von dem Vorfall etwas zu erwähnen. Sie aber brachten wir hierher.

KREON: Und heute nacht, beim ersten Mal, da warst du es auch?

ANTIGONE: Ja, da war ich es auch. Mit der kleinen Eisenschaufel, mit der wir in den Ferien am Strand unsere Sandburgen bauten. Die Schaufel gehörte Polyneikes. Er hatte mit einem Messer seinen Namen in den Stiel eingekerbt. Deswegen ließ ich sie auch bei ihm liegen. Aber man nahm sie weg. Darum mußte ich das zweite Mal mit den Händen arbeiten.

WÄCHTER: Sie sah aus wie ein Tier, das herumwühlte. Beim ersten schnellen Hinsehen, als die heiße Luft so zitterte, sagte mein Kamerad sogar: »Aber nein, das ist doch ein Tier.« – »Denkst du«, sagte ich darauf, »für ein Tier ist es viel zu zierlich. Das ist ein Mädchen.«

KREON: Es ist gut. Vielleicht müßt ihr nochmals Bericht darüber abgeben. Jetzt laßt mich allein mit ihr. *Zum Pagen* Führe diese Männer hinaus, Kleiner. Sie sollen draußen warten, ohne mit jemand zu sprechen, bis ich sie holen lasse.

WÄCHTER: Sollen wir ihr die Handschellen wieder anlegen?

KREON: Nein, nicht nötig.

Die Wächter werden vom Pagen hinausgeführt. Kreon und Antigone stehen einander allein gegenüber.

KREON: Hast du jemand von deinem Vorhaben erzählt?

ANTIGONE: Nein.

KREON: Hast du jemand unterwegs getroffen?

ANTIGONE: Nein, niemand.

KREON: Bist du sicher?

ANTIGONE: Ja.

KREON: Dann höre. Du gehst jetzt augenblicklich auf dein Zimmer und legst dich ins Bett. Du sagst, du wärst krank und hättest das Haus seit gestern nicht mehr verlassen. Deine Amme wird das Gleiche sagen. Ich lasse die drei Männer verschwinden.

ANTIGONE: Warum? Du weißt ganz genau, daß ich es dann morgen nochmals versuchen werde.

KREON: Warum wolltest du deinen Bruder bestatten?

ANTIGONE: Es war meine Pflicht.

KREON: Ich hatte es untersagt.

ANTIGONE *sanft:* Es war auch dann noch meine Pflicht. Die Unbestatteten müssen ewig umherirren, ohne jemals Ruhe zu finden. Wenn mein Bruder noch lebte und von einer Jagd nach Hause gekommen wäre, hätte ich ihm die Schuhe ausgezogen, hätte ihm zu essen gegeben und ihm sein Bett bereitet. – Heute ist Polyneikes am Ende seiner Jagd angelangt. Er kehrt in das Haus zurück, wo mein Vater, meine Mutter und auch Eteokles ihn erwarten. Es ist sein Recht, sich auszuruhen.

KREON: Er war ein Aufrührer und Verräter.

ANTIGONE: Er war mein Bruder.

KREON: Hast du gehört, was ich auf allen Straßen und Plätzen verkünden ließ? Hast du die Anschläge an allen Mauern der Stadt nicht gelesen?

ANTIGONE: Doch.

KREON: Und du wußtest auch, welche Strafe mein Erlaß über jeden verhängte, der es wagen würde, ihm die Totenehre zu erweisen?

ANTIGONE: Ja, ich wußte es.

KREON: Oder glaubst du vielleicht, weil du die Tochter des Ödipus bist, des hochmütigen Ödipus, daß du deshalb über meinen Gesetzen stündest?

ANTIGONE: Nein, daran dachte ich nicht.

KREON: Das Gesetz gilt zuerst für dich, Antigone, das Gesetz gilt zuallererst für die Königstöchter!

ANTIGONE: Selbst wenn ich ein ganz gewöhnliches Dienstmädchen gewesen wäre und gerade beim Geschirrspülen von der Anordnung gehört hätte, so hätte ich mir das schmierige Wasser von den Händen gewischt und wäre hinausgelaufen mit meiner Schürze, um meinen Bruder zu bestatten.

KREON: Das ist nicht wahr! Wenn du ein Dienstmädchen gewesen wärst, hättest du sehr gut gewußt, daß du dann sterben müßtest. Du hättest deinen Bruder beweint, aber du wärst zu Hause geblieben. So aber dachtest du, ich könnte es niemals wagen, dich töten zu lassen, weil du von königlichem Blute, meine Nichte und die Verlobte meines Sohnes bist.

ANTIGONE: Du täuschst dich. Im Gegenteil, ich wußte sehr wohl, daß du mich töten lassen mußt.

KREON *sieht sie an und murmelt plötzlich:* Der Hochmut des Ödipus! Du bist der Hochmut des Ödipus. Ja, jetzt habe ich ihn wiedergefunden, in deinem Blick, das glaub' ich dir. Du hast bestimmt gedacht, daß ich dich hinrichten ließe. Ein solches Ende wäre dir in deinem Hochmut als ganz natürlich erschienen. Schon deinem Vater war das menschliche Unglück viel zu gering, und vom Glück war bei ihm sowieso nie die Rede. Eurer ganzen Sippschaft ist das Menschliche nur unbehaglich. Ihr müßt immer gleich dem Schicksal und dem Tod ins Auge sehen. Den Vater umbringen, mit der Mutter schlafen und sich dann alles haarklein und gierig erzählen lassen. Die Worte, die euch anklagen, die berauschen euch noch. Wie gierig saugt man sie auf, wenn man Ödipus heißt oder Antigone. Wie einfach das alles für euch ist! Dann sticht man sich die Augen aus und zieht mit seinen Kindern bettelnd über die Straßen... Ein für allemal nein. Diese Zeiten sind vorbei. Theben hat jetzt Anspruch auf einen König ohne Skandale. Ich heiße nur Kreon, Gott sei Dank. Ich stehe mit den Füßen fest auf der Erde, und ich habe meine Hände in meinen Taschen, und da ich nun einmal König bin, habe ich mich entschlossen, mit weniger Ehrgeiz als dein Vater alles zu tun, um die Weltordnung weniger absurd zu gestalten, wenn das geht. Das ist gewiß kein Abenteuer, es ist ein Beruf wie jeder andere, nicht immer angenehm, so wie alle Berufe. Aber da ich dieses Amt innehabe, so will ich es auch ausüben... Und wenn morgen ein hergelaufener Wahrsager behauptet, daß er an meiner Herkunft zweifelt, dann bitte ich ihn schlicht, wieder in seine Berge zurückzukehren. Deswegen würde ich mir nicht deine Tante genauer anschauen und in den Papieren wühlen, um die Daten zu vergleichen. Könige haben wahrlich anderes zu tun, mein Kind, als private Geschichten hochzuspielen. *Er geht auf sie zu und nimmt sie am Arm* Und nun höre mir gut zu. Du bist Antigone, du bist die Tochter des Ödipus, ja. Aber du bist erst zwanzig Jahre alt, und es ist noch gar nicht so lange her, da wäre die ganze Geschichte mit Hausarrest und ein paar Ohrfeigen abgetan worden. *Er sieht sie lächelnd an* Dich töten lassen! Sieh dich doch mal an, du Spatz! Du bist noch zu mager. Du mußt etwas dicker werden, damit du Hämon einen kräftigen Jungen schenken kannst. Das hat Theben viel nötiger als deinen Tod, glaub mir. Du gehst jetzt gleich auf dein Zimmer und tust, was ich gesagt habe. Und zu niemandem ein Wort von allem! Ich sorge schon dafür, daß die andern nichts ausplaudern. Mach schon! Sieh mich nicht so wütend an. Ich weiß, du hältst mich für einen rohen Kerl, du denkst, daß ich wirklich sehr prosaisch bin. Aber ich hab' dich sehr gern, trotz deines schlimmen Charakters. Es ist noch gar nicht so lange her, daß ich dir deine erste Puppe geschenkt habe, weißt du das nicht mehr?

Antigone antwortet nicht. Sie will hinausgehen. Er hält sie zurück.

KREON: Antigone! Diese Tür führt zu deinem Zimmer! Wohin willst du?

ANTIGONE *bleibt stehen und antwortet ruhig:* Du weißt genau...
Sie stehen sich schweigend gegenüber.

KREON *für sich*: Was spielst du nur?

ANTIGONE: Ich spiele nicht.

KREON: Begreifst du denn nicht, daß ich dich töten lassen muß, sobald außer diesen dreien noch jemand von deinem Vorhaben erfährt? Wenn du jetzt still bist und dir diese verrückte Idee aus dem Kopf schlägst, kann ich dich noch retten. Fünf Minuten später werde ich es nicht mehr können. Verstehst du denn das nicht?

ANTIGONE: Ich muß jetzt meinen Bruder beerdigen, den diese Männer wieder aufgedeckt haben.

KREON: Willst du wirklich diese unsinnige Tat wiederholen? Es steht jetzt eine neue Wache bei der Leiche. Selbst wenn es dir gelänge, sie noch einmal zuzuschütten, so würde man sie eben wieder freilegen, das weißt du doch. Du kannst dir höchstens dabei die Fingernägel blutig reißen und dich ergreifen lassen.

ANTIGONE: Ich weiß. Mehr kann ich nicht tun. Aber das kann ich immerhin. Und was man kann, das muß man tun.

KREON: Glaubst du denn wirklich an den ganzen Ritus der Beerdigung? Glaubst du wirklich an das Märchen von der irrenden Seele deines Bruders, wenn der Priester nicht ein paar Hände voll Erde auf seine Leiche wirft und einige Worte dazu leiert? Hast du schon einmal die Priester von Theben ihre Glaubensformel heruntermurmeln hören? Hast du diese traurigen, müden Angestelltengesichter schon gesehen mit ihren hastigen Bewegungen, wie sie die Worte verschlucken und den Toten rasch abfertigen, damit sie vor dem Mittagessen noch schnell den nächsten erledigen können?

ANTIGONE: Doch, das habe ich gesehen.

KREON: Wenn nun in dem Sarg ein Mensch läge, der dir sehr teuer ist, würdest du ihnen da nicht ins Gesicht schreien, daß sie still sein und sich aus dem Staub machen sollten?

ANTIGONE: Doch, das würde ich.

KREON: Und jetzt willst du dein Leben aufs Spiel setzen, weil ich deinen Bruder diesem scheinheiligen Getue, diesem hohlen Gewäsch über seiner Leiche, diesem Possenspiel entzogen habe, bei dem du als erste Scham empfunden hättest? Das ist ja absurd!

ANTIGONE: Ja, das ist absurd.

KREON: Warum willst du es dann trotzdem tun? Für die anderen, die daran glauben? Um sie gegen mich aufzubringen?

ANTIGONE: Nein.

KREON: Also weder für die anderen noch für deinen Bruder? Für wen denn dann?

ANTIGONE: Für niemand. Für mich.

KREON *betrachtet sie schweigend:* Möchtest du denn so gerne sterben? Du siehst jetzt schon aus wie ein kleines gehetztes Reh.

ANTIGONE: Werde nur nicht rührselig. Mach es so wie ich. Tu, was du für notwendig hältst. Und wenn du menschlich fühlst, dann tu es schnell. Mehr will ich gar nicht von dir. Ich kann nicht immerfort so mutig sein.

KREON *nähert sich ihr:* Ich will dich retten, Antigone.

ANTIGONE: Du bist König und vermagst alles, aber das – nein – das kannst du nicht.

KREON: Glaubst du!

ANTIGONE: Du kannst mich weder retten noch zu etwas zwingen.

KREON: Dieser Hochmut! Ödipus' Tochter!

ANTIGONE: Mich töten lassen ist das einzige, was du kannst.

KREON: Und wenn ich dich foltern ließe?

ANTIGONE: Warum? Damit ich weine, damit ich um Gnade bitte, damit ich alles schwöre, was man von mir verlangt, um dann doch wieder zu tun, was ich will, sobald die Schmerzen vorbei sind?

KREON *drückt ihr den Arm:* Höre gut zu. Ich bin in die böse Rolle gedrängt, während du die gute spielst. Du fühlst das sehr genau. Aber nütze das nicht zu sehr aus, du kleiner Teufel. Wenn ich ein gewöhnlicher Rohling oder Tyrann wäre, hätte ich dir schon längst die Zunge herausreißen oder dir die Glieder ausrenken und dich in ein finsteres Loch werfen lassen. Aber du siehst mir an den Augen an, daß ich noch zögere, daß ich mit mir reden lasse, anstatt sofort meine Soldaten zu rufen. Deswegen verhöhnst du mich und greifst mich an. Was bezweckst du damit, du kleine Furie?

ANTIGONE: Laß mich los, du tust mir weh.

KREON *drückt fester:* Nein – so bin ich der Stärkere, und das nütze ich aus.

ANTIGONE: Au!

KREON: Ich glaube, ich sollte dir ganz einfach ein wenig die Gelenke verdrehen und dich wie ein kleines Mädchen an den Haaren ziehen. *Er sieht sie an, dann ernst* Ich bin zwar dein Onkel, das stimmt, aber in unserer Familie ist man nicht sehr zärtlich zueinander. Findest du es nicht komisch, daß ich als

König ruhig dastehe und dir zuhöre, wie du mich verspottest? Ich alter Mann, der schon ganz andere sterben sah, die mindestens ebenso rührend wirkten wie du – das kannst du glauben. Und da gebe ich mir jetzt die Mühe, dich vom Sterben abzuhalten.

ANTIGONE *nach einer Pause:* Du drückst zu fest. Es tut nicht mehr weh, und ich fühle meinen Arm nicht mehr.

KREON *sieht sie an, läßt sie dann los:* Weiß Gott, ich hätte Wichtigeres zu tun heute! Aber ich werde trotzdem meine Zeit opfern, um dich zu retten, du kleiner Teufel. *Er setzt sie auf einen Stuhl. Er zieht seine Jacke aus und geht mit schweren, bedächtigen Schritten in Hemdsärmeln auf und ab* Nach einer schiefgegangenen Revolution gibt es allerhand Dreck zum Auskehren, das kannst du glauben. Man kennt sich oft vor Arbeit nicht mehr aus. Aber ich will nicht, daß du wegen einer politischen Geschichte ins Gras beißen mußt. Dafür bist du mir zu schade. Dein Polyneikes, sein Körper, der unter Bewachung verwest, sein irrender Schatten, oder wie du es sonst nennst, das ganze pathetische Zeug, das dir in den Kopf steigt, ist ja schließlich nur eine politische Angelegenheit. Ich bin zwar nicht zärtlich, aber sehr empfindlich. Ich liebe saubere, glatte, reinliche Sachen. Glaubst du nicht, daß das Fleisch, das da draußen in der Sonne fault, mich genauso anekelt wie dich? Wenn abends der Wind von der Seeseite kommt, riecht man es sogar schon im Palast. Mir wird oft ganz übel. Aber ich schließe nicht mal mein Fenster. Es ist widerlich, dir kann ich es ja sagen, es ist dumm, es ist ungeheuer dumm. Aber es ist nötig, daß ganz Theben es eine Zeitlang riecht. Sonst hätte ich deinen Bruder schon längst bestatten lassen, allein wegen der Hygiene. Aber diese Dickköpfe, die ich jetzt regiere, müssen endlich verstehen lernen. Deshalb muß es in der ganzen Stadt einen Monat lang nach des Polyneikes Leichnam stinken!

ANTIGONE: Du bist niederträchtig!

KREON: Ja, mein Kind, ich bin's, das verlangt mein Beruf. Man kann sich zwar darüber streiten, ob man ihn ausüben soll oder nicht. Aber wenn man ihn ausübt, dann schon richtig.

ANTIGONE: Und warum willst du ihn ausüben?

KREON: Als ich eines Morgens aufwachte, stellte ich fest, daß ich König von Theben geworden war. Gott weiß, daß es mich noch nie in meinem Leben nach Macht gelüstet hat.

ANTIGONE: Dann hättest du eben nein sagen sollen!

KREON: Ich hätte es wohl gekonnt. Aber ich wäre mir vorgekommen wie ein Arbeiter, der sich weigert, sein Tagewerk zu verrichten. Das schien mir unehrenhaft. Ich sagte ja.

ANTIGONE *heftig:* Gut, so ist das deine Sache. Ich, ich habe nicht ja gesagt! Was gehen mich deine Politik, deine Notwendigkeiten und die ganzen armseligen Geschichten an? Ich kann noch nein sagen zu allem, was mir mißfällt. Ich bin mein eigener Richter. Und du, mit deiner Krone, mit deinen Wächtern und deinem ganzen Staat, du kannst mich nur noch töten lassen, weil du einmal ja gesagt hast!

KREON: Höre!

ANTIGONE: Ich höre dir zu, wenn es mir paßt. Du hast nun einmal ja gesagt. Also hast du mir nichts mehr zu sagen. Du nicht. Du mußt jetzt anhören, was ich sage. Du zögerst, deine Wache zu rufen, weil du mich bis zum Schluß anhören willst.

KREON: Du amüsierst mich!

ANTIGONE: Nein. Ich mache dir Angst. Nur deshalb willst du mich retten. Es wäre auch viel bequemer, eine kleine, schweigsame Antigone irgendwo im Palast zu halten. Du bist noch etwas zu empfindlich, um einen guten Tyrannen abzugeben. Aber im Grunde weißt du genau, daß du mich töten lassen mußt. Und weil du es weißt, deswegen hast du Angst. Ein Mann, der Angst hat, ist erbärmlich!

KREON *still:* Ja... gut, ich habe Angst. Bist du jetzt zufrieden? Ich habe Angst, daß ich dich töten lassen muß, wenn du nicht nachgibst. Ich möchte es nicht.

ANTIGONE: Ich, ich muß nicht tun, was ich nicht möchte. Wolltest du vielleicht auch meinem Bruder das Grab nicht verweigern? Jetzt sage nur, daß du es nicht wolltest!

KREON: Ich habe es dir schon gesagt.

ANTIGONE: Und trotzdem hast du es getan. Und jetzt wirst du mich töten lassen, ohne es zu wollen. Und das heißt König sein!

KREON: Ja, so ist es.

ANTIGONE: Armer Kreon! Mit meinen verrissenen, erdigen Fingernägeln, mit den blauen Flecken am Arm vom harten Griff deiner Wächter und mit meiner ganzen Angst, die mir die Eingeweide zerwühlt, bin ich doch Königin!

KREON: Dann hab Mitleid mit mir. Ruhe und Ordnung in Theben sind teuer genug bezahlt mit dem faulenden Leichnam vor meinem Haus. Sieh, mein Sohn liebt dich. Ich will dich nicht auch noch opfern müssen. Ich habe wirklich schon genug bezahlt.

ANTIGONE: Nein – denn du hast ja gesagt. Dafür wirst du von jetzt an immer bezahlen müssen.

KREON *außer sich, schüttelt sie:* Mein Gott, versuche doch endlich zu begreifen. Ich gebe mir ja auch Mühe, dich zu verstehen. Irgend jemand muß schließlich ja sagen. Es muß doch einer da sein, der das Schiff steuert. Überall dringt schon Wasser ein, Verbrechen, Dummheit und Elend sind an Bord. Das Steuerruder schlägt hin und her, die Mannschaft lungert herum und denkt nur ans Plündern, und die Herren Offiziere bauen sich schon ein kleines sicheres Floß, das nur für sie da ist, mit Trinkwasser und Vorräten ausgestattet, um sich in Sicherheit zu bringen. Der Mast kracht, der Sturm heult, die Segel zerreißen, und die ganze Bande wird jämmerlich verrekken, weil jeder nur an seine eigene kostbare Haut und an seine nichtigen Angelegenheiten denkt. Glaubst du, da kann man lange überlegen, wie man es am raffiniertesten anstellt, ob man nun ja oder nein sagen soll? Da kann man nicht mehr lange fragen, ob man es nicht eines Tages teuer bezahlen wird oder ob man nachher überhaupt noch ein Mensch sein kann. Man nimmt das Rad in die Hand, sieht den sich türmenden Wellenbergen entgegen, man brüllt einen Befehl, und man schießt blindlings in die Menge, auf den erstbesten, der aus ihr hervortritt. Die Menge! Das ist etwas Namenloses. Wie eine Welle, die auf das Deck niederrauscht. Der Wind heult, und wer tot in der Gruppe umfällt, ist namenlos. Vielleicht hat er dir noch am Vorabend freundlich lächelnd Feuer für deine Zigarette gegeben. Jetzt ist er ein Namenloser. Und du selbst bist an das Ruder geklammert – namenlos. Nur das Schiff und der Sturm haben Namen, verstehst du das?

ANTIGONE *schüttelt den Kopf:* Ich will nicht verstehen. Das ist gut für dich. Ich bin nicht da, um zu verstehen. Ich bin nur da, um nein zu dir zu sagen und um zu sterben.

KREON: Nein sagen ist oft leicht.

ANTIGONE: Nicht immer!

KREON: Wer ja sagt, muß das Leben fest mit beiden Fäusten anpacken und sich in die Arbeit knien, daß der Schweiß rinnt. Nein sagen ist leicht, selbst wenn man dabei sterben muß. Man braucht nur ruhig dazusitzen und zu warten – auf das Leben oder bis man eben umgebracht wird. Wie feig ist das! Nur Menschen können so sein. Was wäre, wenn die Bäume nein sagten zum Saft, der aus ihren Wurzeln emporsteigt? Wenn die Tiere nein sagten und aufhörten, sich zu fressen und sich zu paaren? Die Tiere sind wenigstens gut, einfach und beständig. Sie trotten unverzagt schiebend und drängend ihren Weg. Wenn eines fällt, gehen die anderen darüber hinweg, und es können noch so viele umkommen, immer bleiben einige jeder Gattung übrig, die wieder Junge werfen und furchtlos den Weg fortsetzen, den die anderen vor ihnen gegangen waren.

ANTIGONE: Was für ein Traum für einen König: alle wie Tiere! Wie einfach das wäre!

Schweigen. Kreon sieht sie an.

KREON: Du verachtest mich, nicht wahr? *Sie antwortet nicht, er fährt fort wie für sich* Komisch. Ich habe mir oft ein ähnliches Gespräch mit einem schmächtigen, bleichen jungen Mann vorgestellt, der mich töten wollte und der mich dann nur seine Verachtung fühlen ließ. Aber ich habe nie gedacht, daß es mit dir wäre und wegen einer solchen Dummheit. *Er stützt den Kopf in seine Hände. Man sieht, daß er am Ende seiner Kräfte ist* Trotzdem, höre mich an. Zum letzten Mal jetzt! Ich weiß, meine Rolle ist nicht sehr edel – aber sie ist eben meine Rolle, und ich werde dich also töten lassen. Nur möchte ich, daß du vorher auch deiner Rolle sicher bist. Weißt du, warum du sterben wirst? Weißt du auch, unter welche schmutzige Geschichte du für immer deinen blutigen Namen setzen willst?

ANTIGONE: Was für eine Geschichte?

KREON: Die von deinen Brüdern Eteokles und Polyneikes. Du glaubst sie zwar zu kennen, aber du kennst sie nicht. Außer mir kennt sie niemand in Theben. Aber ich denke, heute hast auch du das Recht, sie zu hören. *Er denkt eine Zeit nach, seinen Kopf in den Händen, die Ellbogen auf den Knien, leise* Du wirst sehen, sie ist nicht sehr schön. *Leise, ohne Antigone anzublicken* Welches Bild von deinen Brüdern trägst du in dir? Zwei Spielkameraden, die dich nicht für voll nahmen, die dir deine Puppen zerbrachen und die andauernd sehr geheimnisvoll vor dir taten, um dich zu ärgern.

ANTIGONE: Sie waren viel älter...

KREON: Später mußtest du sie bewundern mit ihren ersten Zigaretten, mit ihren ersten langen Hosen, und dann fingen sie an, abends auszugehen und nach Mann zu riechen. Schließlich wurdest du von ihnen überhaupt nicht mehr beachtet.

ANTIGONE: Ich war auch noch ein kleines Mädchen.

KREON: Aber du bemerktest doch, daß deine Mutter öfters verweint aussah, daß dein Vater zuweilen Wutanfälle bekam, du hörtest, wie sie die Türen zuschlugen, wenn sie abends nach Hause kamen, und wie sie in den Gängen albern lachten. Sie gingen an dir vorüber, spöttelnd, gemein und nach Wein stinkend.

ANTIGONE: Eines Morgens hatte ich mich hinter einer Tür versteckt. Wir waren gerade aufgestanden, und die beiden kamen nach Hause. Polyneikes bemerkte mich. Er war ganz bleich, aber seine Augen glänzten, und er sah sehr schön aus in seinem dunklen Anzug. Vater hatte ihm eine fürchterliche Szene gemacht, bevor er am Abend wegging. Als er mich sah, sagte er nur: »Was, du hier?« Und er schenkte mir eine große Papierblume, die er von dieser Nacht mitgebracht hatte.

KREON: Du hast sie natürlich sorgfältig aufbewahrt, diese Blume, stimmt's? Und gestern, ehe du weggingst, hast du sie aus deiner Schublade hervorgeholt und sie lange angesehen, um dir Mut zu machen. Nicht wahr?

ANTIGONE *zitternd:* Wer hat dir das gesagt?

KREON: Arme Antigone mit deiner Kotillonblume! Weißt du auch, was für ein Mensch dein Bruder war?

ANTIGONE: Darauf war ich schon gefaßt, daß du ihn jetzt schlecht machen wirst.

KREON: Er war ein dummer, liederlicher Bursche, ein hartherziger, seelenloser Rohling, der nur mit seinem Wagen schneller als die anderen fahren konnte und sein Geld in den Kneipen ausgeben. Sonst konnte er nichts. Einmal war ich zugegen, als ihm dein Vater eine größere Summe Geld abschlug, die er verspielt hatte. Darauf wurde er ganz bleich, hob die Faust und schrie ein entsetzliches Schimpfwort.

ANTIGONE: Das ist nicht wahr!

KREON: Mit seiner rohen, geballten Faust schlug er deinen Vater mit voller Wucht mitten ins Gesicht. Es war erbärmlich. Dein Vater saß an seinem Tisch, das Gesicht in den Händen verborgen. Er blutete aus der Nase und weinte. Und Polyneikes stand neben dem Schreibtisch in der Ecke, lachte hämisch und zündete sich eine Zigarette an.

ANTIGONE *fast bittend:* Das ist nicht wahr.

KREON: Erinnerst du dich – du warst ungefähr zwölf Jahre alt –, daß dein Bruder längere Zeit fort war?

ANTIGONE *murmelnd:* Ja – das ist wahr.

KREON: Das war nach diesem Streit. Dein Vater wollte den leiblichen Sohn nicht vor Gericht bringen, und Polyneikes verpflichtete sich in der mazedonischen Armee. Kaum war er bei den Mazedoniern, da begannen die Anschläge gegen deinen alten Vater, der sein Königreich nicht aus den Händen geben wollte und sich nicht zum Sterben entschließen konnte. Ein Attentat folgte auf das andere, und alle Galgenvögel, die wir dabei ergriffen, gaben schließlich zu, daß sie von Polyneikes Geld erhalten hatten. Übrigens nicht von ihm allein! Ich möchte nämlich, daß du ein wenig hinter die Kulissen dieses Dramas blickst, wenn du schon darauf brennst, eine Rolle darin zu spielen. Ich ließ gestern für Eteokles ein glänzendes Staatsbegräbnis abhalten. Eteokles ist jetzt für Theben ein Heiliger, ein Held. Das ganze Volk war zusammengeströmt. Die Schulkinder gaben ihre Kupfermünzen für sein Grabmal, die Greise sangen mit scheinheiliger Rührung und zitternden Stimmen das Lob des Eteokles, des guten Bruders, des treuen Sohnes Ödipus', des loyalen Fürsten. Ich selbst hielt eine Rede. Die ganze Priesterschaft Thebens war dabei, im großen Ornat und mit der erforderlichen Trauermiene. Dann kamen noch die militärischen Ehren. Es war notwendig, denn ich konnte den Leuten leider nicht sagen, daß auf beiden Seiten ein Schweinehund war. Aber dir will ich etwas anvertrauen. Etwas, was nur ich allein weiß – etwas Furchtbares: Eteokles, dieser Tugendengel, war keinen Pfifferling mehr wert als Polyneikes. Dieser Mustersohn hatte es nämlich ebenfalls wiederholt versucht, deinen Vater um die Ecke zu bringen. Dieser loyale Prinz war genauso entschlossen, Theben an den Meistbietenden zu verschachern. Eteokles, der nun in seinem Marmorgrab liegt, traf alle Anstalten, denselben Verrat zu begehen, für den Polyneikes jetzt in der Sonne langsam verfault. Es war reiner Zufall, daß Polyneikos es vor ihm versucht hatte. Es waren zwei Gauner, die sich gegenseitig betrogen, während sie uns betrogen. Sie haben sich umgebracht wie zwei Halunken, die eine alte Rechnung zu begleichen hatten. Aber für mich ergab sich die Notwendigkeit, daß ich aus einem von ihnen einen Helden machen mußte. So ließ ich ihre Leichen unter den anderen hervorsuchen. Man fand sie eng umschlungen – wohl zum ersten Mal in ihrem Leben. Sie hatten sich gegenseitig aufgespießt. Die ganze Kavallerie war über sie hinweggeritten. Sie waren ein Brei und gar nicht mehr zu erkennen. Ich ließ den noch am besten erhaltenen Körper für mein Staatsbegräbnis mitnehmen. Den anderen ließ ich draußen liegen, wo man sie fand. Ich weiß nicht einmal, welcher von beiden das war. Und – du kannst mir glauben – das ist mir auch vollkommen gleichgültig. *Langes Schweigen. Sie bleiben still sitzen, ohne sich anzusehen. Dann sagt Antigone leise*

ANTIGONE: Warum hast du mir das alles erzählt?

KREON: Hätte ich dich lieber wegen dieser erbärmlichen Geschichte sterben lassen sollen?

ANTIGONE: Vielleicht ja. Ich glaubte es wenigstens.

KREON: Was wirst du jetzt tun?

ANTIGONE *erhebt sich wie schlafend:* Ich gehe auf mein Zimmer.

KREON: Bleib nicht zu viel allein. Sprich mit Hämon! Heiratet bald.

ANTIGONE *leise:* Ja.

KREON: Dein ganzes Leben liegt noch vor dir. Glaub mir, unsere Auseinandersetzung war sehr müßig. So viel Schönes wartet auf dich.

ANTIGONE: Ja.

KREON: Daran solltest du denken. Und da wolltest du dir alles verderben! Ich verstehe dich; mit zwanzig Jahren hätte ich genauso gehandelt wie du. Deswegen hörte ich dich auch so ruhig an. Als du sprachst, sah ich den jungen Kreon vor mir, mager und blaß wie du, der auch immer nur sein Bestes verschleudern wollte. Heirate bald, Antigone, und werde glücklich. Das Leben sieht anders aus, als du glaubst. Es ist wie ein schnelles, flüchtiges Wasser, das der Jugend durch die geöffneten Finger entrinnt. Greife es fest mit deinen Händen, halte es auf. Du wirst sehen, dann nimmt es eine einfache, feste Gestalt an. Vielleicht werden dir manche das Gegenteil sagen, weil sie deine Kraft und Begeisterung für ihre Zwecke einspannen wollen. Höre nicht auf sie. Höre auch nicht auf mich bei meiner nächsten Rede am Grabe Eteokles'. Ich werde nicht die Wahrheit sprechen. Nur das Unausgesprochene ist wahr. Du wirst auch noch einsehen – hoffentlich nicht zu spät –, daß das Leben oft nur ein Buch ist, das man gerne liest, ein Kind, das zu deinen Füßen spielt, ein Gegenstand, der sicher in der Hand ruht, oder ein verlöschender Abend, wenn du vor dem Haus sitzt. Du verachtest mich vielleicht, aber eines Tages wirst du es ganz von selbst entdecken. Und wenn du alt wirst, kann es dich trösten. Vielleicht ist das ganze Leben nur ein bißchen Glück.

ANTIGONE *murmelt:* Glück…

KREON *etwas geniert:* Ein armseliges Wort, nicht wahr?

ANTIGONE: Was wird mein Glück sein? Was für eine glückliche Frau soll aus der kleinen Antigone werden? Welche Niedrigkeiten werde ich Tag für Tag begehen müssen, um dem Leben mit den Zähnen ein kleines Fetzchen Glück zu entreißen? Sag doch, wen werde ich belügen, wem falsch ins Gesicht lächeln und an wen mich verkaufen müssen? Bei wem muß ich mich abwenden und ihn sterben lassen?

KREON: Du bist verrückt! Sei still!

ANTIGONE: Nein, ich bin nicht still! Ich will wissen, was ich tun muß, um glücklich zu werden. Jetzt will ich es wissen, denn ich habe nicht lange Zeit, mich zu entscheiden. Du sagst, das Leben sei schön. Ich möchte jetzt wissen, wie ich es anstellen muß, um zu leben.

KREON: Liebst du Hämon?

ANTIGONE: Ja, ich liebe Hämon. Ich liebe einen Hämon, der jung und stark ist, einen Hämon, der anspruchsvoll und treu ist wie ich. Aber ich liebe ihn nicht nach euren Begriffen vom Leben und vom Glück. Wenn er nicht mehr erbleichen darf, wenn ich erbleiche, wenn er mich nicht tot glaubt, wenn ich nur fünf Minuten zu spät komme, wenn er mich nicht mehr haßt und sich allein fühlt, wenn ich lache, ohne daß er weiß, warum, wenn er für mich der Herr Hämon wird und wenn auch er das Jasagen lernen muß – nein – dann liebe ich ihn nicht mehr.

KREON: Du weißt nicht, was du sagst. Sei still!

ANTIGONE: O doch, ich weiß es sehr gut – aber du verstehst mich nicht mehr. Ich bin zu weit weg von dir – meine Stimme spricht aus einer Welt, die dir mit deinen Sorgenfalten, mit deiner Weisheit und deinem dicken Bauch für immer verschlossen ist. *Sie lacht* Ah – ich muß lachen, Kreon, ich muß lachen, weil ich mir plötzlich vorstelle, wie du wohl mit fünfzehn ausgesehen hast. Sicher dieselbe machtlose, unfähige Miene und die Einbildung, alles zu können. Das Leben hat dir nur die kleinen Falten und den Speck dazugegeben.

KREON *schüttelt sie:* Wirst du jetzt endlich schweigen!

ANTIGONE: Warum soll ich denn schweigen? Weil du weißt, daß ich recht habe? Ich lese es doch an deinen Augen ab, daß du es weißt. Du weißt, daß ich recht habe, aber das würdest du niemals zugeben. Mit allem, was du sagst, verteidigst du doch nur dein eigenes Glück, wie ein Hund seinen Knochen.

KREON: Dein Glück und mein Glück, ja, du Dummkopf.

ANTIGONE: Ihr widert mich alle an mit eurem Glück! Mit diesem Leben, das man um jeden Preis verteidigen muß! Ihr seid wie Hunde, die geifernd ablecken, was sie auf ihrem Weg finden. Ein bescheidenes Alltagsglück und nur nicht zu anspruchsvoll sein! Ich, ich will alles, sofort und vollkommen – oder ich will nichts. Ich kann nicht bescheiden sein und mich mit einem kleinen Stückchen begnügen, das man mir gibt, weil ich so brav war. Ich will die Gewißheit haben, daß es so schön wird, wie meine Kindheit war – oder ich will lieber sterben.

KREON: Komm, fang nur so an wie dein Vater!

ANTIGONE: Ja, wie mein Vater! Wir gehen nämlich jeder Frage auf den Grund, bis schließlich kein Fünkchen lebendiger Hoffnung mehr bleibt, keine Ausflucht zu vernichten bleibt. Wir zertrampeln sie nämlich mit unseren Füßen, wo immer sie auftaucht, eure Hoffnung, eure hehre Hoffnung, eure elende Hoffnung.

KREON: Sei still! Du solltest sehen, wie häßlich du bist, wenn du so schreist.

ANTIGONE: Ja, ich bin häßlich! Das ist alles so häßlich, nicht wahr, dieses Schreien, dieses Auffahren, dieser laute Streit? Mein Vater wurde auch dann erst schön, als er gewiß war, daß er seinen Vater getötet hatte und daß es wirklich seine Mutter war, bei der er die Nacht verbracht hatte – und als er wußte, daß ihn nichts mehr retten konnte. Da beruhigten sich seine unsteten Züge, sie bekamen ein leichtes Lächeln – er wurde schön. Es war vorbei. Er mußte sich nur noch die Augen verschließen, um euch nicht mehr zu sehen. Ich brauche euch alle nur anzusehen mit euren armseligen Köpfen – ihr Glückskandidaten! Ihr seid häßlich, selbst die Schönsten unter euch! Ihr habt alle etwas Gemeines in den Augen und um die Mundwinkel – und Köpfe wie die feisten Köche.

KREON *verdreht ihr den Arm:* Ich befehle dir zu schweigen, verstehst du?

ANTIGONE: Du befiehlst mir, Koch? Glaubst du wirklich, du könntest mir etwas befehlen?

KREON: Das Vorzimmer ist voller Leute – sie hören dich doch!

ANTIGONE: Mach die Türen auf – die Türen auf – sie sollen mich hören!

KREON *versucht, ihr den Mund zuzuhalten:* Willst du jetzt endlich still sein, um Himmels willen?

ANTIGONE *wehrt sich:* Schnell, komm schnell! Rufe deine Wächter!

Die Tür geht auf, Ismene tritt ein, abgehetzt.

ISMENE *schreit:* Antigone!

ANTIGONE: Was willst du denn von mir?

ISMENE: Antigone, verzeih mir. Du siehst, ich komme. Jetzt hab' ich den Mut. Ich werde mit dir gehen.

ANTIGONE: Wohin wirst du mit mir gehen?

ISMENE *zu Kreon:* Wenn du sie töten läßt, dann mußt du mich mit ihr sterben lassen.

ANTIGONE: Nein! Jetzt nicht! Du nicht! Nur ich, ich ganz allein! Glaube nur nicht, daß du jetzt mit mir sterben kannst. Das wäre zu einfach.

ISMENE: Ich will nicht mehr leben, wenn du stirbst. Ich kann nicht ohne dich sein.

ANTIGONE: Du hast das Leben gewählt – ich den Tod. Lasse mich jetzt mit deinem Gejammer zufrieden. Heute morgen hättest du hingehen sollen, als es noch dunkel war, auf allen vieren. Mit den Nägeln hättest du in der Erde herumkratzen sollen, während die Wächter danebenstanden – bis sie dich wie eine Diebin ergriffen hätten!

ISMENE: Nun gut, dann gehe ich morgen hin.

ANTIGONE: Hörst du sie, Kreon? Sie ist schon angesteckt! Und wer weiß, ob nicht auch noch andere angesteckt werden, wenn sie mich hören? Auf was wartest du noch, bis du mich zum Schweigen bringst? Warum zögerst du? Rufe deine Wächter! Komm, Kreon – nur noch ein bißchen Mut! Nur ein kurzer, unangenehmer Augenblick muß überwunden werden. Nun mach schon, du Koch, jetzt muß es sein.

KREON *schreit plötzlich:* Wache! *Die Wächter erscheinen sofort* Führt sie ab!

ANTIGONE *schreit erleichtert auf:* Endlich, Kreon! *Die Wächter ergreifen sie und führen sie ab. Ismene läuft klagend hinterher.*

ISMENE: Antigone! Antigone!

Kreon bleibt allein zurück. Der Sprecher tritt auf und geht auf ihn zu.

SPRECHER: Du bist wahnsinnig, Kreon! Was hast du getan?

KREON *blickt starr vor sich hin:* Sie mußte sterben.

SPRECHER: Laß Antigone nicht sterben, Kreon! Wir würden durch Jahrhunderte an dieser Wunde tragen.

KREON: Sie wollte aber sterben. Keiner von uns war stark genug, sie zum Weiterleben zu bewegen. Antigone war für das Totsein bestimmt, das begreife ich jetzt. Vielleicht wußte sie es selbst nicht, aber Polyneikes war nur ein Vorwand. Und als sie nicht mehr für ihn sterben konnte, fand sie sofort einen anderen Grund. Ihr war die Hauptsache, daß sie nein sagen und sterben durfte.

SPRECHER: Aber sie ist ja noch ein Kind, Kreon!

KREON: Was soll ich denn für sie tun? Sie zum Leben verurteilen?

HÄMON *tritt auf, er schreit:* Vater!

KREON *geht auf ihn zu und nimmt ihn in die Arme:* Vergiß, Hämon, vergiß sie, mein Junge.

HÄMON *reißt sich los:* Du bist wahnsinnig, Vater, laß mich los.

KREON *hält ihn fest:* Ich habe alles versucht, sie zu retten. Alles habe ich versucht, ich schwöre es dir. Aber sie liebt dich nicht. Sie hätte leben können – aber Wahnsinn und Tod waren ihr lieber.

HÄMON: Vater – hast du gesehen, wie sie abgeführt wurde? Vater, rufe diese Männer zurück!

KREON: Zu spät. Sie hat gesprochen. Ganz Theben weiß jetzt, was sie getan hat. Sie muß sterben.

SPRECHER: Kann man nicht schnell irgend etwas erfinden? Sagen, daß sie verrückt ist? Sie einsperren?

KREON: Alle werden sagen, daß es nicht wahr ist. Daß ich sie nur rette, weil sie die Frau meines Sohnes werden soll. Ich kann nicht.

SPRECHER: Könnten wir nicht Zeit gewinnen, sie fliehen lassen?

KREON: Die Menge weiß bereits alles. Sie johlt schon vor dem Palast.

HÄMON: Was bedeutet schon die Menge! Du bist der Herr.

KREON: Nicht mehr. Jetzt gilt das Gesetz.

HÄMON: Vater, ich bin doch dein Sohn, du darfst sie mir nicht entreißen.

KREON: Doch, Hämon, doch, mein Junge. Sei tapfer. Antigone kann nicht weiterleben. Antigone hat uns schon längst verlassen.

HÄMON: Glaubst du denn, daß ich ohne sie leben kann? Glaubst du, daß ich euer Leben einfach so hinnehmen kann? Und alle diese Tage ohne sie ertragen, von morgens bis abends? Und euer Getue, euer Geschwätz, eure Nichtigkeiten – ohne sie?

KREON: Du mußt dich damit abfinden, Hämon. Einmal kommt für jeden der Tag – beim einen früher, beim anderen später –, da er sich damit abfinden muß, daß er nun erwachsen ist. Heute bist du an der Reihe. Zum letzten Mal stehst du vor mir wie ein kleiner Junge, mit nassen Augen und einem schweren Herzen... Wenn du dich nachher abwenden und diese Schwelle überschreiten wirst, dann ist alles zu Ende.

HÄMON *weicht ein wenig zurück und sagt leise:* Es ist schon zu Ende.

KREON: Verurteile mich nicht, Hämon. Verurteile mich nicht auch du.

HÄMON *blickt ihn an und sagt plötzlich:* Diese große Kraft, dieser Mut, dieser göttliche Riese, der mich auf seinen Armen vor Ungeheuern und drohenden Schatten rettete... das alles warst du? Dieser heimelige Geruch und das gute Brot am Abend, wenn du mir in deinem Arbeitszimmer bei Lampenlicht deine Bücher zeigtest, das sollst du gewesen sein?

KREON *leise:* Ja, Hämon.

HÄMON: Diese ganze Mühe, der ganze Stolz und all die Bücher voller Helden, das alles soll keinen anderen Sinn gehabt haben, als daß man sich eines Tages mit dem Erwachsensein abfinden und sich glücklich schätzen muß, wenn man überhaupt leben darf?

KREON: Ja, Hämon.

HÄMON *wirft sich in Kreons Arme und schreit wie ein Kind:* Vater, das ist nicht wahr! Das bist nicht du, den heutigen Tag träume ich doch nur! Stehen wir denn wirklich ausweglos vor einer Mauer, wo wir bloß noch ja sagen können? Du bist doch stark und mächtig, so wie damals, als ich noch klein war! Glaub mir, ich bewundere dich, ich bewundere dich noch heute! Wenn ich dich nicht mehr bewundern kann, bin ich ganz allein, in einer leeren, nackten Welt.

KREON *macht sich von ihm los:* Man ist immer allein, Hämon, und die Welt ist leer und nackt. Du hast mich schon viel zu lange bewundert. Sieh mich an. Erwachsen sein bedeutet, daß man eines Tages das Gesicht seines Vater sieht, wie es wirklich ist.

HÄMON *blickt ihn an, dann weicht er zurück und schreit:* Antigone! Antigone! Hilf mir! *Er stürzt davon.*

DER SPRECHER *geht auf Kreon zu:* Er ist hinausgerannt wie ein Wahnsinniger.

KREON *blickt starr vor sich hin:* Ja... der Arme... er liebt sie.

SPRECHER: Kreon, du mußt etwas unternehmen.

KREON: Es geht nicht mehr.

SPRECHER: Er ist davon wie vom Tode gezeichnet.

KREON *langsam:* Ja – wir alle – sind vom Tode gezeichnet.

Erneute Rufe und Schreie von draußen: Antigone! Antigone! Antigone!

Antigone wird von den Wächtern hereingestoßen, die sich dann gegen die Türe stemmen, um der nachdringenden lärmenden Menge den Eintritt zu verwehren.

WÄCHTER: Chef, sie stürmen den Palast.

ANTIGONE: Kreon, ich kann ihre Gesichter nicht mehr sehen, ich kann ihre Schreie nicht mehr hören, ich will niemand mehr sehen. Laß es genug sein, mein Todesurteil steht ja fest. Laß mich niemand mehr sehen, bis alles vorbei ist.

KREON *geht ab und ruft den Wächtern zu:* Die Wache vor die Türen! Räumt den Palast! Und du bleibst bei ihr zurück.

Die zwei anderen Wächter gehen ab, gefolgt vom Sprecher. Antigone ist mit dem ersten Wächter allein. Der Lärm von draußen nimmt langsam ab. Langes Schweigen. Antigone betrachtet den Wächter.

ANTIGONE *unvermittelt:* Also – du bist es?

WÄCHTER: Was, ich?

ANTIGONE: Das letzte Menschenantlitz für mich.

WÄCHTER: Scheint so.

ANTIGONE: Laß dich ansehen...

WÄCHTER *entfernt sich geniert:* Schon gut.

ANTIGONE: Hast du mich vorhin festgenommen?

WÄCHTER: Ja, das war ich.

ANTIGONE: Du hast mir weh getan. Das war nicht notwendig. Oder sah ich so aus, als ob ich davonlaufen wollte?

WÄCHTER: Erzählen Sie mir keine Geschichten. Wenn ich Sie nicht ergriffen hätte, dann hätte eben ich daran glauben müssen.

ANTIGONE: Wie alt bist du?

WÄCHTER: Neununddreißig Jahre.

ANTIGONE: Hast du Kinder?

WÄCHTER: Ja, zwei.

ANTIGONE: Hast du sie lieb?

WÄCHTER: Das geht Sie nichts an.

Er geht auf und ab. Es ist alles still, man hört nur seine Schritte.

ANTIGONE: Bist du schon lange beim Wachregiment?

WÄCHTER: Seit dem Krieg. Da war ich Unteroffizier. Danach habe ich mich zum Wachregiment verpflichtet.

ANTIGONE: Muß man denn Unteroffizier gewesen sein, um Wachmann zu werden?

WÄCHTER: Im Prinzip ja. Unteroffizier – oder wenigstens muß man einen Sonderlehrgang mitmachen. Aber als Wachmann verliert der Unteroffizier seinen früheren Dienstgrad. Zum Beispiel, ich begegne einem Rekruten der Armee, so muß er mich nicht grüßen.

ANTIGONE: So?

WÄCHTER: Ja. Aber wissen Sie, im allgemeinen tut er es doch. Denn der Rekrut weiß genau, daß der Wachmann früher ein Dienstgrad war. Bei der Löhnung bekommen wir den normalen Sold als Wachmann und während sechs Monaten als Ausgleich den Fehlbetrag bis zum vollen Unteroffiziersgehalt. Aber als Wachmann hat man noch andere Vorteile: Wohnung, Heizung und Familienunterstützung. Alles in allem steht sich ein verheirateter Wachmann mit zwei Kindern besser als ein Unteroffizier der aktiven Truppe.

ANTIGONE: So?

WÄCHTER: O ja. Daher kommen auch die dauernden Spannungen zwischen dem Wachregiment und dem Unteroffizierskorps. Vielleicht haben Sie schon bemerkt, daß die Unteroffiziere oft so tun, als wären die Leute vom Wachregiment für sie Luft. Hauptsächlich bilden sie sich wegen der Beförderung so viel ein. Einesteils haben sie ja recht. Die Beförderung beim Wachregiment geht viel langsamer und schwieriger vor sich als bei der Armee. Aber man muß dabei berücksichtigen, daß ein Gefreiter beim Wachregiment doch schon etwas ganz anderes ist als ein gewöhnlicher Unteroffizier.

ANTIGONE *plötzlich:* Höre...

WÄCHTER: Ja.

ANTIGONE: Ich werde bald sterben.

Der Wächter antwortet nicht. Schweigen. Er geht auf und ab.

WÄCHTER *fängt wieder an:* Deshalb ist auch ein Mann vom Wachregiment viel angesehener als ein Unteroffizier von den Aktiven. Der Wachmann ist ein Soldat, aber zugleich fast schon ein Beamter.

ANTIGONE: Meinst du, daß es weh tun wird – das Sterben?

WÄCHTER: Ich weiß nicht. Während des Krieges hatten vor allem die Leute mit Bauchschüssen große Schmerzen. Ich bin nie verwundet worden. Das hat mir auf der anderen Seite doch etwas geschadet bei der Beförderung.

ANTIGONE: Wie soll ich denn getötet werden?

WÄCHTER: Ich weiß nicht. Ich habe nur gehört, daß Sie in ein Loch gemauert werden, damit die Stadt nicht mit Ihrem Blut befleckt wird.

ANTIGONE: Lebend?

WÄCHTER: Zuerst schon.

Schweigen. Der Wächter holt verstohlen einen Priem hervor und steckt ihn in den Mund.

ANTIGONE *murmelt:* Ein Grab – mein Hochzeitsbett – meine letzte dunkle Stätte – *Sie steht mitten auf der Bühne. Sie sieht aus, als ob sie fröre. Sie verschränkt die Hände vor der Brust und murmelt* und ganz allein...

WÄCHTER *der nun seinen Priem im Mund verstaut hat:* Ja, in den Höhlen des Hades vor den Toren der Stadt – am hellichten Tag. Ein unangenehmer Dienst für die, die dabei sein müssen. Zuerst hat man schon gesagt, Soldaten von der Armee müßten es machen. Aber wie ich zuletzt gehört habe, soll auch hierzu das Wachregiment die Leute abstellen. Dem Wachregiment kann man ja alles aufhalsen. Da braucht man sich gar nicht zu wundern, wenn es zwischen dem Wachregiment und dem Unteroffizierskorps dauernd Eifersüchteleien gibt.

ANTIGONE *murmelt müde:* Zwei Tiere...

WÄCHTER: Was, zwei Tiere?

ANTIGONE: Zwei Tiere würden ganz eng aneinanderrücken, um sich zu wärmen. Ich aber werde ganz allein sein.

WÄCHTER: Benötigen Sie etwas? Soll ich rufen?

ANTIGONE: Nein. Ich möchte nur, daß du jemand einen Brief übergibst, wenn ich tot bin.

WÄCHTER: Wie – einen Brief?

ANTIGONE: Einen Brief, den ich jetzt schreiben werde.

WÄCHTER: Kommt nicht in Frage. Machen Sie keine Geschichten. Einen Brief! Was stellen Sie sich denn vor! Und ich lasse mir dann den Kopf dafür abschneiden?

ANTIGONE: Du bekommst den Ring, wenn du es tust.

WÄCHTER *nimmt den Ring:* Gold?

ANTIGONE: Ja, Gold.

WÄCHTER: Aber wenn man mich dabei erwischt? Dann komme ich vors Kriegsgericht. Aber das ist Ihnen wohl gleichgültig. *Er betrachtet nochmals den Ring* Ich kann höchstens in mein Notizbuch schreiben, was Sie bestellen wollen. Die Seite reiß' ich dann heraus. Mit meiner eigenen Schrift ist es etwas anderes.

ANTIGONE *murmelt mit geschlossenen Augen:* Deine Schrift *schaudert etwas*... das ist zu häßlich – nein, das alles ist so häßlich.

WÄCHTER *verärgert, tut, als ob er ihr den Ring zurückgeben wollte:* Gut, wenn Sie nicht wollen, bitte...

ANTIGONE *schnell:* Nein, nein, behalte nur den Ring – schreib. Aber schnell. Ich fürchte, wir werden keine Zeit mehr haben. Schreib: Mein Liebster...

WÄCHTER *hält das Notizbuch und feuchtet seinen Stift an:* Ist das für Ihren Freund?

ANTIGONE: Mein Liebster, vielleicht liebst du mich nicht mehr, weil ich sterben wollte.

WÄCHTER *wiederholt langsam beim Schreiben:* Mein Liebster, vielleicht liebst du mich nicht mehr, weil ich sterben wollte.

ANTIGONE: Kreon hatte recht – es ist schrecklich, neben diesem Menschen hier, ich weiß nicht mehr, warum ich sterbe. Ich habe Angst...

WÄCHTER *der kaum mitkommt:* Kreon hatte recht, es ist schrecklich...

ANTIGONE: O Hämon, unser Kind! Jetzt begreife ich erst, wie einfach das Leben war...

WÄCHTER *setzt ab:* Hören Sie, Sie diktieren zu schnell. Wie soll ich denn da mitschreiben? Es braucht alles seine Zeit.

ANTIGONE: Wo bist du stehengeblieben?

WÄCHTER *liest nach:* Es ist schrecklich, neben diesem Menschen hier...

ANTIGONE: Ich weiß nicht mehr, wofür ich sterbe...

WÄCHTER *schreibt:* Ich weiß nicht mehr, wofür ich sterbe. Niemand weiß, wofür er stirbt.

ANTIGONE *fährt fort:* Ich habe Angst. *Sie hält ein – richtet sich auf* Nein, streich das aus, das braucht niemand zu wissen. Das wäre, als sollten sie mich nackt sehen und mich anfassen, wenn ich tot bin. Schreib nur hin: Verzeih!

WÄCHTER: Dann streiche ich das Letzte durch und schreibe nur: Verzeih!

ANTIGONE: Ja, verzeih mir, Geliebter. Ohne die kleine Antigone hättet ihr alle eure Ruhe gehabt. Ich liebe dich.

WÄCHTER: Ohne die kleine Antigone hättet ihr alle eure Ruhe gehabt. Ich liebe dich. Ist das alles?

ANTIGONE: Das ist alles.

WÄCHTER: Ein komischer Brief ist das.

ANTIGONE: Ja, ein komischer Brief.

WÄCHTER: Und an wen ist er gerichtet?

In diesem Augenblick geht die Tür auf. Die anderen Wächter treten ein, Antigone erhebt sich und blickt sie an. Der erste Wächter steht hinter ihr, steckt mit wichtiger Amtsmiene Ring und Notizbuch weg. Als er dem Blick Antigones begegnet, brüllt er Vorwärts! Keine Geschichten!

Antigone lächelt arm. Sie senkt den Kopf. Schweigend gehen sie ab. Man hört aus der Ferne Trommelwirbel. Lange Pause. Der Sprecher tritt auf, lehnt sich neben die Türe.

SPRECHER: So – Antigone hat es überstanden. Nun kommt Kreon an die Reihe. Denn keinem bleibt etwas erspart.

Der Bote stürzt herein.

BOTE: Die Königin, wo ist die Königin?

SPRECHER: Was willst du von ihr? Was hast du ihr zu sagen?

BOTE: Eine furchtbare Nachricht. Man hat also Antigone in ihr Verlies geworfen. Man war schon im Begriff, die letzten Steine davorzurollen. Plötzlich hören Kreon und die anderen deutliche Klagelaute aus dem Grab. Alles ist still und lauscht – denn es ist nicht die Stimme Antigones. Es ist ein anderes Klagen, das aus der Tiefe heraufklingt. Alles blickt Kreon betroffen an. Er, der immer alles vor den anderen weiß, errät als erster. Er schreit plötzlich wie wahnsinnig: »Die Steine weg – schnell, die Steine weg!« Die Sklaven stürzen sich auf die Blöcke. Endlich tut sich eine kleine Öffnung auf, und der Schlankste zwängt sich hindurch. Er findet Antigone an ihrem Gürtel erhängt. Die roten, grünen und blauen Schnüre sehen wie ein buntes Halsband aus. Hämon kniet vor ihr, die Arme um ihren Körper geschlungen, und stöhnt, das Gesicht in ihrem Kleid verborgen. Man entfernt einen weiteren Stein, und Kreon kann endlich selbst hinuntersteigen. Man sieht seine weißen Haare im Dunkel des Grabes. Er versucht Hämon aufzuheben, flehentlich bittet er ihn. – Hämon hört nichts. Plötzlich richtet er sich auf, seine schwarzen Augen stumm auf seinen Vater geheftet, man glaubt ihn wieder als kleinen Jungen zu sehen, so steht er eine Weile da. Doch plötzlich spuckt er dem Vater ins Gesicht und zieht sein Schwert. Kreon springt zur Seite. Mit seinen Kinderaugen sieht ihn Hämon an, voller Verachtung, und diesem Blick entgeht Kreon nicht. Lange betrachtet Hämon den alten zitternden Mann am anderen Ende des Grabes, und dann – ohne daß ein Laut über seine Lippen kommt – stößt er sich das Schwert in den Leib – taumelt – klammert sich im Stürzen an Antigone und umarmt sie – in einem riesigen purpurnen See.

KREON *der mit seinem Pagen bei den letzten Worten des Boten eingetreten ist:* Ich habe sie nebeneinanderlegen lassen. Sie sind jetzt gewaschen und sauber. Nur ein wenig bleich sind sie, aber ganz ruhig. Sie schlafen – wie zwei Liebende am Morgen ihrer ersten Nacht. Sie haben es hinter sich.

SPRECHER: Aber du nicht, Kreon. Noch weißt du nicht alles. Eurydike, die Königin, deine Frau…

KREON *ruhig:* Eine gute Frau – die immer nur von ihrem Garten, von der Küche und von ihren Strickereien spricht – von ihrem ewigen Gestricke für die Armen. Komisch, daß alle Armen immer Gestricktes brauchen. Man könnte meinen, die brauchen nur Gestricktes.

SPRECHER: Diesen Winter werden die Armen in Theben frieren, Kreon. Als die Königin den Tod ihres Sohnes erfuhr, legte sie ihre Nadeln zur Seite, nachdem sie die Masche fertiggestrickt hatte. Sie war dabei bedächtig wie immer, vielleicht nur etwas ruhiger als sonst. Sie ging in ihr Zimmer, wo es immer nach Lavendel riecht und die kleinen gestrickten Deckchen auf den Plüschmöbeln liegen. Dort schnitt sie sich die Gurgel durch. Sie liegt jetzt in dem altmodischen Ehebett – wo du sie einmal als junges Mädchen sahst. Sie hat dasselbe Lächeln, nur etwas trauriger. Und wenn auf der weißen Wäsche bei ihrem Hals nicht der große rote Fleck wäre, könnte man meinen, sie schlafe.

KREON *ohne sich zu rühren, sagt ruhig:* Auch sie... Jetzt schlafen alle. Gut. Es war ein harter Tag. *Pause, dann leise* Schlafen – es muß schön sein.

SPRECHER: Du bist jetzt allein, Kreon.

KREON: Ja. Allein – ganz allein. *Er nimmt seinen Pagen bei der Schulter* Kleiner...

PAGE: Ja, Herr?

KREON: Ich will dir etwas sagen. Sie wissen es ja nicht, die anderen. Wenn man vor einem Werk steht, kann man doch nicht einfach die Arme verschränken. Alle sagen zwar, es sei eine schmutzige Arbeit – aber wenn man sie nicht selbst tut, wer soll sie dann tun?

PAGE: Ich weiß es nicht, Herr.

KREON: Gewiß, du weißt es nicht. Sei froh! Am besten wäre wohl, man wüßte nie etwas. Möchtest du gerne schon erwachsen sein?

PAGE: O ja, Herr.

KREON: Du bist verrückt, mein Kleiner. Man sollte immer ein Kind bleiben können. *Man hört aus der Ferne eine Uhr schlagen* Fünf Uhr. Was haben wir heute um fünf?

PAGE: Ministerrat, Herr.

KREON: Gut, wenn wir Ministerrat haben, Kleiner, dann werden wir jetzt hingehen.

Kreon stützt sich auf den Pagen – sie gehen ab.

SPRECHER *tritt in den Vordergrund:* Das wäre es also. Es stimmt schon, ohne die kleine Antigone hätte jedermann seine Ruhe gehabt. Aber nun ist alles vorbei. Jetzt haben sie ihre Ruhe wieder. Die, die sterben mußten, sind tot. Die einen, die an etwas glaubten – die anderen, die das Gegenteil glaubten – selbst jene, die zufällig in die Geschichte hineingezogen wurden, ohne etwas davon zu begreifen – sie alle sind tot. Alle gleich tot, gleich steif, gleich nutzlos, gleich verwest. Und die, die noch leben, beginnen ganz langsam, sie zu vergessen und ihre Namen zu verwechseln. Es ist vorbei. Antigone ist jetzt genesen von ihrem so unbegreiflichen Fieber. Ihre Pflicht ist von ihr genommen. Ein tiefer, trauriger Friede legt sich über Theben und den leeren Palast, wo Kreon sich anschickt, den Tod zu erwarten.

Während er sprach, sind die Wächter eingetreten, sie machen es sich auf einer Bank bequem, stellen einen Krug Wein neben sich. Sie schieben die Mütze ins Genick und beginnen Karten zu spielen.

SPRECHER: Nur die Wächter sind noch da. Ihnen ist alles gleich. Das ist doch nicht ihr Bier. Sie legen die Karten nicht aus der Hand...

Während die Wächter ihre Trümpfe klopfen, fällt rasch der Vorhang.

BECKET
oder
DIE EHRE GOTTES

Schauspiel in vier Akten

PERSONEN

DER KÖNIG

DIE SÖHNE DES KÖNIGS

THOMAS BECKET

DER ERZBISCHOF

GILBERT FOLLIOT, Bischof von London

DER BISCHOF VON OXFORD

DER BISCHOF VON YORK

DER KLEINE MÖNCH

DIE VIER ENGLISCHEN BARONE

KÖNIG LUDWIG VON FRANKREICH

ERSTER FRANZÖSISCHER BARON

ZWEITER FRANZÖSISCHER BARON

DER PAPST

DER KARDINAL

DIE JUNGE KÖNIGIN

DIE KÖNIGINMUTTER

GWENDOLINE

PROFOS, MÖNCHE, SOLDATEN, GEISTLICHE, SACHSEN, PAGEN und MÄDCHEN

ERSTER AKT

Das Bühnenbild begnügt sich mit Andeutungen. Hochragende Pfeiler. Die Kathedrale. In der Mitte der Bühne das Grab Bekkets. Eine steinerne Grabplatte mit dem eingemeißelten Namen. Zwei Wachsoldaten erscheinen und bleiben im Hintergrund stehen. Dann tritt, aus der Tiefe der Bühne kommend, der König auf. Er trägt seine Krone und ist nackt unter seinem weiten Mantel. In einigem Abstand folgt ihm ein Page. Vor dem Grab angelangt, zögert der König einen Augenblick, dann legt er plötzlich seinen Mantel ab, den der Page fortträgt. Er fällt auf die Knie und betet auf den steinernen Fliesen, allein und nackt, mitten auf der Bühne. Im Dunkel hinter den Pfeilern ahnt man die beunruhigende Gegenwart anderer Gestalten.

DER KÖNIG: Nun, Thomas Becket, bist du zufrieden? Ich knie nackt vor deinem Grab, und deine Mönche werden kommen und mich geißeln. Was für ein Ende unserer Geschichte! Du verfaulst in diesem Grab, durchlöchert von den Dolchstichen meiner Barone, und ich warte hier wie ein Schwachsinniger in der eisigen Kirchenluft, bis diese Tölpel auf mich einschlagen. Glaubst du nicht, es wäre besser gewesen, wir hätten uns geeinigt?

Becket, im Ornat als Erzbischof, wie an seinem Todestag, ist hinter einem Pfeiler hervorgetreten. Mit ruhiger Stimme sagt er:

BECKET: Wir konnten uns nicht einigen.

DER KÖNIG: Ich hatte es dir gesagt: »Unantastbar bleibt allein die Ehre des Königreiches!« Du selbst hast mich diese Formel gelehrt!

BECKET: Und ich hatte geantwortet: »Unantastbar bleibt allein die Ehre Gottes.« Wir sprachen beide gegen taube Ohren.

DER KÖNIG: Wie kalt es war auf der nackten Ebene von La Ferté-Bernard, als wir uns zum letzten Mal gesehen haben! Seltsam, es war eigentlich immer kalt in unserer Geschichte. Nur am

Anfang, als wir Freunde waren, da hatten wir zusammen ein paar schöne Sommerabende, mit unseren Mädchen. *Er fragt plötzlich* Du hast sie geliebt, deine Gwendoline, nicht wahr, Erzbischof? Du warst voll Zorn auf mich an jenem Abend, als ich sie dir wegnahm und sagte: »Der König bin ich!« Vielleicht war es das, was du mir nie verziehen hast?

BECKET *ruhig:* Ich habe es vergessen.

DER KÖNIG: Wir standen doch wie zwei Brüder zueinander! Es war pure Kinderei an jenem Abend, als der dicke Junge plötzlich schrie: »Der König bin ich!«... Ich war noch so jung... Ich dachte doch nur mit deinen Gedanken, das weißt du.

BECKET *ruhig wie zu einem Kind:* Bete, Heinrich, und schwätze nicht.

DER KÖNIG *mit Humor:* Was meinst du, wie gern ich bete! *Während der folgenden Sätze des Königs verschwindet Becket allmählich wieder im Dunkel* Ich beobachte sie durch meine Finger, wie sie in den Seitengängen auf mich lauern. Was für Krautschädel sie haben, deine Sachsen!... Sich splitternackt diesen rohen Kerlen auszuliefern! Bei meiner empfindlichen Haut... Selbst du hättest jetzt Angst. Außerdem schäme ich mich. Ich schäme mich dieser ganzen Maskerade. Aber ich brauche diese Leute... Ich muß sie als Verbündete gewinnen, gegen meinen Sohn, der mir noch zu Lebzeiten die Krone stehlen will. Also mache ich meinen Frieden mit ihrem großen Heiligen. Wie findest du das? Du, du bist ein Heiliger geworden, und ich, der König, sehe mich plötzlich auf diese große, wesenlose Masse angewiesen, die bisher nur dumpf ihr riesiges Gewicht fühlte, geduckt unter den Hieben. Doch jetzt ist diese Masse mit einemmal allmächtig. Was nützt am Ende jede Eroberung? Sie sind es, die heute trotz allem England verkörpern, einfach weil sie in der Mehrzahl sind und wie die Hasen Junge werfen, um das große Abschlachten wieder wettzumachen. Aber man muß für alles bezahlen... Auch das hast du mich gelehrt, Thomas Becket, als du noch mein Ratgeber warst... Alles hast du mich gelehrt... *Er erinnert sich* Ah, war das eine schöne Zeit! ...Am frühen Morgen – das heißt, was wir frühen Morgen nannten, so gegen Mittag, denn wir gingen immer sehr spät schlafen –, da kamst du in mein Zimmer, während ich meistens gerade aus meinem Schwitzbad stieg. Du kamst herein, ausgeruht, lächelnd, gutgelaunt und frisch, als hätten wir niemals eine ganze Nacht gesoffen und gehurt... *Er sagt ein wenig neidisch* Auch darin warst du mir überlegen...

Der Page ist mit einem großen weißen Badetuch erschienen, das er dem König umlegt, um ihn trocken zu reiben. Man hört jetzt zum ersten Mal, wie jemand hinter den Kulissen einen fröhlich-ironischen englischen Marsch pfeift. Es ist Beckets Lieblingsmelodie, die man in der Folge noch öfter hören wird.

Die Beleuchtung wechselt. Noch stellt das Bühnenbild die leere Kathedrale dar, aber im gegebenen Augenblick zieht Becket einen Vorhang zu, und dadurch entsteht das Zimmer des Königs. Der anfänglich ferne, erinnerungsträchtige Tonfall der Sprache ändert sich nun ebenfalls und wird alltäglicher.

Thomas Becket, ein eleganter, junger, charmanter Edelmann, mit seinem kurzen Wams und den aufgebogenen Schnabelschuhen, tritt fröhlich ein und begrüßt den König.

BECKET: Meine Ehrerbietung, mein Prinz.

DER KÖNIG *erfreut:* Ah, Thomas! Ich dachte, du schläfst noch.

BECKET: Ich habe schon einen kleinen Galopp nach Richmond hinter mir, mein Prinz. Draußen ist eine herrliche Kälte.

DER KÖNIG *der frierend mit den Zähnen klappert:* Wie man nur die Kälte lieben kann! *Zum Pagen* So reib doch fester, du Esel!

Becket schiebt lächelnd den Pagen zur Seite und reibt nun selbst den König ab.

DER KÖNIG *zum Pagen:* Schon gut. Leg noch ein Stück Holz ins Feuer und verschwinde. Zum Ankleiden kommst du später.

BECKET: Ich helfe Euch schon beim Ankleiden, mein Prinz.

Der Page ist abgegangen.

DER KÖNIG: Mich richtig abreiben, das kannst nur du! Was täte ich ohne dich, Thomas! Du bist ein Adeliger, und trotzdem spielst du meinen Leibdiener. Wollte ich meine Barone um so etwas bitten, gäbe es sofort einen Aufstand!

BECKET *lächelt:* Auch sie werden es einmal tun, wenn die Könige endlich ihre Rolle beherrschen. Ich bin Euer Diener, Prinz, und Schluß. Ob ich Euch beim Regieren helfe oder Euch warm reibe, für mich ist das alles dasselbe. Ich helfe Euch gern.

DER KÖNIG *mit einer kleinen, zärtlichen Geste:* Mein kleiner Sachse! Weißt du, was sie mir am Anfang sagten, als ich dich zu mir holen wollte? Du würdest mich bei der nächstbesten Gelegenheit erdolchen.

BECKET *der ihn lächelnd ankleidet:* Und Ihr habt es geglaubt, mein Prinz?

DER KÖNIG: N... nein... Zuerst hatte ich zwar ein wenig Angst. Du weißt ja, wie furchtsam ich bin. Aber du hast gleich so wohlerzogen gewirkt neben diesen ungehobelten Kerlen. Woher kommt es eigentlich, daß du so gut Französisch sprichst, ohne jeden englischen Akzent?

BECKET: Meine Eltern konnten seinerzeit all ihr Gut behalten, nachdem sie sich bereit gefunden hatten, mit Eurem königlichen Vater zu kollaborieren, wie man so sagt. Sie hatten mich schon in früher Jugend nach Frankreich geschickt, damit ich mir eine fehlerfreie Aussprache aneigne.

DER KÖNIG: Nach Frankreich? Nicht in die Normandie?

BECKET *lächelt abermals:* Das war ihre einzige patriotische Eitelkeit. Sie haßten den normannischen Akzent.

DER KÖNIG *lauernd:* Nur den Akzent?

BECKET *undurchschaubar und leichthin:* Mein Vater war ein sehr strenger Mann. Ich hätte nie gewagt, ihn zu Lebzeiten nach seinen innersten Gefühlen zu fragen. Und sein Tod brachte natürlich auch keine Aufklärung. Er hat es verstanden, durch seine Zusammenarbeit mit dem Sieger ein beträchtliches Vermögen anzuhäufen. Da er aber andererseits ein Mann von strengen Grundsätzen war, nehme ich an, daß er es doch irgendwie mit seinem Gewissen zu vereinbaren wußte. Es gibt da offenbar ein kleines Zauberkunststück, das in unruhigen Zeiten vor allem den Leuten mit Grundsätzen sehr gut gelingt.

DER KÖNIG: Und dir?

BECKET *tut so, als hätte er die Frage nicht verstanden:* Wie mir, mein Prinz?

DER KÖNIG *mit einem absichtlichen Anflug von Mißachtung, denn trotz oder gerade wegen seiner Bewunderung für Becket will er von Zeit zu Zeit einen Punkt für sich buchen:* Ist dir das Zauberkunststück auch so gut gelungen?

BECKET *immer noch lächelnd:* Das Problem lag bei mir anders. Ich bin eine sehr leichtfertige Natur, wie Ihr wißt. Eigentlich hat sich dieses Problem bei mir überhaupt nicht gestellt. Ich liebe die Jagd, und allein die Normannen und ihre Günstlinge hatten das Jagdrecht. Ich liebe den Luxus, und der Luxus war normannisch. Ich liebe das Leben, und die Sachsen hatten nur das Recht, sich abschlachten zu lassen. Ich muß hinzufügen, daß ich auch die Ehre liebe.

DER KÖNIG *ein wenig erstaunt:* Und auch die Ehre verträgt sich mit der Kollaboration?

BECKET *leichthin:* Ich erwarb mir dadurch immerhin das Recht, gegen den erstbesten normannischen Edelmann, der meine Schwester berühren wollte, den Degen zu ziehen und ihn im Zweikampf zu töten. Das ist eine Nebensächlichkeit, aber trotzdem nicht zu verachten.

DER KÖNIG *ein wenig hinterlistig:* Hättest du ihn nicht ermorden und in die Wälder fliehen können, wie so viele andere?

BECKET: Das wäre unbequem und obendrein auch unwirksam gewesen. Meine Schwester wäre sofort von dem nächsten normannischen Baron vergewaltigt worden, so wie alle sächsischen Mädchen. Heute aber wird meine Schwester von jedermann geachtet.

DER KÖNIG *nachdenklich:* Ich begreife nicht, daß du uns nicht haßt... Glaub mir, selbst ich, obwohl ich nicht sehr mutig bin...

BECKET: Was wißt Ihr schon, mein Prinz? Vor der Stunde seines Todes weiß kein Mensch, wie mutig er wirklich ist.

DER KÖNIG *setzt seinen Gedanken fort:* Trotzdem, du weißt, wie ungern ich kämpfe... zumindest persönlich, Mann gegen Mann. Wenn zum Beispiel die Franzosen eines Tages die Normandie eroberten und sich nur das Hundertste von dem zuschulden kommen ließen, was wir hier angerichtet haben, ich glaube, ich müßte beim Anblick eines Franzosen sofort meinen Dolch ziehen und... *er schreit plötzlich, als er bei Becket eine Geste bemerkt* Was suchst du da?

BECKET *lächelt und zieht einen Kamm aus seinem Wams:* Meinen Kamm... *Er kämmt dem König das Haar und sagt ruhig* Ihr wart eben noch nie hundert Jahre besetzt, mein Prinz. Das ist eine lange Zeit, in der man vieles vergißt.

DER KÖNIG *plötzlich schlau:* Wenn du arm gewesen wärst, hättest du vielleicht nicht vergessen?

BECKET *ungezwungen und nicht zu fassen:* Vielleicht nicht. Aber ich bin reich. Und leichtsinnig... Mein Prinz, wißt Ihr schon, daß mein neues goldenes Tafelgeschirr aus Florenz gekommen ist? Wird mir mein König die Ehre geben und es bei mir einweihen?

DER KÖNIG: Tafelgeschirr aus Gold! Hast du den Verstand verloren?

BECKET: Ich möchte diese Mode einführen.

DER KÖNIG: Ich bin dein König und esse selbst nur aus Silber.

BECKET: Mein Prinz, Ihr tragt die Last Eures Amtes und ich nur die meines Vergnügens. Schade ist nur, daß es so leicht Kratzer bekommt. Aber wir werden ja sehen! Ich habe auch zwei Gabeln schicken lassen.

DER KÖNIG *verwundert:* Gabeln?

BECKET: Ja. Ein neuartiges Instrument, diabolisch in Form und

Handhabung. Man spießt damit die Fleischstücke auf und führt sie zum Mund. Auf diese Weise beschmutzt man sich nicht mehr die Finger.

DER KÖNIG: Aber dann beschmutzt man doch die Gabel?

BECKET: Das schon. Aber man kann sie waschen.

DER KÖNIG: Die Finger auch! Ich sehe da keinen Vorteil.

BECKET: Einen praktischen Vorteil gewiß nicht. Aber es wirkt raffiniert und elegant und vor allem völlig unnormannisch.

DER KÖNIG *plötzlich begeistert:* Du mußt mir sofort ein Dutzend von diesen Gabeln kommen lassen. Ich möchte die Gesichter meiner dicken Barone sehen, wenn ich sie ihnen bei der nächsten Hoftafel vorlege. Aber wir verraten nicht, wozu sie dienen! Wir werden uns totlachen.

BECKET *lacht:* Ein ganzes Dutzend! Ihr scheut keine Ausgaben! Diese Gabeln sind nämlich sehr teuer. Aber ich glaube, mein Prinz, wir müssen jetzt zum Kronrat.

DER KÖNIG *lacht ebenfalls:* Sie werden völlig ratlos sein. Vielleicht denken sie, das sind neue Stichwaffen. Das gibt einen Heidenspaß!

Sie sind lachend hinter den Vorhang gegangen, der sich sodann vor ihnen öffnet. Die Pfeilerdekoration stellt nun den Saal des Kronrats dar, den der König mit Becket lachend betritt.

DER KÖNIG *geht zum Thron:* Meine Herren, der Kronrat ist eröffnet. Anlaß unserer heutigen Versammlung ist die Weigerung der Geistlichkeit, eine Wehrsteuer zu entrichten. Wir müssen uns einmal einigen, wer dieses Königreich regiert, die Kirche... *Der Erzbischof macht eine Bewegung...* einen Augenblick, Erzbischof... oder ich. Aber bevor wir uns in die Haare geraten, möchte ich mit einer erfreulichen Mitteilung beginnen... Ich habe beschlossen, das Amt eines Kanzlers von England und Bewahrers des Löwensiegels wieder einzuführen und damit meinen treuen Diener und Untertan Thomas Bekket zu betrauen.

BECKET *steht bleich und betroffen auf:* Mein Prinz!...

DER KÖNIG *mit gutgelauntem Spott:* Was ist denn, Becket? Mußt du pissen gehen? Natürlich, wir haben ziemlich viel getrunken heute nacht! *Er blickt ihn triumphierend an* Es freut mich, daß ich dich endlich einmal überraschen konnte, mein kleiner Sachse.

BECKET *mit einem Knie am Boden und plötzlich ernst:* Mein Prinz, ich fürchte, daß ich dieses großen Vertrauens nicht würdig bin. Ich bin noch sehr jung, wahrscheinlich auch leichtsinnig...

DER KÖNIG: Auch ich bin jung, und du bist doch der klügste Kopf von uns allen! *Zu den anderen* Er hat nämlich studiert, müßt ihr wissen! Es ist nicht zu glauben, wie beschlagen er ist! Er könnte jeden von euch glatt ausstechen, sogar den Erzbischof. Und was seinen Leichtsinn betrifft, so glaubt ihm kein Wort! Er trinkt und amüsiert sich gern, aber er ist einer von denen, die unaufhörlich denken. Manchmal wird mir ganz unheimlich, wenn ich ihn neben mir denken fühle... Steh auf, Thomas. Ich habe noch nie etwas ohne deinen Rat unternommen. Bisher war es geheim, ab heute wird es allgemein bekannt sein, das ist alles. *Er lacht plötzlich, holt etwas aus seiner Tasche und reicht es Becket* Da, nimm! Das Siegel mit den drei Löwen. Verlier es nicht. Ohne Siegel gäbe es kein England mehr, und wir müßten wieder nach Hause gehen in die Normandie! So, und jetzt an die Arbeit!

DER ERZBISCHOF *steht mit liebenswürdigem Lächeln auf, nachdem sich die erste Überraschung gelegt hat:* Es möge mir gestattet sein, mit der gütigen Erlaubnis unseres Königs, meinen jungen und gelehrsamen Diakon in seinem neuen Amt von Herzen willkommen zu heißen. Denn ich war der erste – ich darf meiner Eitelkeit nachgeben und mich stolz dessen rühmen –, ich war der erste, der seine Talente bemerkt und ihn erzogen hat. Die Anwesenheit von einem der Unseren – unseres geistigen Sohnes sozusagen – in dieser Versammlung, mit dem ehrenvollen Titel eines Kanzlers von England, gibt unserer

Kirche die Gewähr, daß eine neue Ära gegenseitigen Verstehens und vertrauensvoller Zusammenarbeit...

DER KÖNIG *unterbricht ihn:* Und so weiter und so weiter... Vielen Dank, Erzbischof! Ich wußte, daß Euch diese Ernennung angenehm sein würde. Aber hofft nicht zu sehr auf Becket, daß er Eure Geschäfte besorgt. Er ist mein Mann. *Er wendet sich freudestrahlend an Becket* Ich hatte tatsächlich ganz vergessen, daß du Diakon warst, mein kleiner Sachse.

BECKET *lächelt:* Ich auch, mein Prinz.

DER KÖNIG: Sag mir – ich spreche nicht von den Frauen, das sind läßliche Sünden – aber bei einigen Gelegenheiten konnte ich beobachten, daß du als Pfarrer verteufelt gut mit dem Schwert umzugehen weißt. Wie vereinst du das mit dem Kirchengebot, das den Priestern jedes Blutvergießen verbietet?

DER BISCHOF VON OXFORD *vorsichtig:* Unser junger Freund ist vorläufig nur Diakon und hat seine letzten Gelübde noch nicht abgelegt, Hoheit. Die Kirche in ihrer Klugheit weiß, daß Jugend sich ausleben muß und daß der heilige Anlaß eines Krieges – oder, besser gesagt, daß ein heiliger Krieg den jungen Leuten gestattet...

DER KÖNIG *fällt ihm ins Wort:* Jeder Krieg ist heilig, Bischof! Ihr werdet keine ernsthafte Kriegspartei finden, die nicht den lieben Gott auf ihrer Seite hätte – wenigstens theoretisch. Bleiben wir lieber bei unseren Schäfchen.

DER ERZBISCHOF: Pastor curare gregem debet, mein Sohn.

DER KÖNIG, *ungeduldig:* Genau das habe ich gemeint. Nur mag ich keine Schafe, die sich nicht scheren lassen wollen, mein Vater! Ein alter Brauch verlangt, daß jeder Grundbesitzer, dessen Ländereien den Unterhalt eines Bewaffneten erlauben, eine Wehrsteuer zu bezahlen hat, sofern er sich nicht nach Aufruf fristgerecht zur Heerschau einfindet, bewaffnet und den Schild am Arm.

DER BISCHOF VON OXFORD: Distinguo, Hoheit!

DER KÖNIG: Unterscheidet, was Ihr wollt. Mein Entschluß steht fest: Ich halte Euch meinen Klingelbeutel vor und warte. *Er lehnt sich in seinen Sessel zurück und stochert in seinen Zähnen. Zu Becket* Ich sterbe vor Hunger, Thomas. Du nicht? Laß uns was bringen!

Becket gibt einem Wachsoldaten einen Wink, der Soldat geht ab.

DER ERZBISCHOF *steht nach einer Weile auf:* Ein Laie, der sich der Pflicht entzieht, seinem Fürsten mit Waffenhilfe beizustehen, schuldet die Steuer. Niemand wird das bestreiten.

DER KÖNIG *spöttisch:* Vor allem nicht die Geistlichkeit!

DER ERZBISCHOF *fährt fort:* Die Pflicht der Geistlichkeit ist es, ihren Fürsten in seinen Gebeten und wohltätigen Werken zu unterstützen. Sie kann also nicht einer solchen Steuer unterworfen werden, da sie diese Pflichten stets erfüllt hat.

DER BISCHOF VON OXFORD: Haben wir je unser Gebet verweigert?

DER KÖNIG *steht wütend auf:* Meine Herren! Glaubt Ihr im Ernst, ich ließe mich mit solchen Haarspaltereien um zwei Drittel meiner Steuer prellen? In den Jahren der Eroberung, als jedermann sich bereichern konnte, da krempelten sie ihre Soutanen hoch, unsere normannischen Pfarrer! Und wie begeistert! Das Schwert in der Hand und den Hintern im Sattel, mit dem ersten Hahnenschrei! »Vorwärts, mein Prinz! Werfen wir sie hinaus! Gott will es so! Gott will es so!« Man konnte sie kaum noch bändigen. Und wenn man einmal eine kleine Messe brauchte, dann hatte keiner Zeit. Da wußten sie nicht mehr, wo sie ihre Priestergewänder hatten, oder die Kirchen waren gerade nicht benutzbar – sie hatten immer eine Ausrede, aus Angst, es könnte ihnen inzwischen ein Stück von dem Kuchen entgehen!

DER ERZBISCHOF: Diese heroischen Zeiten sind vorüber. Jetzt herrscht Friede.

DER KÖNIG: Dann bezahlt! Ich sehe keine andere Möglichkeit! *Er wendet sich an Becket* Sag du auch was, Kanzler. Oder hat dir etwa das neue Amt die Sprache verschlagen?

BECKET: Ist es mir gestattet, daß ich meinem Herrn und Erzbischof respektvoll etwas zu bedenken gebe?

DER KÖNIG *brummt:* Respektvoll... aber mit Nachdruck. Du bist jetzt Kanzler.

BECKET *ruhig und gelassen:* England ist ein Schiff.

DER KÖNIG *freudig entzückt:* Sieh an! Sehr hübsch gesagt! Das wollen wir uns merken.

BECKET: Angesichts der Gefahren auf hoher See haben die Menschen aus Selbsterhaltungstrieb seit jeher nur einen einzigen Herrn und Meister an Bord anerkannt. Die meuternden Mannschaften, die ihren Kapitän getötet haben, ordnen sich nach allgemeiner Zügellosigkeit sehr bald mit Leib und Seele einem Mann aus ihrer Mitte unter, der dann seinerseits über sie herrscht, oft noch viel willkürlicher als der getötete Kapitän.

DER ERZBISCHOF: Herr Kanzler – mein junger Freund – es gibt in der Tat ein Wort, das lautet: Auf See ist der Kapitän nach Gott Herr über Leben und Tod. *Er donnert plötzlich mit einer Stimme, die man in diesem gebrechlichen Körper nie vermutet hätte* Nach Gott!

Er bekreuzigt sich, ebenso die Bischöfe. Der Eiswind der Exkommunikation weht über die Versammlung. Der König, sichtlich eingeschüchtert, bekreuzigt sich ebenfalls und murmelt kleinlaut.

DER KÖNIG: Niemand denkt daran, die Allmacht Gottes zu bezweifeln, Erzbischof.

BECKET *der als einziger ruhig geblieben ist:* Gott lenkt das Schiff, indem er die Entscheidungen des Kapitäns beeinflußt. Aber ich habe noch nie gehört, daß er seine Ratschlüsse unmittelbar dem Mann am Steuer mitteilt.

Gilbert Folliot, Bischof von London, ein galliger Mann, steht auf.

GILBERT FOLLIOT: Unser junger Kanzler ist zwar nur Diakon, aber er gehört zum Klerus. Trotz der Jahre, die er im weltlichen Trubel verbracht hat, wird er hoffentlich nicht vergessen haben, daß Gott den Menschen seine Entschlüsse durch seine streitbare Kirche offenbart, im besonderen aber durch die Vermittlung Unseres Heiligen Vaters in Rom und dessen einziger Stellvertreter, der Bischöfe.

BECKET: Es gibt zwar auf jedem Schiff einen Seelsorger, aber man verlangt von ihm nicht, daß er die Lebensmittelration der Mannschaft festsetzt oder den Schiffsort berechnet. Mein hochwürdiger Herr Bischof von London, der dem Vernehmen nach der Enkel eines Seemannes ist, wird das hoffentlich auch nicht vergessen haben?

GILBERT FOLLIOT *fährt böse auf und keift:* Ich dulde nicht, daß persönliche Anspielungen eine Erörterung von solcher Wichtigkeit entwürdigen! Integrität und Ehre der Kirche von England stehen auf dem Spiel!

DER KÖNIG *einlenkend:* Keine großen Worte, Bischof! Ihr wißt so gut wie ich, daß es sich nur um Euer Geld dreht. Ich brauche Geld für meinen Krieg! Will mir die Kirche welches geben oder nicht?

DER ERZBISCHOF *vorsichtig:* Die Kirche von England hat es stets als ihre vornehmste Pflicht erachtet, ihren Fürsten in allen Notlagen nach besten Kräften zu unterstützen.

DER KÖNIG: Endlich ein vernünftiges Wort! Nur mißfällt mir dabei die Vergangenheitsform, Erzbischof. Sie klingt so melancholisch. Mir gefällt die Gegenwart besser. Und die Zukunft. Werdet Ihr zahlen?

DER ERZBISCHOF: Hoheit, ich habe hier Privilegien zu verteidigen, die Euer erhabener Vorfahre Wilhelm der Kirche von England zugestanden hat. Oder bringt Ihr es übers Herz, an das Werk Eures Großvaters zu rühren?

DER KÖNIG: Er ruhe in Frieden! Sein Werk bleibt unantastbar. Doch dort, wo er jetzt ist, braucht er kein Geld mehr. Ich aber bin noch auf der Erde, und ich brauche es!

GILBERT FOLLIOT: Hoheit, das ist eine Frage der Prinzipien!

DER KÖNIG: Ich stelle meinen Heerbann auf, Bischof! Ich habe mir für meinen Krieg gegen den König von Frankreich fünfzehnhundert deutsche Landsknechte und dreitausend Schweizer Fußsoldaten schicken lassen. Bis jetzt hat noch niemand einen Schweizer mit Prinzipien zufriedengestellt!

BECKET *steht plötzlich auf und sagt mit Entschiedenheit:* Hoheit, ich glaube, wir können uns ein weiteres Streitgespräch sparen, da hier keiner dem anderen zuhört. Gesetz und Gewohnheitsrecht geben uns ausreichende Zwangsmittel in die Hand. Wir werden sie anzuwenden wissen.

GILBERT FOLLIOT *fährt auf, außer sich:* Wie, du wagst es? Du willst deiner Mutter, der Kirche, den Dolch in die Brust stoßen, zum Dank, daß sie dich aus dem Nichts deines Volkes zu sich emporgezogen hat?

BECKET: Mein Herr und König hat mir das Löwensiegel in Obhut gegeben. Meine Mutter ist jetzt England.

GILBERT FOLLIOT *schäumend, ein wenig lächerlich:* Ein Diakon! Ein armseliger Diakon, aufgepäppelt an unserer Brust! Verräter! Kleine Natter! Lüstling! Gesinnungslump! Sachse!

DER KÖNIG: Freundchen, ich bitte mir etwas mehr Achtung vor meinem Kanzler aus, oder ich rufe meine Wachen!

Er hat die Stimme etwas angehoben. Die Wachsoldaten kommen herein.

DER KÖNIG *überrascht:* Da sind sie ja schon. Ah! Nein, das ist meine Mahlzeit. Ihr entschuldigt, meine Herren, aber gegen Mittag muß ich etwas zu mir nehmen, sonst werde ich schwach. Und ein König darf nicht schwach werden, wie Ihr wißt. Serviert mir das in meiner Betkammer, dann kann ich danach gleich beten. Komm einen Augenblick mit mir, mein Sohn.

Er zieht Becket mit sich und geht ab. Die drei Bischöfe stehen betroffen da. Sie treten murmelnd ein wenig zur Seite und blicken verstohlen dem abgegangenen König nach.

GILBERT FOLLIOT: Wir müssen uns an Rom wenden! Wir dürfen nicht nachgeben.

DER BISCHOF VON YORK: Hochwürdiger Erzbischof, Ihr seid der Primas von England. Eure Person ist unverletzlich, und Eure

Entscheidungen in allen Kirchenfragen haben in diesem Land Gesetzeskraft. Gegen eine solche Auflehnung habt Ihr eine Waffe: den Kirchenbann!

DER BISCHOF VON OXFORD: Man sollte diese Waffe jedoch nur mit größter Vorsicht anwenden, verehrter Bischof. Die Kirche hat im Laufe der Jahrhunderte immer wieder triumphiert, aber sie hat mit ihrer Weisheit triumphiert. Seien wir geduldig. Die Wutanfälle des Königs sind zwar beängstigend, aber sie verrauchen rasch. Es sind nur Strohfeuer.

GILBERT FOLLIOT: Dieser kleine Ehrgeizling, den er da zu sich berufen hat, wird sie immer wieder neu entfachen. Ich denke wie unser verehrter Bischof von York. Allein die Exkommunikation kann dem Treiben dieses Lüstlings ein Ende machen.

BECKET *kommt bei diesen Worten herein:* Hochwürdige Herren, der König hat beschlossen, die Sitzung zu vertagen. Er glaubt, daß eine Nacht stillen Nachdenkens die hohen Herren eine vernünftige und gerechte Lösung finden läßt. Er gestattet Euch, morgen Eure Vorschläge darzulegen.

GILBERT FOLLIOT *hämisch:* Nur weil jetzt die Stunde ist, in der man zur Jagd ausreitet!

BECKET *lächelt:* Sehr wohl, verehrter Bischof, um Euch nichts zu verheimlichen. Glaubt mir, ich persönlich bin betroffen über diese Meinungsverschiedenheit und über die Schärfe, mit der sie ausgetragen wurde. Dennoch nehme ich nichts von dem zurück, was ich als Kanzler von England dazu sagen mußte. Wir alle, ob Geistliche oder Laien, sind durch den gleichen Lehenseid gebunden, den wir dem König als unserem Herrn und Landesfürsten geschworen haben. Dieser Eid besagt, daß wir Leben, Gesundheit, Amt und Ehre des Königs zu schützen und zu mehren haben. Ich nehme an, daß keiner von Euch den Wortlaut vergessen hat?

DER ERZBISCHOF *ruhig:* Wir haben ihn nicht vergessen, mein Sohn. Genauso wenig wie den anderen Eid, den wir vorher Gott geschworen haben. Ihr seid noch jung und vielleicht noch nicht ganz gefestigt. Dennoch habt Ihr mit wenig Worten eine Entscheidung getroffen, deren Bedeutung mir nicht entgangen ist. Als ein alter Mann, der dem Tode nahe ist und der in diesem häßlichen Streit vielleicht mehr verteidigt hat, als Ihr jetzt ahnt, wünsche ich Euch wie ein Vater, daß Ihr Euch nie den Vorwurf machen müßt, Ihr hättet Euch getäuscht. *Er hält ihm seinen Ring vor, den Becket küßt* Ich segne Euch, mein Sohn.

BECKET *ist niedergekniet und steht unbeschwert wieder auf:* Ein sehr unwürdiger Sohn, mein Vater... Aber wann ist man schon würdig? Und würdig wofür?

Er macht eine pirouettenhafte Wendung und geht hinaus, mit jugendlicher Grazie und Unbekümmertheit.

GILBERT FOLLIOT *fährt auf:* Diese Beleidigungen Eurer Hochwürden sind nicht länger zu ertragen! Wir müssen den Übermut dieses zügellosen Schelms ein für allemal brechen.

DER ERZBISCHOF *nachdenklich:* Ich habe ihn lange Zeit in meiner Nähe gehabt. Er ist eine seltsame, schwer zu erfassende Seele. Ihr dürft nicht denken, daß er der primitive Lüstling ist, wie es der Schein vermuten läßt. Ich konnte ihn oft genug beobachten, sowohl beim Vergnügen wie beim Kampf. Er bleibt dabei immer wie abwesend. Er sucht sich noch.

GILBERT FOLLIOT: Vernichtet ihn, bevor er sich gefunden hat! Anderenfalls wird die Geistlichkeit dieses Landes teuer dafür bezahlen!

DER ERZBISCHOF: Wir müssen Umsicht walten lassen. Uns obliegt es, die Herzen der Menschen zu prüfen. Und ich bin nicht so sicher, daß er immer unser Feind sein wird.

Der Erzbischof und die drei Bischöfe sind abgegangen. Man hört von draußen die Stimme des Königs.

DER KÖNIG: Nun, mein Sohn, sind sie fort? Kommst du mit zur Jagd?

Vom Schnürboden kommen Bäume herunter, und der schwarze Samtvorhang im Hintergrund öffnet sich vor einem hellen Rund-

horizont, der die Kirchenpfeiler als entlaubte Bäume eines Winterwaldes erscheinen läßt.

Man hört Jagdhörner.

Das Licht ist zunächst zurückgegangen. Wenn es wiederkommt, reiten der König und Thomas nebeneinander, jeder mit einem Jagdfalken auf dem Lederhandschuh. Man hört wolkenbruchartigen Regen.

DER KÖNIG: Die wahre Sintflut! *Er fragt plötzlich* Macht dir das überhaupt Spaß, mit dem Falken jagen?

BECKET: Ich lasse meine Geschäfte nicht gern durch andere besorgen... Ich spüre lieber einen Eber an meiner Speerspitze. Wenn er plötzlich herumfährt und zum Angriff ansetzt, erlebt man eine köstliche Kampfminute, in der man endlich ganz für sich selbst verantwortlich ist.

DER KÖNIG: Eigenartig, diese Freude an der Gefahr! Warum wollt ihr alle um jeden Preis euer Leben aufs Spiel setzen, unter den fadenscheinigsten Vorwänden? Du hast zwar sehr viel Lebensart, machst gefühlvolle Verse und ißt mit einer Gabel, aber im Grunde bist du meinen Baronen viel ähnlicher, als du glaubst.

BECKET: Man muß sein Leben aufs Spiel setzen, wenn man wirklich leben will.

DER KÖNIG: Oder sterben! Das ist ja zum Lachen! *Zu seinem Falken* Ruhig, mein Kleiner! Wir nehmen sie dir bald ab, deine Kapuze! Hier unter den Bäumen bringst du ja doch nichts zuwege. Jedenfalls weiß ich, wer die Falkenjagd über alles liebt: die Falken selbst! Ich glaube, wir reiten uns seit Stunden den Hintern wund, nur damit wir ihnen dieses königliche Vergnügen bieten können.

BECKET *lächelt:* Es sind normannische Falken, mein Prinz. Sie gehören zur guten Rasse und haben ein Anrecht auf ihre Jagd.

DER KÖNIG *blickt Becket an und fragt plötzlich:* Liebst du mich, Becket?

BECKET: Ich bin Euer Diener, mein Prinz.

DER KÖNIG: Hast du mich geliebt, als ich dich zum Kanzler gemacht habe? Ich frage mich manchmal, ob du überhaupt lieben kannst. Liebst du Gwendoline?

BECKET: Sie ist meine Geliebte, mein Prinz.

DER KÖNIG: Warum versiehst du alles mit Etiketten, wie um deine Gefühle zu rechtfertigen?

BECKET: Weil ohne solche Etiketten die Welt keine Form mehr hätte.

DER KÖNIG: Ist das so wichtig, daß die Welt eine Form hat?

BECKET: Ungeheuer wichtig, mein Prinz. Anderenfalls wüßte man nicht mehr, was man darin zu tun hat. *Ferne Jagdhörner* Der Regen wird immer stärker, mein Prinz. Vielleicht finden wir da vorn in dieser Hütte Unterschlupf!

Er galoppiert davon. Nach einem unmerklichen Zögern, das seine Verwirrung verrät, galoppiert ihm der König nach, den Falken auf seiner erhobenen Faust.

DER KÖNIG *ruft hinter ihm her:* Becket! Du hast mir meine Frage nicht beantwortet!

Er ist im Wald verschwunden. Man hört abermals die Jagdhörner. Die Barone galoppieren herein, folgen dem entschwundenen König und verlieren sich wieder im Wald. Tosendes Gewitter. Blitze. Auf einer Seite der Bühne ist eine Hütte sichtbar geworden. Man hört von draußen Beckets Stimme.

BECKET: Heda! Mann! Können wir die Pferde in deiner Scheune unterstellen? Kannst du sie trocken reiben? Und sieh nach, was das Pferd des hohen Herrn am rechten Vorderhuf hat. Wir bleiben bei dir, bis das Gewitter vorüber ist.

Wenige Augenblicke später tritt der König in die Hütte ein, gefolgt von einem struppigen Sachsen, der sich in ängstlichen Verbeugungen ergeht und seine Kappe in den Händen dreht.

DER KÖNIG *tritt ein und schüttelt sich:* Das regnet wie aus Gießkannen! Ich hole mir bestimmt einen Schnupfen... *Er niest* Nur damit die Falken ihren Spaß haben! *Er schreit den Mann an, wobei er sofort seinen Tonfall ändert* Wie lange dauert das noch, bis du uns ein Feuer machst? Oder willst du uns erfrieren lassen, du Hund! *Der Mann bleibt starr vor Angst stehen. Der König niest wieder und wendet sich dann an Becket, der inzwischen hereingekommen ist* Auf was wartet er denn?

BECKET: Das Holz ist knapp. Sicher hat er keines mehr.

DER KÖNIG: Hier, mitten im Wald?

BECKET: Sie dürfen nur zwei Klafter totes Holz sammeln. Einen Ast mehr, und man hängt sie.

DER KÖNIG *erstaunt:* Tatsächlich? Auf der anderen Seite heißt es immer, es gebe zu viel totes Holz in unseren Wäldern. Aber das ist ein Problem, mit dem sich meine Verwalter herumschlagen sollen. *Er schreit den Mann an* Los, sammle so viel Holz, wie du tragen kannst, und mach uns ein Höllenfeuer! Ausnahmsweise wirst du diesmal nicht gehängt, du Hund!

Der verschreckte Bauer wagt nicht, dem Befehl zu gehorchen.

BECKET *begütigend:* Geh, mein Sohn. Wenn es dein König befiehlt, darfst du es tun.

Der Mann geht zitternd hinaus, mit vielen Verbeugungen.

DER KÖNIG: Wieso sagst du zu diesem Tattergreis »mein Sohn«?

BECKET: Ihr habt ihn einen Hund genannt, mein Prinz.

DER KÖNIG: Das ist doch nur so eine Redensart. Man hat die Sachsen seit jeher Hunde genannt. Warum, weiß ich auch nicht. Man hätte sie genauso gut Sachsen nennen können. Aber »mein Sohn«, zu diesem alten Stinktier... *er schnuppert herum* Ich frage mich, was die nur fressen, daß es hier so abscheulich riecht? Dreck?

BECKET: Rüben.

DER KÖNIG: Was sind das, Rüben?

BECKET: Eine Art Wurzeln.

DER KÖNIG *belustigt:* Sie essen Wurzeln?

BECKET: Hier in den Wäldern können sie nichts anderes anbauen.

DER KÖNIG: Warum gehen sie dann nicht hinaus in die freie Ebene?

BECKET: Man hängt sie, wenn sie ihren Bezirk verlassen.

DER KÖNIG: Ach so! Aber das muß doch das Leben unerhört vereinfachen, wenn man weiß, daß man bei der geringsten Initiative sofort gehängt wird. Damit erledigen sich alle Fragen. Diese Leute wissen ihr Glück gar nicht zu schätzen... Du hast mir aber noch nicht erklärt, warum du zu diesem Tölpel »mein Sohn« sagst.

BECKET *leichthin:* Er ist so arm und bedürftig, und ich bin im Vergleich zu ihm so stark und mächtig, daß er tatsächlich mein Sohn ist.

DER KÖNIG: Mit dieser Theorie werden wir weit kommen.

BECKET: Außerdem, mein Prinz, obwohl Ihr um einiges jünger seid als ich, nennt auch Ihr mich zuweilen Euren Sohn.

DER KÖNIG: Das hat damit nichts zu tun. Ich sage so, weil ich dich gern habe.

BECKET: Ihr seid unser König, und wir alle sind unter Eurer Obhut Eure Söhne.

DER KÖNIG: Sogar die Sachsen?

BECKET *im Plauderton, während er sich die Handschuhe abzieht:* England wird erst vollendet sein, wenn auch die Sachsen Eure Söhne sind.

DER KÖNIG: Heute bist du aber langweilig. Du redest wie der Erzbischof. Und ich sterbe vor Durst. Schau dich doch ein bißchen um, ob es nichts zu trinken gibt bei deinem Sohn... *Becket beginnt zu suchen und verläßt alsbald den Raum. Der König steht auf und sucht ebenfalls. Neugierig sieht er sich in der armseligen Hütte um und berührt mit angewiderter Miene die verschiedenen Gegenstände. Plötzlich bemerkt er unten an einer Wand eine Art Falltür. Er öffnet sie, greift hinein und zieht ein völlig verstörtes Mädchen heraus. Er ruft* He, Thomas! Thomas!

BECKET *kommt wieder herein:* Habt Ihr was zu trinken gefunden, mein Prinz?

DER KÖNIG *der das Mädchen am Arm festhält:* Nein, aber was zum Verspeisen. Was hältst du davon, wenn sie einmal gewaschen ist?

BECKET *kalt:* Hübsch.

DER KÖNIG: Sie riecht ein wenig streng, aber man könnte sie ins Bad setzen. Sieh doch, da ist alles an seinem Platz. Wie alt schätzt du sie? Fünfzehn, sechzehn?

BECKET: Alt genug, daß sie selbst antworten kann. *Zu dem Mädchen, mit ruhiger Stimme* Wie alt bist du?

Das Mädchen starrt entsetzt die beiden Männer an und bleibt stumm.

DER KÖNIG: Siehst du, sie spricht noch nicht. *Er wendet sich an den Alten, der mit Holz beladen hereingekommen und erschrocken auf der Schwelle stehengeblieben ist* Wie alt ist deine Tochter, du Hund? *Der Mann steht zitternd da und gibt keine Antwort* Dein Sohn kann offenbar auch nicht reden. Hast du sie mit einer Taubstummen gezeugt? Übrigens seltsam, wie vielen Stummen ich begegne, sobald ich meinen Palast verlasse. Ich regiere ein Volk von Stummen. Kannst du mir das erklären?

BECKET: Sie haben Angst, mein Prinz.

DER KÖNIG: Ich verstehe. Das ist gut so. Das Volk muß Angst haben. Sobald es sich nicht mehr fürchtet, hat es nur noch den Wunsch, seinerseits Angst zu verbreiten. Anderen Angst einjagen, das liebt das Volk nicht weniger als wir. Und wenn sich einmal die Gelegenheit bietet, dann holen sie das Versäumte gründlich nach, deine lieben Söhne! Du hast wohl noch nie einen Aufstand erlebt? Ich, ich habe einen gesehen, noch zu meines Vaters Zeiten. Kein sehr schöner Anblick, glaub mir. *Er betrachtet angewidert den Mann* Sieh dir doch das einmal an! Stumm, häßlich, vertiert, stinkend, und es wimmelt nur so von ihnen! *Er greift sich das Mädchen wieder, das sich entfernen wollte* Du bleibst da! Ich frage dich, wozu ist so was von Nutzen?

BECKET *lächelt:* Sie kratzen in der Erde herum und machen Brot.

DER KÖNIG: Bah! Brot essen die Engländer sowieso kaum! In Frankreich, ja, da wäre es was anderes, da ißt man Berge von Brot.

BECKET *lächelt:* Die Soldaten müssen doch verpflegt werden. Was wäre ein König ohne Soldaten!...

DER KÖNIG *verblüfft:* Stimmt. So gesehen, bekommt alles wieder einen Sinn. Anscheinend waltet über diesen vielen Ungereimtheiten doch eine ganz vernünftige Ordnung. Du bist tatsächlich ein sehr philosophischer Sachse. Ich weiß nicht, wie du es anstellst, aber mit der Zeit machst du mich ausgesprochen intelligent! Eigenartig ist nur, daß so etwas Häßliches trotzdem so hübsche Mädchen in die Welt setzt! Wie erklärst du das, da du ja für alles eine Erklärung weißt?

BECKET: Mit zwanzig Jahren, als er noch seine Zähne hatte und seine Züge noch nicht das unbestimmbare Alter der Armen angenommen hatten, war dieser Mann vielleicht einmal schön. Vielleicht hat er damals eine Liebesnacht erlebt, eine einzige Minute, in der auch er ein König war und seine Angst vergaß. Danach ging sein Leben als armer Teufel weiter, so wie vorher. Seine Frau und er haben sicher alles längst vergessen. Aber die Saat war bestellt.

DER KÖNIG *nachdenklich:* Wie du das alles so erzählst... *Er betrachtet das Mädchen* Glaubst du, sie wird später genau so häßlich werden wie die anderen?

BECKET: Gewiß.

DER KÖNIG: Aber wenn wir sie zur Hure machen und im Palast leben lassen, dann bleibt sie schön?

BECKET: Vielleicht.

DER KÖNIG: Damit würden wir ihr also einen Gefallen tun?

BECKET *kalt:* Ohne Zweifel.

Der Vater hat sich aufgerichtet. Das Mädchen kauert sich zusammen, voller Entsetzen. Der Bruder kommt herein, finster, stumm und drohend.

DER KÖNIG: Das ist ja wunderbar. Sie verstehen jedes Wort, siehst du? Wer ist denn der da?

BECKET *der mit einem Blick die gefährliche Lage erfaßt hat:* Ihr Bruder.

DER KÖNIG: Woher weißt du das?

BECKET: Meine Witterung, mein Prinz.

Er hat die Hand am Dolch.

DER KÖNIG *schreit plötzlich:* Was starren sie mich denn so an? Allmählich geht mir das auf die Nerven! Ich habe was zu trinken verlangt, du Hund!

Der Mann stürzt erschrocken davon.

BECKET: Ihr Wasser schmeckt sicher abgestanden. Ich habe noch eine Flasche Wacholderbrand in meiner Satteltasche. Du kommst mit und hilfst mir. Mein Pferd ist sehr unruhig.

Er hat den Bruder hart am Arm gefaßt und zieht ihn mit sich. Er geht mit ihm hinaus in den Wald und pfeift betont gelassen sein kleines Marschlied. Plötzlich aber wirft er sich auf ihn. Ein kurzer, lautloser Kampf. Becket entwindet ihm sein Messer. Der junge Mann flieht in den Wald. Becket sieht ihm einen Augenblick lang nach und hält sich die Hand. Dann geht er um die Hütte herum. Der König hat es sich inzwischen auf seinem Schemel bequem gemacht. Leise vor sich hin pfeifend, hat er seine Beine über einen zweiten Schemel gelegt. Mit dem Ende seiner Reitgerte hebt er nun die Röcke des Mädchens hoch und hält in Ruhe Besichtigung. Er murmelt.

DER KÖNIG: Alles meine Söhne! *Er verscheucht einen Gedanken* Er macht mich noch verrückt, dieser Becket, wenn er mir das Denken angewöhnt! So was schlägt sich auf die Gesundheit. *Er springt auf und ruft dem eintretenden Becket entgegen* Nun, gibt es endlich Wasser? Das dauert ja ewig!

BECKET *der vor dem Alten eintritt:* Da ist es schon, mein Prinz. Und hier vor allem der Wacholder. Das Wasser ist nicht ganz klar.

DER KÖNIG: Komm, trink mit. *Er bemerkt, daß Beckets Hand mit einem blutbefleckten Tuch umwickelt ist* Was ist denn das? Bist du verletzt?

BECKET *verbirgt seine Hand:* Mein Pferd ist tatsächlich sehr unruhig. Es kann nicht vertragen, daß jemand an den Sattel kommt. Es hat mich gebissen.

DER KÖNIG *mit einem breiten, fröhlichen Lachen:* Ah! Ah! Ah! Ist das komisch! Das ist wirklich zu komisch! Der Herr reitet besser als jeder andere; der Herr findet keinen Hengst, der ihm feurig genug ist; der Herr macht sich auf der Reitbahn mit seinen Kunststücken über uns lustig, aber wenn er etwas aus der Satteltasche holen soll, dann läßt er sich beißen, wie ein Anfänger!... *Er hat sich fast in eine fröhliche Wut geredet. Doch plötzlich wird sein Blick wieder weicher* Du bist ja ganz blaß, mein kleiner Sachse... Warum mag ich dich so gern? Eigenartig, bei dir macht es mir gar keinen Spaß, wenn dir was zustößt. Zeig deine Hand. Ein Pferdebiß ist nicht ungefährlich. Laß dir was von dem Wacholder darübergießen.

BECKET *zieht rasch seine Hand zurück:* Das habe ich schon getan. So schlimm ist es nicht.

DER KÖNIG: Warum bist du denn so blaß? Zeig her.

BECKET *plötzlich kalt:* Die Wunde sieht nicht sehr schön aus. Ihr wißt doch, daß Ihr kein Blut sehen könnt.

DER KÖNIG *weicht ein wenig zurück, dann aber ruft er fröhlich:* Und das alles, um mir etwas zum Trinken zu besorgen! Verwundet im Dienste des Königs! Wir werden den anderen weismachen, du hättest mich gegen ein wildes Tier verteidigt, und ich überreiche dir heute abend ein schönes Geschenk. Was würde dir Freude machen?

BECKET *ruhig:* Dieses Mädchen hier. *Nach einer kleinen Pause setzt er hinzu* Sie gefällt mir.

DER KÖNIG *dessen gute Laune plötzlich verflogen ist, nach einem Zögern:* Das paßt mir gar nicht. Mir gefällt sie auch. Und in diesem Punkt hört bei mir die Freundschaft auf. *Nochmals ein Zögern. Doch plötzlich nimmt sein Gesicht einen pfiffig-schlauen Ausdruck an* Na schön! Aber eine Hand wäscht die andere. Wirst du das nicht vergessen?

BECKET: Nein, mein Prinz.

DER KÖNIG: Eine Hand wäscht die andere! Ich habe dein Wort als Edelmann?

BECKET: Gewiß, mein Prinz.

DER KÖNIG *leert sein Glas, plötzlich wieder bester Laune:* Genehmigt! Sie ist dein! Nehmen wir sie gleich mit, oder lassen wir sie abholen?

BECKET: Ich werde sie von zwei Soldaten holen lassen... Ich glaube, sie haben uns gefunden.

Während der letzten Sätze dieser Szene ist eine Gruppe bewaffneter Reiter hinter der Hütte angekommen.

DER KÖNIG *zum Alten:* Wasche deine Tochter, du Hund, und knacke ihr die Läuse. Sie kommt zu uns in den Palast. Für diesen Herrn hier, der Sachse ist wie du. Ich hoffe, du bist damit einverstanden? *Zu Becket, im Hinausgehen* Gib ihm ein Goldstück. Ich fühle mich in Geberlaune heute morgen!

Der könig ist abgegangen. Der Mann starrt verängstigt Becket an.

BECKET: Niemand wird deine Tochter holen. In Zukunft verbirgst du sie besser. Und deinem Sohn sagst du, daß er sich zu den anderen in den Wäldern schlagen soll, dort ist er jetzt sicherer als hier. Da!

Er wirft ihm eine Börse zu und geht hinaus. Der Mann stürzt sich auf die Börse und hebt sie auf. Dann spuckt er haßerfüllt hinterher.

DER MANN: Verrecke! Verrecke als allererster, du Schwein!

DAS MÄDCHEN *unvermittelt:* Er war schön, dieser Mann. Will er mich wirklich in seinen Palast holen?

DER MANN: Du Luder! Du Normannenkebse!

Er fällt über sie her und schlägt auf sie ein. Der König, Becket und die Barone sind zum Klang der Jagdhörner davongaloppiert. Hütte und Bäume verschwinden. Wir sind jetzt in Beckets Palast. Diener haben eine breite, niedrige Liegestatt hereingeschoben, mit Kissen und Sitzpolstern. Im Hintergrund, auf einer Stange zwischen zwei Pfeilern, ein Vorhang, durch den man als Schat-

tenspiel das stattfindende Gelage sieht. Man hört Gesang und Gelächter.

Auf der Bühne Gwendoline. Sie sitzt auf der Liegestatt und spielt leise ein altes Saiteninstrument.

Der Vorhang im Hintergrund teilt sich, und Becket tritt ein. Er geht auf Gwendoline zu. Das Gelage hinter dem Vorhang geht weiter. Gelächter, dann wieder grölender Gesang, dessen Worte man nicht versteht.

GWENDOLINE *unterbricht einen Augenblick ihr Spiel:* Sind sie immer noch beim Essen?

BECKET: Ja. Sie haben eine unvorstellbare Aufnahmefähigkeit.

GWENDOLINE *spielt wieder und sagt ruhig:* Wie kann mein Gebieter alle seine Tage und den größten Teil seiner Nächte mit solchen Menschen verbringen?

BECKET *hat sich zu ihren Füßen gesetzt und streichelt sie:* Mit den gelehrten Geistlichen, die sich über die Geschlechtsbestimmung der Engel streiten, langweilt sich dein Gebieter noch viel mehr, meine kleine Katze. Sie begreifen das Wesen der Dinge genauso wenig wie die Ungebildeten.

GWENDOLINE *streicht wieder über die Saiten:* Ich verstehe nicht immer alles, was mir mein Gebieter zu sagen beliebt. Ich weiß nur, daß es jedesmal sehr spät ist, wenn er zu mir kommt.

BECKET *liebkost sie:* Dennoch ist es meine einzige Freude. Schönheit ist eines der seltenen Wunder, die unsere Zweifel an Gott verstummen lassen.

GWENDOLINE: Ich bin die Kriegsgefangene meines Gebieters, und ich gehöre ihm mit Leib und Seele. Gott hat es so gewollt, denn er hat den Normannen den Sieg über mein Volk geschenkt. Hätten wir Walliser gesiegt, dann hätte ich im Schloß meines Vaters einen Mann aus meinem Volk geheiratet. Aber Gott hat es nicht gewollt.

BECKET *ruhig:* Das ist eine Allerweltsmoral, meine kleine Katze. Doch da auch ich einem besiegten Volk angehöre, habe ich das Gefühl, daß Gott selbst nicht genau weiß, was er will. Spiel doch weiter...

GWENDOLINE *spielt wieder, doch dann sagt sie plötzlich:* Ich habe gelogen. Auch ohne Gott bist du mein Gebieter. Und wenn die Walliser gesiegt hätten, dann hättest du mich jederzeit aus dem Schloß meines Vaters entführen können. Ich wäre mit dir gegangen. *Sie hat das mit großem Ernst gesagt. Becket steht plötzlich auf und entfernt sich ein paar Schritte. Gwendoline unterbricht ihr Spiel und blickt ängstlich zu ihm auf* Habe ich etwas Unrechtes gesagt? Was hat mein Gebieter?

BECKET *verschlossen:* Nichts. Ich mag nicht, daß man mich liebt, ich habe es dir gesagt.

Der Vorhang wird zurückgeschlagen. Der König erscheint.

DER KÖNIG *ein wenig angetrunken:* Was ist, mein Sohn, du läßt uns allein? Stell dir vor, jetzt sind sie so weit! Sie fechten mit deinen Gabeln. Sie haben herausgefunden, daß das eine Waffe zum Augenausstechen ist. Die Form erscheint ihnen dafür besonders sinnreich. Sieh doch selbst nach, sie werden sie dir sonst zerbrechen.

BECKET *geht hinter den Vorhang, um die Gesellschaft zu beruhigen. Man hört ihn rufen* Meine Herren! Meine Herren! Aber nein, das sind doch keine Dolche... Ich versichere euch... Nur zum Aufspießen von Fleischstücken!... Gebt acht, ich zeige es euch noch einmal...

Hinter dem Vorhang schallendes Gelächter. Der König ist näher an Gwendoline herangetreten und sieht sie an.

DER KÖNIG: Hast du während des Essens hier gespielt?

GWENDOLINE *in einem tiefen Knicks versunken:* Ja, Hoheit.

DER KÖNIG: Du bist offenbar sehr vielseitig talentiert... So steh doch auf...

Er hebt sie auf und bringt dabei eine zärtliche Berührung an. Gwendoline tritt etwas zur Seite, peinlich betroffen.

DER KÖNIG *mit einem bösen Lächeln:* Hast du Angst, mein Herz? Es wird alles bald seine Richtigkeit haben. *Er wendet sich zum Vorhang um* He! Becket! Jetzt ist genug gefressen, meine lieben Leute! Kommt herüber und hört euch ein wenig Musik an.

Wenn der Ranzen voll ist, muß der Geist wieder beflügelt werden. Und du, spiele... *Becket und die vier vollgefressenen Barone kommen herein. Gwendoline hat wieder ihr Instrument zur Hand genommen. Der König wälzt sich hinter ihr auf dem Bett. Die Barone lockern stöhnend ihre Gürtel und lassen sich in die Sessel fallen, wo sie alsbald einschlafen. Becket bleibt stehen* Sag ihr, sie soll uns was Trauriges singen... Nach dem Essen höre ich am liebsten eine traurige Musik. Es verdaut sich dabei leichter... *Er unterdrückt ein Aufstoßen* Man ißt viel zu gut bei dir, Thomas. Wo hast du dir diesen Koch besorgt?

BECKET: Ich habe ihn gekauft, mein Prinz. Er ist Franzose.

DER KÖNIG: Ah? Hast du keine Angst, daß er dich vergiftet? Was bezahlt man für einen französischen Koch?

BECKET: Ein guter wie der meine kostet fast so viel wie ein Pferd.

DER KÖNIG *ehrlich entrüstet:* Eine Schande! Es gibt keinen Anstand mehr! Kein Mann kann so viel wert sein wie ein Pferd! Wenn ich jetzt zu dir sagte: »Eine Hand wäscht die andere« – du erinnerst dich doch? – und dich um diesen Koch bäte, würdest du ihn mir schenken?

BECKET: Selbstverständlich, mein Prinz.

DER KÖNIG *mit einem Lächeln, während er Gwendoline streichelt:* Ich verlange es nicht. Ich möchte nicht alle Tage so gut essen, das verdirbt den Charakter. *Er unterdrückt abermals ein Aufstoßen* Trauriger, noch trauriger, meine kleine Stute... Die Rehkeule liegt mir im Magen. Laß sie doch die Romanze spielen, die man auf deine Mutter gemacht hat, Becket. Die mag ich besonders gern.

BECKET *plötzlich verschlossen:* Ich will nicht, daß man dieses Lied singt, mein Prinz.

DER KÖNIG: Warum? Schämst du dich, daß du der Sohn einer Sarazenin bist? Das macht doch deinen ganzen Charme aus, du Schwachkopf! Nicht ohne Grund hast du mehr Kultur als wir alle! Mir gefällt dieses Lied. *Gwendoline blickt unsicher Becket an. Ein kurzes Schweigen. Plötzlich sagt der König kalt* Das ist ein Befehl, kleiner Sachse.

BECKET *verschlossen, zu Gwendoline:* Singe.

Sie schlägt ein paar Takte an. Während sich der König behaglich an sie zurücklehnt und wohlig verdaut, beginnt Gwendoline zu singen.

GWENDOLINE *singt:*

Einst zog es Gilbert, den Schönen,
In das Land der Sarazenen,
Das Herz des Heilands zu befrein.
Nach langer Fahrt über die Meere
Ritt Gilbert zu Gottes Ehre
In die erste Schlacht hinein.

Traurig! Traurig! Mein Herz ist so schwer,
Es ist ohne Liebe so bang.
Traurig! Traurig! Mein Herz ist leer,
Die Tage sind lang, so lang.

DER KÖNIG *singt:*

Die Tage sind lang, so lang...

Weiter?

GWENDOLINE *singt:*

Wo er auf dem Schlachtfeld eilte
Und Hiebe rings verteilte,
Stürzten Mauren in den Sand.
Der Abendstern stand schon am Himmel,
Da scheute jäh sein Schimmel.
Gilbert fiel in der Feinde Hand.

Traurig! Traurig! Mein Herz ist schwer,
Es ist ohne Liebe so bang.
Traurig! Traurig! Mein Herz ist leer,
Die Tage sind lang, so lang.

Trotz seiner vielen Wunden
Ward er gefesselt und gebunden,

Wie ein wildes Tier bewacht.
Als Heidensklav gelegt in Ketten,
Konnte nichts Gilbert mehr retten.
Er ward nach Algiers Markt gebracht.

DER KÖNIG *liebkost sie und singt mit:*
Die Tage sind lang, so lang...

GWENDOLINE *singt:*
Doch ein Wunder war geschehen.
Ein Mädchen hatte ihn gesehen,
Das des Paschas Tochter war.
Sie schwor ihm ihre Treu auf Erden,
Sie schwor ihm, seine Frau zu werden,
Und wollt' ihn lieben immerdar.

Traurig! Traurig! Mein Herz ist schwer,
Es ist ohne Liebe so bang.
Traurig! Traurig! Mein Herz ist leer,
Die Tage sind lang, so lang.

DER KÖNIG *unterbricht sie:* Also mich rührt diese Geschichte jedesmal zu Tränen! Ich gebe mich zwar hart und unerbittlich, aber im Grunde bin ich sehr zartfühlend... Keiner kann aus seiner Haut... Ich frage mich, was du dagegen hast, daß man dieses Lied singt? ... Das ist doch etwas Wunderbares, wenn man ein Kind der Liebe ist! Mir wird übel, wenn ich an die Gesichter meiner ehrwürdigen Eltern denke und mir vorstelle, wie das zwischen ihnen gewesen sein mag... Herrlich, wie deine Mutter deinen Vater befreit hat und dann zu ihm nach London gekommen ist, mit dem kleinen Becket im Leib. Komm, sing uns den Schluß. Der Schluß ist besonders hübsch.

GWENDOLINE *singt leise zu Ende:*
Er ließ nach einem Priester senden,
Er ließ ihr die Taufe spenden.
Sie ward sein Weib nach Christenbrauch.
Gilbert hat ihr sein Herz verschrieben,

Er schwor, sie ewig treu zu lieben,
Und ewig liebte er sie auch.

Selig! Selig! Mein Herz ist leicht!
Nun schlägt es nie mehr betrübt.
Selig! Selig! Mein Herz ist leicht!
Nun wird es ewig geliebt!

DER KÖNIG *nachdenklich:* Und er hat sie immer geliebt? Ist das nicht nur so gedichtet in diesem Lied?

BECKET: Nein, mein Prinz.

DER KÖNIG *ist betrübt aufgestanden:* Eigenartig, mich macht dieses glückliche Ende immer traurig... Du, du glaubst an die Liebe, nicht wahr?

BECKET *immer noch kühl:* An die meines Vaters für meine Mutter, ja.

Der König geht an den vier Baronen vorüber, die in ihren Sesseln eingeschlafen sind und schnarchen.

DER KÖNIG *gibt ihnen im Vorübergehen ein paar Fußtritte:* Sie sind eingeschlafen, diese Tölpel! Damit zeigen sie ihre Rührung auf ihre Weise. Weißt du, an manchen Tagen habe ich das Gefühl, daß wir zwei die einzigen empfindsamen Menschen in ganz England sind. Wir essen mit Gabeln und haben beide ein unendlich verfeinertes Gefühlsleben... Du machst einen völlig neuen Menschen aus mir... Was du mir jetzt noch verschaffen mußt, wenn du mich gern hast, das ist ein Mädchen, das mir meine letzten Unarten abgewöhnt. Ich mag keine Huren mehr. *Er hat sich Gwendoline wieder genähert. Er liebkost sie ein wenig und sagt plötzlich* Eine Hand wäscht die andere... Erinnerst du dich?

BECKET *bleich, nach einem Schweigen:* Ich bin Euer Diener, Prinz, und alles, was ich besitze, gehört Euch. Aber Ihr habt mir oft gesagt, ich sei auch Euer Freund.

DER KÖNIG: Eben! Unter Freunden ist das üblich. *Ein kurzes Schweigen. Mit einem bösen Lächeln liebkost er wieder Gwen-*

doline, die starr vor Entsetzen dasteht Oder hängst du sehr an ihr? Kannst du überhaupt an irgend etwas hängen? Sag mir, ob du an ihr hängst? *Becket antwortet nicht. Der König lächelt* Du kannst nicht lügen. Nicht weil du Angst hast vor der Lüge, nein! Ich glaube, du bist der einzige, der vor gar nichts Angst hat, nicht einmal vor dem Himmel. Aber die Lüge erscheint dir einfach abstoßend und unelegant... Alles, was bei dir nach Moral aussieht, ist im Grunde nichts anderes als Ästhetik. Habe ich recht oder nicht?

BECKET: Ihr habt recht, mein Prinz.

DER KÖNIG: Es ist also nicht wider die Spielregel, wenn ich sie von dir haben will? Ich habe »eine Hand wäscht die andere« gesagt und dein Wort als Edelmann verlangt.

BECKET *eisig:* Und ich habe es Euch gegeben. *Schweigen. Sie stehen sich reglos gegenüber. Der König blickt böse lächelnd Bekket an, der diesen Blick jedoch nicht erwidert.*

DER KÖNIG *bricht unvermittelt das Schweigen:* Gut. Ich gehe nach Hause. Ich möchte zeitig zu Bett gehen. Reizend, dein heutiger Abend, Becket. Du bist tatsächlich der einzige in England, der seine Freunde königlich zu bewirten weiß. *Er versetzt den schlafenden Baronen ein paar Fußtritte* Hilf mir doch diese Schweine aufwecken und rufe meine Wachen... *Die Barone werden gähnend und grunzend munter. Der König stößt sie umher und schreit* Nach Hause, Barone, nach Hause! Ich weiß, ihr liebt gute Musik, aber trotzdem kann man nicht die ganze Nacht Musik hören!... Die schönsten Nächte sind die, die man im Bett beendet, nicht wahr, Becket?

BECKET *steht steif da:* Ich bitte meinen Prinzen um einen Augenblick Gehör.

DER KÖNIG: Schön. Schön. Ich bin kein Untier. Ich warte in meiner Sänfte auf euch beide. Wir verabschieden uns unten.

Er ist mit seinen Baronen hinausgegangen. Becket steht unter Gwendolines unverwandtem Blick starr da. Endlich sagt er leise:

BECKET: Du wirst mit ihm gehen müssen, Gwendoline.

GWENDOLINE *fragt ohne Umschweife:* Hat mich mein Gebieter an ihn verschenkt?

BECKET: Ich habe mein Wort als Edelmann verpfändet, daß ich ihm geben werde, was er von mir verlangt. Ich ahnte nicht, daß er dich haben wollte.

GWENDOLINE *fragt weiter:* Und wenn er mich morgen wieder wegschickt, wird mich mein Gebieter dann wieder zu sich nehmen?

BECKET *verschlossen:* Nein.

GWENDOLINE: Soll ich den Mädchen sagen, daß sie meine Kleider in die Reisetruhe legen?

BECKET: Man wird sie morgen abholen. Geh jetzt hinunter. Den König läßt man nicht warten. Bestelle ihm meine Grüße.

GWENDOLINE *legt ihre Laute auf das Bett:* Ich lasse meinem Gebieter die Laute hier. Er kann sie ja beinah schon spielen. *Sie fragt in ganz natürlichem Tonfall* Mein Gebieter liebt nichts und niemanden auf der Welt, nicht wahr?

BECKET *verschlossen:* Nein.

GWENDOLINE *tritt nahe an ihn heran und sagt ruhig:* Auch du gehörst einem besiegten Volk an. Aber du hast immer nur die Süßigkeiten des Lebens genossen und darüber vergessen, daß auch denen, die alles verloren haben, noch etwas bleibt.

BECKET *undurchschaubar:* Ja, zweifellos habe ich es vergessen. Wo meine Ehre liegt, das ist noch offen. Geh jetzt.

Gwendoline geht ab. Becket bleibt ruhig stehen. Dann tritt er ans Bett, nimmt die Laute und betrachtet sie. Plötzlich wirft er sie zur Seite. Er schlägt die Bettdecke aus Pelz zurück und knöpft sein Wams auf. Da tritt ein Soldat auf, der das Sachsenmädchen aus dem Wald hinter sich herzerrt und es mitten in das Zimmer stößt.

Der König erscheint, mit breitem Lachen.

DER KÖNIG: Nun, mein Sohn! Die hast du wohl ganz vergessen! Da siehst du, wie nachlässig du immer bist. Sei froh, daß wenigstens ich an alles denke. Als man sie holen wollte, mußte man offenbar ihren Vater und ihren großen Bruder ein wenig umbringen, aber die Hauptsache ist: Jetzt ist sie da. Du siehst, ich bin dein Freund! Du tust mir unrecht, wenn du mich nicht liebst. Du hattest mir gesagt, daß sie dir gefällt. Ich habe das nicht vergessen. Gute Nacht, mein Sohn! *Er geht ab. Der Soldat folgt ihm. Das verstörte Mädchen schaut Becket an, der reglos dasteht. Als sie ihn wiedererkennt, steht sie auf und lächelt ihn an. Ein langes Schweigen. Plötzlich fragt sie mit ängstlicher Koketterie:*

DAS MÄDCHEN: Muß ich mich ausziehen, Herr?

BECKET *der sich nicht bewegt hat:* Natürlich. *Das Mädchen zieht sich aus. Becket sieht ihr zu, mit kaltem Blick und geistesabwesend. Er pfeift dabei ein paar Takte seines Marschliedes. Plötzlich bricht er ab, tritt näher, faßt das halbnackte Mädchen an den Schultern und fragt* Ich hoffe, du hast eine schöne Seele und findest das alles sehr gemein, ja?

Ein Diener erscheint. Stumm und verstört bleibt er auf der Schwelle stehen. Doch bevor er den Mund auftun kann, eilt der König herein. Er bleibt stehen und murmelt düster:

DER KÖNIG: Ich bin um das ganze Vergnügen gebracht worden, Thomas. Sie ließ sich wie eine Tote in die Sänfte legen. Plötzlich zog sie ein kleines Messer hervor. Alles schwamm in Blut... Es war grausig. *Becket hat das Mädchen losgelassen. Der König fährt fort, verstört* Sie hätte genauso gut mich töten können! *Schweigen. Plötzlich sagt er* Schick dieses Mädchen weg. Ich möchte heute nacht bei dir schlafen. Ich fürchte mich. *Becket gibt dem Diener ein Zeichen. Der führt das halbnackte Mädchen hinaus. Der König wirft sich mit seinen Kleidern auf das Bett, mit einem tierischen Seufzer* Nimm du die andere Hälfte vom Bett.

BECKET: Ich schlafe auf dem Boden, mein Prinz.

DER KÖNIG: Nein, komm her zu mir. Ich mag heute nacht nicht allein sein. *Er blickt Becket an und murmelt* Du verabscheust mich, und ich werde selbst zu dir kein Vertrauen mehr haben können.

BECKET: Ihr habt mir Euer Siegel in Obhut gegeben, mein Prinz. Und die drei Löwen von England, die darin eingeschnitten sind, behüten auch mich. *Er bläst die Kerzen aus, bis auf eine. Es ist jetzt fast dunkel.*

DER KÖNIG *schon mit schläfriger Stimme, im Dunkel:* Ich werde nie erfahren, was du denkst.

Becket hat eine Pelzdecke über den König geworfen und streckt sich nun neben ihm auf den Kissen aus. Ruhig sagt er:

BECKET: Es dämmert bald, mein Prinz. Ihr müßt schlafen. Morgen setzen wir aufs Festland über. In acht Tagen stehen wir dem Heer des Königs von Frankreich gegenüber, und da haben wir nur einfache Entscheidungen zu treffen. *Er hat sich neben den König gelegt. Stille. Doch ganz allmählich beginnt der König zu schnarchen, immer lauter. Plötzlich stöhnt er auf, schreit und schlägt wirr um sich.*

DER KÖNIG *im Schlaf:* Sie verfolgen mich! Sie verfolgen mich! Sie sind bewaffnet! Halte sie auf! Halte sie auf!

Becket hat sich auf seinen Ellbogen gestützt. Er rüttelt den König, der mit einem wilden Schrei aufwacht.

BECKET: Mein Prinz... Mein Prinz... Schlaft ruhig, ich bin bei Euch.

DER KÖNIG: Ah! Bist du da, Thomas? Sie waren hinter mir her. *Er dreht sich um und schläft mit einem Seufzer wieder ein. Langsam setzt sein Schnarchen wieder ein. Becket bleibt auf seinen Ellbogen gestützt. Mit einer fast zärtlichen Geste deckt er den König wieder zu.*

BECKET: Mein Prinz... Wenn du mein wahrer Prinz wärst, wenn du aus meinem Volk wärst – wie einfach könnte dann alles sein! Mit wieviel Zuneigung hätte ich dich umsorgt, mein Prinz, wenn die Welt in Ordnung wäre! Jeder einzelne wäre von Mann zu Mann, von unten nach oben, durch denselben Eid aneinandergekettet, und es gäbe für alle Zeiten keine Fragen mehr. *Ein kurzes Schweigen. Das Schnarchen des Königs wird lauter. Becket seufzt und sagt lächelnd* Aber ich, ich habe mich eingeschmuggelt in die Reihe – ein zwiefacher Bastard. Trotzdem kannst du ruhig schlafen, Prinz. Solange Becket seine Ehre noch suchen muß, wird er dir dienen. Und wenn er ihr eines Tages begegnet... *Eine Pause, dann fragt er* Aber wo ist die Ehre Beckets?

Seufzend hat er sich wieder neben dem König niedergelegt. Das Schnarchen des Königs wird noch lauter. Die Kerze knistert. Das Licht wird immer schwächer.

Vorhang

ZWEITER AKT

Das Gewirr der ragenden Pfeiler stellt jetzt einen Wald in Frankreich dar, in dem das Zelt des Königs steht. Der Eingang ist noch geschlossen. Im Hintergrund ein Wachposten. Es ist früher Morgen. Um ein Lagerfeuer hocken die vier Barone und nehmen schweigend einen Imbiß zu sich. Nach einer Pause spricht der erste. Alle vier haben ziemlich langsame Reaktionen.

ERSTER BARON: Was ist er, dieser Becket?

ZWEITER BARON *ein wenig überrascht:* Der Kanzler von England.

ERSTER BARON: Ich weiß. Aber was ist er wirklich?

ZWEITER BARON: Eben, der Kanzler von England. Der Kanzler von England ist der Kanzler von England. Ich weiß nicht, was es da zu fragen gibt.

ERSTER BARON: Du verstehst mich nicht. Nehmen wir einmal an, der Kanzler von England wäre ein anderer... Ich zum Beispiel.

ZWEITER BARON: Was Dümmeres fällt dir nicht ein?

ERSTER BARON: Nehmen wir es bloß einmal an. Ich wäre zwar Kanzler von England, aber ich wäre nicht der gleiche Kanzler wie Becket. Das leuchtet dir doch ein?

ZWEITER BARON *mißtrauisch:* Ja.

ERSTER BARON: Also kann ich doch die Frage stellen?

ZWEITER BARON: Was für eine Frage?

ERSTER BARON: Was er ist, dieser Becket.

ZWEITER BARON: Was heißt, was er ist? Becket ist der Kanzler von England.

ERSTER BARON: Ja. Aber ich frage mich, was er ist, als Mensch.

ZWEITER BARON *sieht ihn an und fragt teilnahmsvoll:* Fehlt dir was?

ERSTER BARON: Wieso?

ZWEITER BARON: Ein Baron, der sich Fragen stellt, ist ein kranker Baron. Was ist das, dein Degen?

ERSTER BARON: Mein Degen?

ZWEITER BARON: Ja.

ERSTER BARON *die Hand am Griff:* Mein Degen ist mein Degen. Und wer daran zweifelt...

ZWEITER BARON: Gut. Du hast geantwortet wie ein echter Baron. Wir sind nicht da, um uns Fragen zu stellen, wir sind da, um zu antworten.

ERSTER BARON: Eben, deshalb antworte mir!

ZWEITER BARON: Nicht auf Fragen! Nur auf Befehle. Niemand in der Armee verlangt von dir, daß du denkst. Stellst du dir vielleicht Fragen, wenn du einem bewaffneten Franzosen gegenüberstehst?

ERSTER BARON: Nein.

ZWEITER BARON: Und der Franzose?

ERSTER BARON: Auch nicht.

ZWEITER BARON: Ihr schlagt beide aufeinander los, sonst gar nichts. Wenn ihr euch da wie die Weiber Fragen stelltet, dann müßte man euch nur noch bequeme Sessel aufs Schlachtfeld bringen. Die Fragen, die es zu stellen gibt, die haben vor dir längst schon andere gestellt, Klügere und Höhere als du.

ERSTER BARON *ärgerlich:* Ich wollte ja bloß sagen, daß ich ihn nicht leiden kann, diesen Becket.

ZWEITER BARON: Warum sagst du das nicht gleich! Das hätte ich sofort verstanden. Außerdem ist das dein gutes Recht. Ich kann ihn genauso wenig leiden. *Er setzt mit größter Selbstverständlichkeit hinzu* Erstens ist er ein Sachse...

ERSTER BARON: Das zuallererst!

DRITTER BARON: Aber eines muß man zugeben. Im Kampf steht er seinen Mann. Gestern, als der Schildknappe des Königs gefallen und der König selbst in schwerer Bedrängnis war, hat sich Becket eine Gasse durch die Franzosen geschlagen, hat die königliche Standarte in die Hand genommen und den Feind auf sich gelenkt.

ERSTER BARON: Zugegeben, im Kampf steht er seinen Mann.

DRITTER BARON *zum zweiten:* Steht er seinen Mann oder nicht?

ZWEITER BARON *verdrossen:* Doch. Aber er ist ein Sachse.

ERSTER BARON *zum vierten, der bis jetzt noch nichts gesagt hat:* Und du, wie denkst du darüber, Regnault?

VIERTER BARON *ruhig, nachdem er gelassen seinen Bissen hinuntergeschluckt hat:* Ich warte.

ERSTER BARON: Auf was wartest du?

VIERTER BARON: Bis er sich zeigt. Es gibt gewisse Arten von Wild, denen du im Wald tagelang nachstellst, ganz vorsichtig, immer nur nach Geräusch, Geruch und Spuren... Wenn du da plötzlich mit dem Speer in der Hand einfach drauflos rennst, dann ist alles verdorben, weil du gar nicht genau weißt, mit was für einem Tier du es zu tun hast. Also mußt du warten.

ERSTER BARON: Auf was?

VIERTER BARON: Bis es sich zeigt. Und wenn du geduldig bist, zeigt es sich immer, das Tier. Das Tier ist meistens viel schlauer als der Mensch, aber der Mensch hat etwas, was das Tier nicht hat: Er kann warten. Und so halte ich es mit Becket. Ich warte.

ERSTER BARON: Auf was?

VIERTER BARON: Bis er sich zeigt. Bis er herauskommt aus seinem Versteck. *Er ißt wieder weiter* An diesem Tag wissen wir, wer er ist.

Man hört Becket im Hintergrund sein Marschlied pfeifen.

BECKET *tritt auf, bewaffnet:* Seid mir gegrüßt, meine Herren. *Die vier Barone sind aufgestanden und grüßen militärisch. Becket fragt* Schläft der König noch?

ERSTER BARON: Er hat noch nicht gerufen.

BECKET: Hat der Feldmeister schon die Zahl unserer Verluste gemeldet?

ERSTER BARON: Nein.

BECKET: Wieso nicht?

ZWEITER BARON *mürrisch:* Weil er selbst zu den Verlusten zählt.

BECKET: Ah?

ERSTER BARON: Ich war ganz in seiner Nähe, als es passiert ist. Ein Lanzenstoß hat ihn aus dem Sattel gehoben. Und als er einmal am Boden war, hat sich das Fußvolk auf ihn gestürzt.

BECKET: Der arme Beaumont! Er war so stolz auf seine Rüstung.

ZWEITER BARON: Sie muß irgendwo ein Loch gehabt haben. Sie haben ihn einfach abgestochen. Am Boden! Diese Franzosenschweine!

BECKET *mit einer leichten Geste:* Krieg ist Krieg.

ERSTER BARON: Krieg ist ein Sport wie jeder andere. Da gibt es feste Regeln. Früher wurde man gefangen und gegen Lösegeld wieder freigelassen. Ritter gegen Ritter, das war ein ehrlicher Kampf.

BECKET *lächelt:* Und jetzt hat man dem Fußvolk Messer in die Hand gedrückt und treibt es schutzlos gegen die Pferde vor. Daß die Leute nun nach schwachen Stellen in den Rüstungen der Ritter suchen, die unvorsichtigerweise vom Pferd gefallen sind, ist zwar grausam, aber verständlich.

ERSTER BARON: Wenn man auch noch Verständnis für den unberittenen Pöbel haben sollte, dann gäbe es bald keine Kriege mehr, sondern nur noch Schlächtereien.

BECKET: Die Entwicklung führt eindeutig zu den Schlächtereien hin, lieber Baron. Wir können aus dieser Schlacht, die uns so viel Blut gekostet hat, nur eine Lehre ziehen: Auch wir müssen eben solche Kompanien von messerbewaffneten Strauchdieben aufstellen.

ERSTER BARON: Und die Soldatenehre, Herr Kanzler?

BECKET *kühl:* Ich kenne nur eine Soldatenehre, Baron, und die heißt siegen. Seien wir doch keine Heuchler. Der normannische Adel hat dieses Prinzip den Besiegten gründlich beigebracht. Ich wecke jetzt den König. Unser Einzug in die Stadt ist um acht Uhr vorgesehen, das große Te Deum in der Kathedrale um neun Uhr. Es wäre politisch unklug, wenn wir den französischen Bischof warten ließen. Wir müssen die Leute zu gutwilliger Mitarbeit gewinnen.

ERSTER BARON *murrend:* Zu meiner Zeit hat man alles niedergemacht, und dann erst ist man in die Stadt eingezogen.

BECKET: In eine tote Stadt. Ich will unserem König blühende Städte schenken, die ihm Reichtum bringen. Ab heute morgen acht Uhr bin ich der beste Freund der Franzosen.

ERSTER BARON *fragt abermals:* Und die Ehre Englands?

BECKET *nachsichtig:* Die Ehre Englands, Baron, war am Ende immer nur der Erfolg.

Lächelnd ist er in das Zelt des Königs getreten. Die vier Barone blicken sich an, empört.

ZWEITER BARON *murmelt:* Was für eine Gesinnung!

VIERTER BARON *mit Nachdruck:* Man muß warten können. Eines Tages kommt er hervor aus seinem Versteck.

Die vier Barone entfernen sich. Becket schlägt den Vorhang des Zeltes zurück und hängt ihn ein. Man sieht den König, der mit einem Mädchen im Bett liegt.

DER KÖNIG *gähnend:* Guten Morgen, mein Sohn. Hast du gut geschlafen?

BECKET: Ein kleines französisches Andenken an der linken Schulter hat mich daran gehindert. Ich habe die Zeit zum Nachdenken benutzt.

DER KÖNIG *besorgt:* Du denkst zu viel. Das wird dir noch einmal schlecht bekommen. Probleme gibt es nur, weil die Leute immer denken. Eines Tages stehst du vor lauter Denken einem Problem gegenüber, dein großer Kopf gaukelt dir eine Lösung vor, und du stürzt dich in eine unmögliche Geschichte – um die du dich besser gar nicht gekümmert hättest, so wie die meisten Idioten, die ohne Sorgen alt werden. Wie gefällt dir meine kleine Französin? Ich liebe Frankreich!

BECKET *lächelt:* Ich auch, mein Prinz, wie jeder Engländer.

DER KÖNIG: Hier scheint die Sonne, die Mädchen sind schön, und der Wein ist gut. Ich möchte künftig jeden Winter ein paar Wochen hier verleben.

BECKET: Das hat nur den Nachteil, daß es sehr teuer kommt. Gestern hat es fast zweitausend Mann gekostet.

DER KÖNIG: Hat Beaumont seine Verlustliste schon fertig?

BECKET: Ja. Und er hat sich selbst daraufgesetzt.

DER KÖNIG: Verwundet? *Becket gibt keine Antwort. Der König fröstelt ein wenig, dann sagt er düster* Ich mag es nicht, daß man mir den Tod von Leuten mitteilt, die ich kenne. Ich habe das Gefühl, als brächte das den Tod auf neue Gedanken...

BECKET: Mein Prinz, wollen wir uns nicht um unsere Geschäfte kümmern? Wir haben gestern die Depeschen nicht ausgewertet.

DER KÖNIG: Gestern haben wir gekämpft! Man kann nicht alles zugleich tun.

BECKET: Gestern hatten wir Ferien. Dafür müssen wir heute doppelt arbeiten.

DER KÖNIG *verdrießlich:* Mit dir wird das Königsein allmählich langweilig. Sich ewig um andere Leute kümmern müssen... Du redest schon wie der Erzbischof. Früher warst du viel lustiger. Als ich dich zum Kanzler gemacht habe, mit allen Einkünften dieses Amtes, da habe ich es nur getan, damit du künftig doppelt lustig leben kannst, sonst gar nichts!

BECKET: Aber ich amüsiere mich doch, mein Prinz. Ich amüsiere mich blendend.

DER KÖNIG: Arbeiten, für das Wohl meiner Völker, findest du

das so unterhaltsam? Liebst du denn diese Leute? Das sind doch viel zu viele! Man kann sie nicht lieben, weil man sie nicht kennt. Außerdem lügst du. Du liebst gar nichts.

BECKET *plötzlich entschieden:* Eines liebe ich bestimmt, mein Prinz, da bin ich sicher: was ich zu tun habe, gut zu tun.

DER KÖNIG *spöttisch:* Immer noch die Ä... die Ä... wie heißt das Wort gleich wieder?

BECKET *lächelt:* Ihr meint Ästhetik?

DER KÖNIG: Ästhetik! Immer noch die Ästhetik?

BECKET: Ja, mein Prinz.

DER KÖNIG *klatscht dem Mädchen auf den Hintern:* Und das, ist das vielleicht keine Ästhetik? Da gibt es Leute, die sich am Anblick von Kathedralen berauschen. Aber das da, das ist ebenso vollkommen! Was für Rundungen! *Er fragt ganz natürlich, als ob er ihm ein Stück Zuckergebäck anbieten wolle* Hast du Lust?

BECKET *lächelt:* Unsere Geschäfte, Prinz!

DER KÖNIG *unwillig, wie ein schlechter Schüler:* Also schön! Die Geschäfte. Ich höre. Setz dich.

BECKET *setzt sich zwanglos dazu, so daß die beiden Männer das in Ehrfurcht erstarrte Mädchen in ihrer Mitte haben:* Die Nachrichten sind nicht gut, mein Prinz.

DER KÖNIG *mit einer sorglosen Geste:* Die Nachrichten sind niemals gut! Das weiß man. Das Leben ist eine einzige Kette von Schwierigkeiten. Das ganze Geheimnis ist nur – das hat uns eine lange Ahnenreihe leichtfertiger Philosophen bewiesen –, daß man sie nicht ernst nimmt. Am Ende frißt eine schlechte Nachricht die andere auf, und zehn Jahre später stellst du fest, daß du trotz allem gar nicht so übel gelebt hast. Am Ende gibt sich alles wieder.

BECKET: Gewiß. Aber schlecht. Wenn Ihr Schlagball spielt, mein Prinz, laßt Ihr da alles sich ergeben? Wartet Ihr da mit erhobenem Schläger auf den Ball und sagt: »Er wird schon kommen«?

DER KÖNIG: Halt, mein Lieber! Jetzt sprichst du von ernsten

Dingen. Eine Partie Schlagball ist wichtig, weil sie mir Spaß macht.

BECKET: Und wenn ich Euch beweise, daß Regieren ein ebenso unterhaltsames Spiel ist wie eine Partie Schlagball? Wollen wir den Ball den anderen überlassen, Prinz, oder wollen wir die Punkte für uns gewinnen, wie zwei gute englische Spieler?

DER KÖNIG *dessen sportliches Interesse plötzlich erwacht ist:* Die Punkte natürlich, die Punkte! Ich renne mich tot beim Schlagball, ich falle, hetze und schwitze mich mager, im Notfall schwindle ich sogar, aber einen Punkt verschenke ich nie!

BECKET: Nun, dann laßt Euch sagen, wie das Punktverhältnis augenblicklich steht. Wenn ich alle Nachrichten zusammenfasse, die ich seit unserer Landung auf dem Festland erhalten habe, so springt etwas in die Augen: Es gibt in England eine Macht, die allmählich so stark wird, daß sie der Euren gleichkommt, mein Prinz. Es ist die Macht der Geistlichkeit.

DER KÖNIG: Wir haben es am Ende doch erreicht, daß sie die Wehrsteuer bezahlen. Das ist immerhin etwas!

BECKET: Das ist nur ein wenig Geld. Sie wissen, daß man Fürsten mit Geld immer abspeisen kann. Aber diese Leute verstehen es wunderbar, mit der linken Hand das wieder zu holen, was sie mit der rechten herausgeben mußten. Bei diesem Zauberkunststück hilft ihnen die Erfahrung vieler Jahrhunderte.

DER KÖNIG *zu dem Mädchen:* Höre nur gut zu, du kleine Amsel, und lerne was! Dieser Herr sagt sehr gescheite Dinge!

BECKET *spielt sogleich mit:* Kleine französische Amsel, vielleicht können eher wir von dir etwas lernen. Wenn du einmal verheiratet bist – sofern du in Anbetracht deiner lädierten Tugend überhaupt jemals heiratest –, was ist dir da lieber: daß du Herrin im Hause bist oder daß dein Dorfpfarrer das Regiment führt?

DER KÖNIG *kniet sich plötzlich ärgerlich auf und drückt das Mädchen unter das Federbett:* Nun übertreibe nicht, Becket! Ich weiß, die Pfaffen haben überall ihre Hände im Spiel. Aber ich weiß auch, daß ich den ganzen Klüngel zerschlagen kann, wann immer ich will.

BECKET: Nun übertreibt nicht, Prinz. Wenn Ihr es nicht sofort tut, dann gibt es in fünf Jahren zwei Könige in England. Den Erzbischof-Primas von Canterbury und Euch. Und in zehn Jahren gibt es nur noch einen.

DER KÖNIG *fragt ein wenig kleinlaut:* Und das bin nicht ich?

BECKET *kalt:* Ich fürchte nein.

DER KÖNIG *schreit plötzlich:* Doch, Becket, ich bin es! Das Haus Plantagenet hat sich noch nie etwas stehlen lassen! Zu Pferd! Zu Pferd, Becket, für Englands Ruhm und Größe! Immer drauf auf die Betbrüder! Endlich einmal was anderes!

Das Federbett rührt sich plötzlich. Das Mädchen taucht auf, zerzaust und atemlos.

DAS MÄDCHEN: Ich ersticke, Herr, ich ersticke!

DER KÖNIG *der sie völlig vergessen hat, schaut sie überrascht an, dann lacht er schallend los:* Was machst du denn hier? Du spionierst wohl für die Geistlichkeit? Verschwinde nach drüben! Zieh dich an und geh nach Haus. Gib ihr ein Goldstück, Thomas.

DAS MÄDCHEN *rafft seine Kleider zusammen, bedeckt damit seine Blößen und fragt:* Soll ich heute abend wiederkommen, Herr?

DER KÖNIG *ein wenig gereizt:* Ja. Nein. Ich weiß nicht. Im Augenblick beschäftige ich mich mit dem Erzbischof und nicht mit dir! Verschwinde. *Das Mädchen huscht in den rückwärtigen Teil des Zeltes. Der König schreit wieder* Zu Pferd, Thomas! Für Englands Größe. Mit meiner groben Faust und deinem großen Kopf machen wir zwei ganze Arbeit! *Plötzlich ist er unruhig und wechselt seinen Tonfall* Einen Augenblick. Man weiß nie, ob man wieder eine findet, die im Bett so talentiert ist. *Er ruft nach hinten ins Zelt* Ich erwarte dich heute abend, mein Engel. Ich liebe dich! Du hast die schönsten Augen der Welt. *Er kommt wieder nach vorn und sagt vertraulich zu Becket* So was muß man sagen, wenn man wirklich Spaß an ihnen haben will – selbst wenn man dafür bezahlt. Auch das ist hohe Politik! *Plötzlich aber hat er wieder wie ein kleiner Junge Angst vor den Priestern* Aber was wird Gott dazu sagen? Schließlich sind es seine Bischöfe.

BECKET *mit einer unbeschwerten Geste:* Wir sind doch keine Kinder mehr. Ihr wißt sehr wohl, daß man sich mit Gott am Ende immer wieder einig wird, zumindest hier auf Erden... Doch nun müßt Ihr Euch rasch ankleiden, mein Prinz. Um acht Uhr reiten wir in die Stadt ein, und um neun Uhr erwartet Er uns in seiner Kathedrale, zum großen Te Deum. Mit solchen kleinen Höflichkeiten kann man Ihn sofort beruhigen.

DER KÖNIG *blickt ihn voller Bewunderung an:* Was bist du doch für ein Gauner! *Er umarmt ihn plötzlich* Mein Thomas, ich liebe dich! Mit einem langweiligen Kanzler hätte ich überhaupt keinen Mut mehr!

BECKET *macht sich von ihm frei, mit unmerklicher Gereiztheit, die dem König verborgen bleibt:* Rasch, mein Prinz! Wir kommen sonst zu spät.

DER KÖNIG *eilt davon:* Ich bin sofort fertig. Muß ich mich rasieren lassen?

BECKET *lächelt:* Ich glaube ja, nach zwei Tagen Feldschlacht.

DER KÖNIG: Was für ein Aufwand, wegen ein paar besiegter Franzosen! Ich frage mich, ob du nicht manchmal übertreibst mit deiner Klügelei...

Er ist hinausgegangen. Becket schließt gerade das Zelt, als zwei Soldaten einen kleinen, gefesselten Mönch anbringen.

BECKET: Was ist denn das?

DER SOLDAT: Ein kleiner Mönch, den wir festgenommen haben, Herr. Er schlich im Lager herum. Er hatte ein Messer unter seiner Kutte. Wir bringen ihn zum Profos.

BECKET: Hast du das Messer? *Der Soldat gibt es ihm. Becket betrachtet das Messer, dann den Mönch* Bist du Franzose?

DER KLEINE MÖNCH: No, I am English.

BECKET: Von wo?

DER KLEINE MÖNCH *spuckt das Wort aus wie eine Beleidigung:* Hastings!

BECKET *lächelnd:* Was du nicht sagst! *Zum Soldaten* Überlaßt ihn mir. Ich werde ihn verhören.

DER SOLDAT: Er ist aber ein bißchen hitzig, Herr. Er schlug und wehrte sich wie ein Teufel. Vier Mann waren nötig, bis wir ihm das Messer abnehmen und die Hände binden konnten. Den Wachtmeister hat er sogar verletzt. Wir hätten ihn auf der Stelle totgeschlagen, wenn der Wachtmeister nicht gesagt hätte, daß man vielleicht etwas aus ihm herausbringen kann. Deshalb führen wir ihn jetzt zum Profos. *Er setzt hinzu* Wir haben Euch jedenfalls gewarnt, Herr, er ist gefährlich.

BECKET *der den kleinen Mönch neugierig gemustert hat:* Schon gut. Bleibt in der Nähe.

Die Soldaten entfernen sich. Becket betrachtet den kleinen Mönch und spielt dabei mit dem Messer.

BECKET: Zu was brauchst du denn so was in deinem Kloster?

DER KLEINE MÖNCH: I cut my bread with it.

BECKET *ruhig:* Sprich doch Französisch, du kannst es.

DER KLEINE MÖNCH *schreit betroffen:* How do you know it?

BECKET: Ich spreche Französisch so gut wie Sächsisch. Ich höre es, wenn ein Sachse beide Sprachen kann. Alles büßt seine Ursprünglichkeit ein, mein Sohn, sogar das Sächsische. Außerdem ist es in deiner gegenwärtigen Lage besser, wenn man dich für einen Franzosen hält. Da ist man weniger mißtrauisch.

DER KLEINE MÖNCH *sagt plötzlich nach einem Schweigen:* Ich war bereit zu sterben.

BECKET *lächelt:* Aber erst nachher. Vorher wäre es doch sinnlos gewesen? *Er betrachtet das Messer, das er immer noch mit zwei spitzen Fingern hält* Für wen war denn dieses Küchenmesser bestimmt? *Der Mönch gibt keine Antwort* Damit hättest du nur ein einziges Mal zustoßen können. Ich kann mir nicht vorstellen, daß du wegen eines einfachen normannischen Soldaten so eine weite Reise gemacht hast?

Der kleine Mönch bleibt stumm.

BECKET *etwas schärfer:* Mein kleiner Freund, man wird dich auf die Folter legen. Hast du das noch nie gesehen? Ich war durch mein Amt ein paarmal gezwungen, dabei zu sein. Jeder glaubt, er hätte die Seelenstärke, aber die Kerle sind verteufelt einfallsreich und haben eine Kenntnis der menschlichen Anatomie, von der unsere stümperhaften Ärzte nur lernen könnten. Glaube meiner Erfahrung, da spricht jeder. Wenn ich mich verbürge, daß du alles gestanden hast, dann ist die Prozedur für dich kürzer. Das wäre immerhin ein Vorteil. *Der Mönch gibt keine Antwort* Übrigens ist das Amüsante an deiner Lage, daß du unmittelbar meiner Gerichtsbarkeit unterstehst. Als mich der König zum Kanzler machte, verlieh er mir gleichzeitig Titel und Pfründe aller Abteien von Hastings. Daß es ausgerechnet dieser Ort sein mußte, das war natürlich eine Bosheit von ihm, aber ich tat so, als merkte ich nichts.

DER KLEINE MÖNCH *weicht zurück und fragt:* Ihr seid Becket?

BECKET: Ja. *Er betrachtet ein wenig angewidert das Messer, das er immer noch zwischen den beiden Fingern hält* Damit hast du aber nicht nur dein Brot geschnitten. Es riecht nach Zwiebeln, dein Messer, wie das Messer eines jeden richtigen Sachsen. Sie sind würzig, die Zwiebeln von Hastings, nicht wahr? *Mit einem seltsamen Lächeln betrachtet er nochmals das Messer, dann den stummen kleinen Mönch* Du hast mir noch immer nicht gesagt, wem du diese Klinge zugedacht hast! Wenn du mich im Sinn hattest, dann war der Augenblick glänzend gewählt, abgesehen von der Tatsache, daß jetzt ich das Messer in der Hand habe. *Der Mönch gibt keine Antwort* Du verstehst zwar mehrere Sprachen, aber du bist stumm. Unsere Unterhaltung führt zu nichts, das merke ich. Solltest du an den König gedacht haben, so war das völlig sinnlos. Er hat drei Söhne. Könige wachsen immer wieder nach! Hast du geglaubt, du ganz allein könntest dein Volk befreien?

DER KLEINE MÖNCH: Nein... *Nach einer Weile sagt er dumpf* Mich selbst wollte ich befreien.

BECKET: Wovon?

DER KLEINE MÖNCH: Von meiner Schande.

BECKET *plötzlich ernster:* Wie alt bist du?

DER KLEINE MÖNCH: Sechzehn.

BECKET: Und seit hundert Jahren halten die Normannen unsere Insel besetzt. Sie ist schon alt, die Schande. Dein Vater und dein Großvater haben sie schon geschluckt. Der Becher ist jetzt leer.

DER KLEINE MÖNCH: Nein.

BECKET *in dessen Blick eine Erinnerung auftaucht, fährt mit ruhiger Stimme fort:* Und eines Morgens bist du mit deinen sechzehn Jahren aufgewacht in deiner Zelle, beim Glockenklang der ersten Frühmesse, als es noch dunkel war. Und die Glokken haben dir gesagt, daß du allein die ganze Schande auf dich nehmen mußt, nicht wahr?

DER KLEINE MÖNCH *schreit auf wie ein gehetztes Tier:* Wer hat Euch das gesagt?

BECKET *ruhig und gelassen:* Ich habe dir doch gesagt, daß ich viele Sprachen verstehe. *Er fragt so nebenbei* Weißt du übrigens, daß ich Sachse bin wie du?

DER KLEINE MÖNCH *verschlossen:* Ja.

BECKET *lächelt:* Spuck nur aus. Ich weiß, du möchtest es.

Der kleine Mönch starrt Becket verblüfft an, dann spuckt er.

BECKET *lächelt noch immer:* Das tut wohl, nicht wahr? *Plötzlich spricht er mit entschiedenem Tonfall* Der König erwartet mich, und ich habe keine Zeit mehr für lange Plaudereien. Aber ich will dir dein Leben erhalten, damit wir unser Gespräch irgendwann einmal fortsetzen können. *Leichthin setzt er hinzu* Weißt du, das ist reiner Egoismus... Dein Leben ist für mich natürlich ohne Bedeutung, aber man hat selten das Glück, daß einem das Schicksal das Spiegelbild der eigenen Jugend vor Augen führt. *Er ruft* He, Soldat! *Einer der Soldaten erscheint und nimmt waffenklirrend Haltung an* Hol mir sofort den Profos! *Der Soldat eilt davon. Becket wendet sich wieder an den stummen kleinen Mönch* Ein bezaubernder Morgen, nicht wahr? Man spürt schon die Kraft der Sonne hinter dem leichten Dunst. Ein herrliches Land, dieses Frankreich. Aber ich bin wie du. Mir ist der zähe Nebel auf der Heide von Hastings lieber. Sonne ist Luxus. Und wir beide gehören zu einer Rasse, die den Luxus seit jeher verachtet hat. *Der Profos tritt auf, hinter ihm der Soldat. Er ist eine gewichtige Persönlichkeit, aber man spürt, daß Becket selbst über einen Profos turmhoch erhaben ist* Herr Profos, Eure Männer haben diesen Mönch hier festgenommen, als er im Lager herumschlich. Er ist Laienbruder im Kloster von Hastings, und er untersteht unmittelbar meiner Gerichtsbarkeit. Ihr werdet alles Nötige veranlassen, damit er nach England in sein Kloster zurückgebracht wird, wo sein Abt ihn bis zu meiner Rückkehr nicht aus den Augen lassen soll. Im Augenblick liegt nichts Besonderes gegen ihn vor. Ich erwarte, daß er korrekt behandelt wird, aber unter strenger Aufsicht bleibt. Ihr seid mir für ihn verantwortlich.

DER PROFOS: Jawohl, Herr.

Er gibt ein Zeichen. Die Soldaten nehmen den kleinen Mönch in ihre Mitte und führen ihn ab, ohne daß Becket noch einen Blick für ihn hat. Becket ist wieder allein. Er betrachtet naserümpfend das Messer und murmelt, ein wenig angewidert:

BECKET: Rührend, aber es stinkt trotzdem... *Er wirft das Messer fort, pfeift seinen Marsch, kehrt wieder ins Zelt zurück und ruft fröhlich* Nun, mein Prinz, habt Ihr Euch schön gemacht? Es ist Zeit zum Aufbruch, sonst lassen wir den Bischof warten!...

Festliche Glocken erklingen. Das Zelt verschwindet, nachdem Becket eingetreten ist. Bildwechsel. Aus dem Schnürboden kommt die Perspektive einer Straße herunter.

Die Straße. Die Pfeiler bleiben, aber die spalierstehenden Soldaten schmücken sie mit Fahnen.

Der König und Becket reiten in die Stadt ein. Vor ihnen zwei Herolde mit Trompeten. Hinter ihnen die vier Barone. Der König reitet ein kleines Stück vor Becket her. Man hört während der ganzen Szene den Jubel der Menge, Kirchenglocken und Trompeten.

DER KÖNIG *grüßt entzückt nach allen Seiten:* Sie lieben uns, diese Franzosen!

BECKET: Es hat mich Geld genug gekostet. Ich habe heute morgen Münzen unter dem Pöbel verteilen lassen. Die Bürger dagegen verriegeln sich trotzig in ihren Häusern.

DER KÖNIG *fragt:* Patrioten?

BECKET: Nein. Aber die hätten mich zu viel gekostet. Dafür befinden sich unter der Menge verkleidete Soldaten Eurer Königlichen Hoheit, damit auch die Zurückhaltenden in Stimmung kommen.

DER KÖNIG: Warum mußt du mir immer alle meine Illusionen zerstören? Ich glaubte schon, man würde mich lieben, mich ganz persönlich. Du bist ein amoralischer Mensch, Becket! *Er fragt plötzlich besorgt* Sagt man amoralisch oder unmoralisch?

BECKET *lächelt:* Das kommt darauf an, was man sagen will. Für mich ist nur eines unmoralisch, mein Prinz: wenn man nicht zur rechten Zeit tut, was getan werden muß.

DER KÖNIG *grüßt huldvoll die Menge:* Im Grunde glaubst du also nicht an die Moral als Heilmittel?

BECKET *ebenfalls grüßend:* Es taugt nur zum äußerlichen Gebrauch, mein Prinz.

DER KÖNIG: Oh! Die ist hübsch, die Kleine dort rechts auf dem Balkon! Können wir nicht kurz anhalten?

BECKET: Ausgeschlossen. Unser Einzug ist auf die Minute festgelegt, und der Bischof erwartet uns in der Kathedrale.

DER KÖNIG: Das wäre jedenfalls vergnüglicher als der Anblick eines Bischofs. Ich habe schon so viele Bischöfe gesehen, daß mir übel wird. Merk dir das Haus.

BECKET: Schon geschehen. Gegenüber dem Gasthof zum Hirschen, in der Gerbergasse.

DER KÖNIG *verblüfft:* Du bist ein erstaunlicher Mensch. Kennst du diese Stadt?

BECKET: Ich habe hier Französisch gelernt. Mein Vater bestand auf dieser Stadt. Hier hat man den besten Akzent.

DER KÖNIG: Dann kennst du hier alle die Weiber?

BECKET *lächelt:* Ja. Aber sie sind inzwischen älter geworden. Mein Prinz, habt Ihr noch im Kopf, was Ihr dem Bischof sagen müßt?

DER KÖNIG *grüßt:* Aber ja, aber ja! Weil das so wichtig ist, was ich zu einem französischen Bischof sage, dessen Stadt ich erobert habe!

BECKET: Es ist sehr wichtig, für unsere künftige Politik.

DER KÖNIG: Bin ich der Stärkere oder er?

BECKET: Heute seid Ihr der Stärkere. Deshalb müßt Ihr mit dem Bischof ganz besonders höflich sein. Dann seid Ihr in seinen Augen noch hundertmal stärker.

DER KÖNIG: Höflich! Mit einem Besiegten! Mein Großvater hat beim geringsten Widerstand einfach alles umgebracht. Wir verweichlichen, seit der Erfindung der Gabeln!

BECKET: Man darf seinen Gegner nie in die Verzweiflung treiben, mein Prinz. Das macht ihn nur stärker. Die beste Politik ist Milde. Sie entmannt. Eine erfolgreiche Besatzung darf nicht unterjochen, sie muß korrumpieren.

DER KÖNIG *spöttisch:* Willst du mir was von Besatzung erzählen, kleiner Sachse?

BECKET: Eben! Wir haben eine hundertjährige Erfahrung, mein Prinz.

DER KÖNIG *graziös grüßend:* Und an mein Vergnügen denkst du wohl gar nicht? Wenn es mich einfach juckt, diese Schneckenfresser der Reihe nach aufzuspießen, anstatt beim Te Deum den Hanswurst zu spielen? Ich kann mir doch einen Spaß erlauben, oder? Ich bin der Sieger.

BECKET: Es wäre ein Fehler. Und schlimmer noch, eine Schwäche. Man kann sich alles erlauben, mein Prinz, aber man darf nie seinen Launen nachgeben.

DER KÖNIG: Jawohl, Papa! Was bist du heute langweilig! Schau dir die Rothaarige an, die auf dem Brunnen steht. Sorge mir dafür, daß unser Zug den gleichen Rückweg nimmt.

Der König dreht sich auf seinem Pferd um, damit er das Mädchen so lange wie möglich sehen kann. Sie reiten hinaus. Die vier Barone beschließen den Zug. Orgelmusik. Die Fahnen und die Soldaten verschwinden. Die leere Kathedrale. Man hört das Präludieren des Organisten. Dann schiebt man von rechts eine Art Trennwand herein, die die Sakristei andeutet. Der König, für die Zeremonie gekleidet, die vier Barone, ein unbekannter Priester und ein Ministrant treten auf. Man scheint zu warten. Der König geht ungeduldig auf und ab und setzt sich auf einen Hocker.

DER KÖNIG: Wo ist nur Becket? Auf was wartet man denn noch?

ERSTER BARON: Er hat gesagt, wir sollten warten, weil irgendwas noch nicht stimmt.

DER KÖNIG *steht wieder auf und geht mißgelaunt umher:* Was für Zeremonien wegen eines französischen Bischofs! Was macht denn das für einen Eindruck, wenn ich in dieser Sakristei herumstehe wie ein junger Hochzeiter!

VIERTER BARON: Das meine ich auch, Herr. Ich verstehe nicht, warum wir nicht einfach hineingehen. Schließlich gehört sie jetzt uns, diese Kathedrale! *Er fragt* Sollen wir blankziehen und losgehen, Herr?

DER KÖNIG *macht ein besorgtes Gesicht und setzt sich brav wieder hin:* Nein. Becket wäre das bestimmt nicht recht. Er weiß besser als wir, was zu tun ist. Wenn er uns hier warten läßt, so muß er seine Gründe haben. *Becket kommt eilig herein* Da bist du ja, Becket! Wir erfrieren hier. Was fällt denn diesen Franzosen ein, daß sie uns in ihrer Sakristei verschimmeln lassen?

BECKET: Diesen Befehl habe ich gegeben, Prinz. Eine Sicherheitsmaßnahme. Meine Spione haben mir mitgeteilt, daß während des Gottesdienstes ein französischer Aufstand losbrechen sollte.

Der König ist aufgestanden.

ZWEITER BARON *zieht seinen Degen, ebenso die anderen:* Zum Donner!

BECKET: Steckt eure Waffen ein. Hier ist der König in Sicherheit. Ich habe die Eingänge besetzen lassen.

ZWEITER BARON: Hoheit, wollt Ihr uns nicht erlauben, daß wir die Bande zu Paaren treiben? Wir machen kein langes Federlesen.

VIERTER BARON: Sollen wir hinein?

BECKET *entschieden:* Ich verbiete es euch. Wir sind zu wenig. Ich habe neue Truppen in die Stadt gerufen, die die Kathedrale räumen. Bis das geschehen ist, seid ihr für den Schutz des Königs verantwortlich, meine Herren. Aber steckt eure Waffen weg. Keine Provokationen bitte. Wir sind dem geringsten Zwischenfall ausgeliefert, solange ich nur fünfzig Mann Eskorte in der Stadt habe.

DER KÖNIG *zupft Becket am Ärmel:* Becket! Ist dieser Priester Franzose?

BECKET *der den Priester rasch gemustert hat:* Ja. Aber er gehört zur unmittelbaren Umgebung des Bischofs. Und der Bischof ist uns wohlgesonnen.

DER KÖNIG: Du weißt, wie sehr wir uns auf unsere englischen Bischöfe verlassen können... Und dann erst ein französischer Bischof!... Der Mann hat einen verschlagenen Blick.

BECKET: Der Bischof?

DER KÖNIG: Nein. Dieser Priester.

BECKET *schaut den Priester noch einmal an und lacht:* Das glaub' ich gern, mein Prinz. Er schielt! Das ist das einzige, was an ihm beunruhigend ist. Es wäre unklug, wenn wir ihn jetzt hinausschickten. Und selbst wenn er einen Dolch hätte, so habt Ihr Euer Panzerhemd und Eure vier Barone. Ich werde jetzt die Räumung des Kirchenschiffs beaufsichtigen.

Er will hinaus, aber der König hält ihn fest.

DER KÖNIG: Becket! *Becket bleibt stehen* Und der Ministrant?

BECKET *lacht:* Er ist so klein!

DER KÖNIG: Vielleicht ist er ein Zwerg. Bei diesen Franzosen weiß man nie, woran man ist. *Er zieht Becket näher an sich heran* Becket, wir haben heute morgen ziemlich leichtfertige Reden geführt. Bist du sicher, daß es keine Rache Gottes ist?

BECKET *lächelt:* Ganz gewiß nicht. Wahrscheinlich haben nur meine Geheimpolizisten Angst bekommen oder zu viel falschen Eifer entwickelt. Polizisten sehen gern überall Mörder, um sich wichtig zu machen. Aber was denn! Wir werden das Te Deum eben in einer leeren Kirche hören, das ist alles.

DER KÖNIG *enttäuscht:* Und ich dachte vorhin, daß diese Leute mich lieben! Vielleicht hast du nicht genug Geld verteilt?

BECKET: Kaufen kann man nur die Käuflichen, Prinz. Und gerade die sind von Natur aus ungefährlich. Was die anderen betrifft, so heißt es eben Wölfe gegen Wölfe. Ich bin gleich wieder bei Euch.

Er geht ab.

Der König beobachtet ängstlich den Priester, der auf und ab geht und seine Gebete murmelt.

DER KÖNIG *ruft leise:* Baron!

Der vierte Baron, der ihm am nächsten ist, tritt sofort heran und fragt mit seiner schallenden Stimme:

VIERTER BARON: Ihr wünscht, Herr?

DER KÖNIG *winkt ab:* Psst! Laßt mir alle vier diesen Mann nicht aus den Augen! Und bei der geringsten Bewegung stürzt ihr euch auf ihn!

Ein komisches Hin und Her zwischen den Baronen und dem Priester, der nun seinerseits ebenfalls unruhig wird. Plötzlich klopft jemand ungestüm an die Tür der Sakristei.

DER KÖNIG *erschrickt:* Was ist das?

EIN SOLDAT *tritt ein:* Ein Bote aus London, Herr. Man hat ihn vom Lager hierhergeschickt. Er hat eine wichtige Nachricht.

DER KÖNIG *ängstlich:* Das ist eine Falle. Sieh nach, Regnault.

Der vierte Baron geht hinaus und kommt beruhigt wieder zurück.

VIERTER BARON: Es ist Guillaume de Corbeil, Herr. Er hat eilige Briefe.

DER KÖNIG: Bist du sicher, daß er es ist? Womöglich ist es ein Franzose, der sich seine Maske gemacht hat? Eine klassische List!

VIERTER BARON *lacht schallend:* Aber ich kenne ihn doch, mein Prinz! Ich habe mit ihm schon mehr Humpen geleert, als er Barthaare hat! Und er hat einen Bart, der alte Bock!

Der König gibt ein Zeichen. Der vierte Baron führt den Boten herein, der mit gebeugtem Knie dem König die Briefe reicht.

DER KÖNIG: Danke. Steh auf. Du hast einen prächtigen Bart, Guillaume de Corbeil. Sitzt er auch fest?

DER BOTE *steht verdattert auf:* Mein Bart?

Der vierte Baron schlägt ihm lachend auf die Schulter.

VIERTER BARON: Der gute alte Igel!

DER KÖNIG *überfliegt die Briefe:* Sehr gute Nachrichten, meine Herren. Wir haben einen Feind weniger. *Fröhlich ruft er dem eintretenden Becket entgegen* Becket!

BECKET: Alles wendet sich zum Guten, Prinz, die Truppen sind schon unterwegs. Wir können hier in Ruhe abwarten.

DER KÖNIG *fröhlich:* Es wendet sich tatsächlich alles zum Guten, Becket! Gott trägt uns nichts nach. Er hat den Erzbischof zu sich berufen.

BECKET *murmelt betroffen:* Diesen kleinen, alten Mann... Wie konnte dieser gebrechliche Körper so viel Kraft in sich bewahren?

DER KÖNIG: He, he, he! Verschwende deine Trauer nicht, mein Sohn! Ich persönlich halte das für eine ausgezeichnete Nachricht!

BECKET: Er war der erste Normanne, der sich um mich gekümmert hat. Er war wie ein Vater zu mir. Gott sei seiner Seele gnädig!

DER KÖNIG: Mach dir keine Sorgen. Nach allem, was er für Gott getan hat, ist er bestimmt im Himmel, wo er nützlicher ist als hier auf Erden. Besser konnte es sich gar nicht treffen! *Er zieht ihn an sich* Becket! Mein lieber Becket! Ich glaube, jetzt haben wir den Ball! Jetzt müssen wir die Punkte sammeln. *Er hat ihn mit sich gezogen; angespannt, energisch, verwandelt* Mir kommt eine verrückte Idee, Becket! Ein Geniestreich, den man spielen könnte! Ich weiß nicht, was ich habe heute morgen, aber ich fühle mich plötzlich unheimlich intelligent. Vielleicht, weil ich heute nacht mit einer Französin geschlafen habe! Ich bin geistreich, Becket, und meine Gedanken fliegen hoch. So hoch, daß mir ganz schwindlig wird. Bist du sicher, daß es nicht gefährlich ist, wenn man so heftig denkt? Thomas, mein lieber Thomas! Hörst du mir auch zu?

BECKET *lächelt über seine Erregung:* Ja, mein Prinz.

DER KÖNIG *aufgeregt wie ein Kind:* Hör zu, Thomas, gib gut acht. Du hast mir einmal gesagt, die besten Ideen sind die allerdümmsten, man muß nur auf sie kommen. Hör zu, Thomas! Das Gewohnheitsrecht verbietet mir, an die Privilegien des Primates zu rühren. Kannst du mir folgen?

BECKET: Ja...

DER KÖNIG: Aber wenn der Primas mein Mann ist? Wenn der Erzbischof von Canterbury für den König ist, wie kann mir seine Macht da noch gefährlich werden?

BECKET: Sehr klug gedacht, mein Prinz, aber Ihr vergeßt, daß es eine freie Wahl gibt.

DER KÖNIG: Nein! Denn du vergißt jetzt das königliche Veto! Wenn der Kandidat der Krone mißfällt, schickt der König seinen Kronanwalt in die Versammlung der Bischöfe. Der König hat das letzte Wort! Auch das ist ein Gewohnheitsrecht, und zum ersten Mal spricht es zu meinen Gunsten. In den letzten hundert Jahren hat die Versammlung der Bischöfe niemals gegen den Willen des Königs gewählt!

BECKET: Gewiß, mein Prinz. Aber wir kennen sie doch, Eure Bischöfe. Auf welchen könnt Ihr Euch verlassen? Sobald sie die Mitra eines Primas tragen, erfaßt sie ein Rausch.

DER KÖNIG: Da fragst du noch, Becket? Auf einen, der diesen Rausch nicht kennt... auf einen, der sich nicht einmal vor dem Himmel fürchtet. Thomas, mein Sohn, ich brauche dich mehr denn je, denn diesmal ist es ernst. Es tut mir leid, daß ich dich jetzt um die hübschen Französinnen und um die Schlachten bringen muß, Thomas, aber an unser Vergnügen können wir später denken. Du wirst nach England fahren.

BECKET: Ich gehorche Euren Befehlen, Prinz.

DER KÖNIG: Ahnst du, was dein Auftrag ist?

Auf Beckets Gesicht liest man schon die Befürchtung dessen, was nun eintritt.

BECKET: Nein, mein Prinz.

DER KÖNIG: Du wirst jedem einzelnen Bischof ein persönliches Handschreiben von mir überreichen. Und weißt du, was in diesen Briefen steht, Thomas, mein Bruder? Mein königlicher Wille, daß man dich zum Primas wählt.

BECKET *plötzlich wie versteinert und bleich, versucht zu lachen:* Das ist ein Scherz, mein Prinz? Seht Euch doch den keuschen und frommen Mann einmal an, dem Ihr dieses heilige Amt aufbürden wollt! *Er stellt mit komischer Geste sein schönes Gewand zur Schau.* Ah, mein Prinz, ein herrlicher Witz! *Der König beginnt zu lachen. Auch Becket lacht schallend und erleichtert* Ich hätte einen prächtigen Erzbischof abgegeben! Schaut Euch nur meine neuen Schuhe an! Die letzte Mode in Paris! Ist er nicht kokett, dieser kleine Umschlag? Spricht daraus nicht tiefste Frömmigkeit und Demut?

DER KÖNIG *hört plötzlich zu lachen auf:* Laß diesen Quatsch mit deinen Schuhen! Mir geht es jetzt um ernste Sachen. Noch heute vormittag schreibe ich diese Briefe. Du wirst mir dabei helfen.

BECKET *stammelt bleich und starr:* Aber ich bin doch nicht einmal Priester.

DER KÖNIG *entschieden:* Du bist Diakon. Du kannst morgen deine letzten Gelübde ablegen und in einem Monat gewählt werden.

BECKET: Aber habt Ihr bedacht, was der Papst dazu sagt?

DER KÖNIG *brutal:* Ich bezahle!

BECKET *murmelt niedergeschlagen, nach einem drückenden Schweigen:* Ich sehe, Ihr scherzt tatsächlich nicht. Tut es nicht, mein Prinz.

DER KÖNIG: Warum nicht?

BECKET: Ich habe Angst davor.

DER KÖNIG *dessen Gesicht hart geworden ist:* Es ist ein Befehl, Becket!

Becket steht reglos da. Ein Schweigen.

BECKET *leise und ernst:* Wenn ich Erzbischof werde, kann ich nicht mehr Euer Freund sein.

Mächtige Orgelmusik erklingt in der Kathedrale. Ein Offizier tritt auf.

DER OFFIZIER: Die Kirche ist geräumt, Hoheit. Der Bischof und die Geistlichkeit erwarten das gütige Erscheinen Eurer Hoheit.

DER KÖNIG *grob zu Becket:* Hörst du, Becket! Komm zu dir! Du hast eine komische Art, gute Nachrichten aufzunehmen! Hast du nicht gehört, daß wir gehen können?

Der Zug formiert sich, Priester und Ministrant an der Spitze. Becket nimmt wie genötigt seinen Platz etwas hinter dem König ein.

BECKET *murmelt:* Es ist Wahnsinn, Prinz. Tut es nicht. Ich kann nicht Gott und Euch zugleich dienen.

DER KÖNIG *blickt verschlossen geradeaus:* Du hast mich noch nie enttäuscht, Thomas. Der einzige, zu dem ich Vertrauen habe, bist du. Ich will es. Du wirst heute abend auf die Reise gehen. Vorwärts jetzt!

Er gibt dem Priester ein Zeichen. Der Zug setzt sich in Bewegung und geht zum Klang der Orgel in die Kathedrale hinaus.

Einen Augenblick lang ist es dunkel. Nur die Orgel spielt noch. Dann wird in einer fahlen Beleuchtung das Zimmer Beckets sichtbar. Offene Truhen stehen herum. Zwei Diener packen prächtige Kleidungsstücke ein.

ZWEITER DIENER *jünger als der erste:* Auch das Wams mit dem Marderpelz?

ERSTER DIENER: Alles, hat man dir befohlen!

ZWEITER DIENER *brummt:* Ein Marderpelz! Für die Armen! Wenn die so was tragen, schenkt man ihnen keinen Pfennig mehr. Damit können sie verhungern.

ERSTER DIENER *lacht:* Dann fressen sie eben den Pelz, du Trottel! Hast du noch nicht begriffen, daß alles verkauft wird und daß sie das Geld bekommen?

ZWEITER DIENER: Und er? Was zieht er an? Es bleibt ihm ja nichts mehr.

Becket tritt ein. Er trägt einen grauen, sehr einfachen Hausrock.

BECKET: Sind die Truhen fertig? Ich will, daß sie noch heute abend zum Juden kommen. Nur die nackten Wände sollen bleiben. Gal, die Pelzdecke!

ERSTER DIENER *bestürzt:* Ihr werdet nachts frieren, Herr.

BECKET: Tu, was ich dir sage.

Der erste Diener nimmt unwillig die Pelzdecke und legt sie in die Truhe.

BECKET *fragt:* Ist der Verwalter unterrichtet über das Essen heute abend? Vierzig Gedecke im großen Saal.

ERSTER DIENER: Er hat gesagt, wir hätten dafür nicht genug Goldgeschirr. Dürfen wir es mit Silbergeschirr mischen?

BECKET: Er soll Holznäpfe und irdene Schalen auflegen lassen. Das Tafelgeschirr ist verkauft. Der Jude holt es heute noch ab.

ERSTER DIENER *wiederholt fassungslos:* Holznäpfe und irdene Schalen. Wie Ihr wünscht, Herr... Der Verwalter möchte auch bald die Gästeliste haben. Die Zeit ist knapp, und er hat nur drei Boten frei...

BECKET: Es gibt keine Gästeliste. Ihr öffnet das große Flügeltor und sagt den Armen auf der Straße, daß sie heute abend mit mir essen sollen.

ERSTER DIENER *entsetzt:* Jawohl, Herr.

Er geht mit dem zweiten Diener ab. Becket ruft sie zurück.

BECKET: Ich erwarte eine tadellose Bedienung. Jedes Gericht wird zuerst präsentiert, mit dem ganzen Zeremoniell, wie für Prinzen. Geht jetzt. *Die beiden Diener verschwinden. Becket hebt nachlässig ein Kleidungsstück hoch, das aus der Truhe hängt. Er murmelt* Das war alles tatsächlich sehr hübsch. *Er schließt plötzlich die Truhe und beginnt zu lachen* So etwas Dünkelhaftes! Wie ein Parvenü! Ein wahrhaft frommer Mann hätte das alles nie an einem Tag getan. Niemand kann glauben, daß es ehrlich gemeint ist. *Er wendet sich an ein in Edelsteine gefaßtes Kruzifix, das über dem Bett hängt, und sagt ruhig* Ich hoffe, Herr, du gibst mir diese frommen Entschlüsse nicht ein, damit ich mich lächerlich mache? Das alles ist noch so neu für mich. Vielleicht mache ich es sehr ungeschickt... *Er betrachtet das Kruzifix und nimmt es plötzlich von der Wand* Auch du bist viel zu reich. Alle diese Edelsteine um deinen blutenden Leib. Ich verschenke dich an eine arme Kirche. *Er legt das Kruzifix auf die geschlossene Truhe. Glücklich und zufrieden sieht er sich um und sagt* Es ist wie eine Abreise. Verzeih mir, Herr, aber es hat mir noch nie etwas so viel Spaß gemacht. Ich glaube nicht, daß du ein trauriger Gott bist. Die Freude, mit der ich mich arm mache, muß wohl mit zu deinen Absichten gehören. *Er ist hinter einem Vorhang verschwunden, der das Zimmer teilt. Man hört ihn fröhlich sein altes englisches Marschlied pfeifen. Sehr bald kommt er wieder hinter dem Vorhang hervor. Seine nackten Füße stecken in Sandalen, und er trägt eine einfache, grobe Mönchskutte. Er schließt den Vorhang und murmelt* So. Leb wohl, Becket. Wenn ich wenigstens irgend etwas mit Bedauern zurückgelassen hätte, damit ich es dir anbieten könnte! *Er tritt wieder ans Kruzifix und*

fragt Herr, weißt du ganz genau, daß du mich nicht in Versuchung führen willst? Es kommt mir alles zu einfach vor...
Er fällt auf die Knie und betet.

Vorhang

DRITTER AKT

Ein Saal im königlichen Palast.
Auf der Bühne die beiden Königinnen, die Königinmutter und die junge Königin, beide mit einer Teppichknüpferei beschäftigt. Die beiden Söhne, ein großer und ein kleiner, spielen in einer Ecke am Boden. In einer anderen Ecke vertreibt sich der König mit einem Fangspiel die Zeit. Er verfehlt die an einer Schnur befestigte Kugel immer wieder. Schließlich wirft er das Spielzeug weg und ruft verdrossen:

DER KÖNIG: Vierzig Arme! Er hat vierzig Arme zum Essen eingeladen!

DIE KÖNIGINMUTTER: Er ist ein überspannter Narr. Ich habe es Euch oft genug gesagt, mein Sohn. Ihr habt Euer Vertrauen sehr leichtfertig verschenkt.

DER KÖNIG *geht auf und ab:* Ich verschenke mein Vertrauen nicht leichtfertig, wie Ihr sagt, Madame. Ich habe es in meinem Leben ein einziges Mal getan, und ich bin noch immer überzeugt, daß ich mich nicht getäuscht habe. Aber es gibt eben Dinge, die wir nicht verstehen! Thomas ist tausendmal klüger als wir alle zusammen.

DIE KÖNIGINMUTTER: Ihr sprecht von Personen königlichen Standes, mein Sohn.

DER KÖNIG *brummt:* Das hindert nicht, daß Klugheit nach anderen Maßstäben verteilt wird! Hinter diesen vierzig Armen verbirgt sich irgendeine List. Aber was für eine? Nun, wir werden es bald erfahren. Ich habe ihn heute morgen zu mir gerufen!

DIE JUNGE KÖNIGIN: Er soll sein goldenes Tafelgeschirr, seine Juwelen und alle seine prächtigen Kleider einem Juden verkauft haben. Er trägt jetzt eine grobe Wollkutte.

DIE KÖNIGINMUTTER: Das ist, milde gesagt, bewußte Schaustellung! Gewiß, man kann ein frommer Mann werden, aber doch nicht in einem Tag!

DER KÖNIG *insgeheim beunruhigt:* Das ist bestimmt eine Posse! Ihr kennt ihn nicht. Das kann nur eine Posse sein. Er war schon immer ein Possenreißer. Einmal ist er als Frau verkleidet mit mir eine ganze Nacht in London herumgestelzt, an meinem Arm.

DIE KÖNIGINMUTTER *nach einer Pause:* Mir hat dieser Mann nie gefallen. Und Ihr seid ein Narr, daß Ihr ihn so mächtig gemacht habt.

DER KÖNIG *schreit:* Er ist mein Freund!

DIE KÖNIGINMUTTER *spitz:* Leider.

DIE JUNGE KÖNIGIN: Der Freund bei Euren Ausschweifungen! Er war es, der Euch von Euren ehelichen Pflichten abgehalten hat! Er hat Euch als erster zu den leichten Mädchen gebracht!

DER KÖNIG *wütend:* Einen Dreck, Madame! Mich mußte niemand von meinen ehelichen Pflichten abhalten, wie Ihr sagt. Ich habe Euch drei Kinder gemacht, mit aller Sorgfalt! *Er seufzt erleichtert* Uff! Meine Pflichten sind erfüllt.

DIE JUNGE KÖNIGIN *gekränkt:* Wenn dieser Verführer nicht mehr seinen unheilvollen Einfluß auf Euch ausübt, dann werdet Ihr endlich wieder die Freuden Eures Familienlebens zu schätzen wissen. Ich hoffe nur, daß er Eurer Aufforderung nicht nachkommt.

DER KÖNIG: Die Freuden meines Familienlebens sind begrenzt, Madame. Offen gesagt, ich langweile mich mit Euch! Euer ewiges Gejammere und Geschimpfe, über Eurer ewigen Teppichknüpferei!... Für einen Mann ist diese Kost zu mager! *Er geht wütend im Raum umher und bleibt dann hinter den*

Frauen wieder stehen Wenn das wenigstens irgendeinen künstlerischen Wert hätte! Meine Großmutter Mathilde, ja, die hat ein Meisterwerk geknüpft, während sie auf ihren Mann wartete, der damals sein Königreich zusammenzimmerte. Leider ist der Teppich in Bayeux geblieben. Dagegen ist das da Stümperei!

DIE JUNGE KÖNIGIN *beleidigt:* Jeder nach seinem Talent!

DER KÖNIG: Gewiß. Aber das Eure ist bescheiden. *Er tritt ans Fenster, schaut nach der Stunde des Tages und ruft verzweifelt* Seit einem Monat langweile ich mich! Mit niemandem kann ich sprechen! Nach seiner Wahl halte ich mich zunächst zurück, ich will nichts überstürzen... Gut. Ich lasse ihn seine oberhirtliche Rundreise machen. Endlich ist er wieder zurück, ich rufe ihn, doch er kommt zu spät! *Er blickt nochmals durchs Fenster und ruft* Ah! Jetzt ist jemand unten bei der Wache! *Enttäuscht* Nein. Nur ein Mönch. *Er geht wieder ratlos umher, bleibt verdrossen bei den Kindern stehen, sieht ihnen beim Spielen zu und brummt* Reizende Kinder. Menschensaat. Und schon heimtückisch und aufsässig. Darüber soll man nun in Rührung verfallen, nur weil sie noch nicht groß genug sind, daß man sie hassen oder verachten kann. Wer von euch ist der Ältere?

DER GRÖSSERE *steht auf:* Ich, Hoheit.

DER KÖNIG: Und wie heißt du gleich wieder?

DER GRÖSSERE: Heinrich der Dritte.

DER KÖNIG *streng:* Noch nicht, junger Herr. Nummer zwei ist bei bester Gesundheit! *Zur Königin* Eine feine Erziehung, Madame! Ihr seht Euch wohl schon als Regentin? Und da wundert Ihr Euch, daß ich Euer Zimmer meide? Ich schlafe doch nicht mit meiner eigenen Witwe! Was verlangt Ihr von mir?

Ein Offizier tritt auf.

DER OFFIZIER: Ein Bote, mein Prinz. Vom Erzbischof Primas.

DER KÖNIG *außer sich:* Ein Bote! Ein Bote! Ich habe den Erzbischof Primas persönlich gerufen! *Er wendet sich wieder den*

Frauen zu, plötzlich besorgt, beinahe rührend Ist er vielleicht krank? Das würde alles erklären!

DIE JUNGE KÖNIGIN *boshaft:* Das wäre zu schön!

DER KÖNIG *tobt:* Ihr Weiber wünscht ihm wohl den Tod, nur weil er mich liebt? Er muß sterbenskrank sein, wenn er nicht kommt. O mein Thomas! *Zum Offizier* Rasch, hol ihn herein!

Der Offizier geht hinaus und führt einen Mönch herein.

DER KÖNIG *geht ihm besorgt entgegen:* Wer bist du? Ist Becket krank?

DER MÖNCH *ein Knie am Boden:* Ich heiße Guillaume, Sohn von Etienne, und bin der Schreiber des Hochwürdigen Erzbischof Primas.

DER KÖNIG: Geht es deinem Herrn sehr schlecht?

DER MÖNCH: Nein, Hoheit. Mein Hochwürdiger Herr ist bei guter Gesundheit. Er hat mir aufgetragen, Euch mit dem Ausdruck seiner tiefsten Ergebenheit diese Botschaft zu überreichen – und das hier... *Er verneigt sich tiefer und gibt dem König das Siegel.*

DER KÖNIG *wie betäubt:* Das Siegel? Warum schickt er mir das Siegel zurück? *Er entrollt das Pergament und liest schweigend den Brief. Sein Gesicht wird verschlossen. Ohne den Mönch noch eines Blickes zu würdigen, sagt er eisig* Es ist gut. Dein Auftrag ist erledigt. Geh.

Der Mönch steht auf und fragt, ehe er abgeht:

DER MÖNCH: Soll ich dem Hochwürdigen Erzbischof Primas eine Antwort Eurer Hoheit übermitteln?

DER KÖNIG *hart:* Nein.

Der Mönch ist abgegangen. Der König steht einen Augenblick lang ratlos da, dann wirft er sich mit düsterer Miene in seinen Thron. Die beiden Frauen wechseln einen raschen Blick. Die Königinmutter steht auf und geht scheinheilig zu ihm.

DIE KÖNIGINMUTTER: Nun, mein Sohn, was schreibt er denn, Euer Freund?

DER KÖNIG *fährt auf und brüllt:* Hinaus! Hinaus mit euch beiden! Und nehmt eure königlichen Engerlinge mit! Ich bin allein! *Die beiden Königinnen fliehen erschrocken mit den Kindern. Der König steht da, wankend und benommen von diesem Schicksalsschlag, dann bricht er schluchzend wie ein Kind zusammen, den Kopf auf seinem Thron. Er stöhnt* O mein Thomas! *Nach einigen Augenblicken faßt er sich wieder. Er steht auf, mit bleichem Gesicht. Er betrachtet das Siegel, das er die ganze Zeit über in der Hand gehalten hat, und sagt mit zusammengebissenen Zähnen* Du schickst mir die drei Löwen des Königreiches zurück, wie ein kleiner Junge, der nicht mehr mit mir spielen will... Du bildest dir ein, daß du jetzt die Ehre Gottes zu verteidigen hättest!... Ich, ich hätte ganz England in einen Krieg gestürzt, gegen alle Interessen des Königreiches, wenn es darauf angekommen wäre, *dich* zu verteidigen, kleiner Sachse. Lachend hätte ich die Ehre Englands für dich verschenkt! Denn ich, ich liebte dich. Doch du, du hast mich nie geliebt. Das ist der Unterschied. *Sein Gesicht wird hart, und leise sagt er zwischen den Zähnen* Trotzdem, herzlichen Dank für dieses letzte Abschiedsgeschenk. Ich werde das Alleinsein bald gelernt haben.

Er geht ab. Das Licht wird schwächer. Diener tragen die Möbelstücke hinaus. Dann wird das Licht wieder heller. Die leere Pfeilerdekoration. Eine nackte Kirche. Ein Mann in einem dunklen Mantel verbirgt sich hinter einem Pfeiler und wartet. Es ist der König. Man hört die letzten Orgelakkorde. Gilbert Folliot, der Bischof von London, tritt auf. Auf seinem Fuße folgt die übrige Geistlichkeit. Er hat seine Messe gelesen. Der König vertritt ihm den Weg.

DER KÖNIG: Bischof...

GILBERT FOLLIOT *weicht erschrocken zurück* Was willst du? *Die Geistlichen wollen schon dazwischentreten, da ruft er* Der König!

DER KÖNIG: Ja.

GILBERT FOLLIOT: Allein, ohne Eskorte, im Jagdgewand?

DER KÖNIG: Trotzdem der König. Bischof, ich will beichten.

GILBERT FOLLIOT *mit einer mißtrauischen Geste:* Ich bin Bischof von London. Der König hat seinen eigenen Beichtvater. Das ist ein wichtiges Amt bei Hofe, mit besonderen Vorrechten.

DER KÖNIG: Die Wahl des Priesters für die heilige Beichte ist frei, Bischof, selbst für einen König! *Gilbert Folliot gibt ein Zeichen. Die übrigen Geistlichen entfernen sich* Meine Beichte ist außerdem kurz, und ich verlange keine Absolution von Euch. Ich habe etwas viel Schlimmeres als eine Sünde begangen: eine Dummheit. *Gilbert Folliot bleibt stumm* Ich habe Thomas Becket beim Konzil von Clarendon Eurer Wahl aufgezwungen. Ich bereue es.

GILBERT FOLLIOT *undurchschaubar:* Wir haben uns dem königlichen Willen gebeugt.

DER KÖNIG: Widerstrebend, ich weiß. Ich benötigte dreizehn Wochen Geduld und Strenge, bis ich die kleine, zähe Oppositionspartei überspielen konnte, deren Haupt Ihr gewesen seid, Bischof. Am Tag des Konzils war Euer Gesicht grün vor Wut. Man hat mir gesagt, daß Ihr danach schwer erkrankt seid.

GILBERT FOLLIOT *verschlossen:* Gott hat mich genesen lassen.

DER KÖNIG: Ich weiß, Er ist sehr gütig. Aber Er kümmert sich vorzugsweise nur um die Seinen. Mich hat Er krank bleiben lassen. Und ich muß mich allein gesundpflegen, ohne göttliche Hilfe. Mir liegt der Erzbischof Primas im Magen. Ein schwerer Brocken, den ich da wieder ausspucken muß. Wie denkt die normannische Geistlichkeit über ihn?

GILBERT FOLLIOT *vorsichtig:* Der Hochwürdige Erzbischof Primas hat die Zügel der Kirche Englands offenbar fest in seine Hand genommen. Und jeder, der persönlich mit ihm zu tun hat, sagt sogar, daß er das Leben eines wahrhaft heiligen Mannes führt.

DER KÖNIG *kann trotz allem seine Bewunderung nicht verhehlen:* Das kam ein wenig plötzlich, aber bei ihm wundert mich nichts! Weiß Gott, wozu dieser Kerl fähig ist, im Guten wie im

Bösen. Sprechen wir offen, Bischof: Hat die Kirche ein so großes Interesse an heiligen Männern?

GILBERT FOLLIOT *mit dem Anflug eines Lächelns:* Die Kirche in ihrer Weisheit mußte schon seit langem erkennen, daß die Versuchung, ein Heiliger zu werden, für ihre Priester wohl die perfideste und schlimmste Falle des Teufels ist. Die Verwaltung des Reiches der Seelen mit allen ihren irdischen Wechselfällen verlangt wie jede andere Verwaltung zunächst einmal geschickte Verwalter. Die römisch-katholische Kirche hat ihre Heiligen, sie erfleht ihre gütige Vermittlung und betet zu ihnen. Aber sie braucht keine neuen Heiligen mehr. Das wäre überflüssig. Und gefährlich.

DER KÖNIG: Ihr scheint mir ein Mann zu sein, mit dem man reden kann, Bischof. Ich habe Euch verkannt. Freundschaft hat mich verblendet.

GILBERT FOLLIOT *noch immer verschlossen:* Freundschaft ist etwas sehr Schönes.

DER KÖNIG *plötzlich menschlich:* Sie ist ein Haustier, warm und zärtlich. Es hat seine beiden Augen unverwandt auf Euch gerichtet, und sein Blick erwärmt Euch. Man sieht seine Zähne nicht. Aber dieses Tier hat eine seltsame Eigenschaft. Es beißt erst, wenn es tot ist.

GILBERT FOLLIOT *vorsichtig:* Ist die Freundschaft des Königs für Thomas Becket tot?

DER KÖNIG: Ja. Sie ist unversehens gestorben, Bischof. Wie ein Herz, das plötzlich nicht mehr schlägt.

GILBERT FOLLIOT: Ein merkwürdiges Phänomen, Hoheit, aber ziemlich häufig.

DER KÖNIG *nimmt plötzlich seinen Arm:* Jetzt hasse ich Becket. Zwischen ihm und mir gibt es nichts Gemeinsames mehr, außer diesem Tier, das mir die Eingeweide zerfleischt. Ich kann nicht mehr. Ich muß es auf ihn hetzen. Aber ich bin König. Das, was man gemeinhin meine Würde nennt, steht mir dabei im Weg. Ich brauche jemanden.

GILBERT FOLLIOT *verschließt sich sofort wieder:* Ich will allein der Kirche dienen.

DER KÖNIG: Sprechen wir doch wie zwei große Jungen miteinander. Arm in Arm haben wir England erobert, ausgeplündert, ausgequetscht. Man streitet manchmal, man betrügt sich gegenseitig um ein bißchen Geld, aber dennoch bestehen zwischen euch Himmlischen und uns Irdischen gemeinsame Interessen. Wißt Ihr, was ich vom Papst erreicht habe? Seinen Segen, mit dem ich im Namen des Glaubens das katholische Irland abschlachten darf. Ja, eine Art Kreuzzug, um den Iren normannische Geistliche und Barone aufzuzwingen, mit feierlich gesegneten Waffen und Fahnen, als ginge es gegen die Türken! Die einzige Bedingung: pro Familie jährlich einen kleinen Silberling für den Peterspfennig, den die irische Geistlichkeit nicht ausspucken wollte und den zu bezahlen ich versprochen habe. Das ist geschenkt! Aber am Ende des Jahres schaut eben doch eine hübsche Summe heraus. Rom kann sehr gut rechnen!

GILBERT FOLLIOT *entsetzt:* Es gibt Dinge, die man niemals aussprechen darf, Hoheit, die man besser gar nicht erst zur Kenntnis nimmt, wenn man nicht damit beauftragt ist.

DER KÖNIG *lächelt:* Wir sind allein, Bischof, und die Kirche ist leer.

GILBERT FOLLIOT: Die Kirche ist niemals leer. Vor dem Hochaltar brennt ein kleines rotes Licht.

DER KÖNIG *ungeduldig:* Bischof, ich spiele gern, aber nur mit Jungen meines Alters. Ihr haltet mich doch nicht für eines Eurer Schäfchen, frommer Hirte? Der, dem das kleine rote Licht geweiht ist, der hat Euch und mir schon längst ins Herz geblickt. Er weiß genug von Eurer Machtgier und von meinem Haß. *Gilbert Folliot verschließt sich. Der König schreit ihn gereizt an* Oder Ihr müßt ein Mönch werden, Bischof! Das Büßerhemd auf der nackten Haut, eine einsame Klosterzelle und Gebete! Wenn der Sohn eines Themseschiffers ein reines Herz hat, dann ist für ihn das Bischofsamt von London zu viel – oder zu wenig.

GILBERT FOLLIOT *mit steinernem Gesicht, nach einer Pause:* Wenn ich, wie es meine Pflicht ist, alle persönlichen Gefühle außer acht lasse, so muß ich anerkennen, daß unser Hochwürdiger Erzbischof Primas bis jetzt nichts getan hat, was unserer Kirche nicht förderlich gewesen wäre.

DER KÖNIG *betrachtet ihn und sagt jovial:* Freundchen, ich hab' Euch schon verstanden: Ihr habt die Absicht, Euch teuer zu verkaufen! Aber Becket sei Dank, daß er Euch die Wehrsteuer aufzwang, denn jetzt bin ich reich. Ich halte es sogar für sehr moralisch, wenn ein Teil dieser Kirchengelder durch Eure Hände der Kirche wieder zufließt. Und wenn wir uns schon auf den Boden der Moral begeben, frommer Bischof, dann bedenkt, daß die Wohlfahrt der Kirche und die des Staates eng verknüpft sind. Wenn Ihr mir dient, dann arbeitet Ihr am Ende nur an der Festigung des Glaubens.

GILBERT FOLLIOT *blickt ihn verwundert an:* Ich hatte Eure Hoheit immer für einen grobschlächtigen Menschen gehalten, der den Flegeljahren noch nicht entwachsen ist und der nur an sein Vergnügen denkt.

DER KÖNIG: Man täuscht sich zuweilen in den Menschen, Bischof. Auch ich habe mich getäuscht. *Er schreit plötzlich* O mein Thomas!

GILBERT FOLLIOT *schreit:* Ihr liebt ihn, Hoheit! Ihr liebt ihn noch immer! Ihr liebt dieses mitragekrönte Schwein, diesen Scheinheiligen, diesen sächsischen Bastard, diesen lumpigen Wicht!

DER KÖNIG *stürzt sich auf ihn und schreit:* Ja, ich liebe ihn! Aber das geht dich nichts an, kleiner Pfarrer! Ich habe dir nur meinen Haß gebeichtet. Ich bezahle dich, daß du mich davon erlöst, aber sag nie ein schlechtes Wort über ihn! Sonst bekommst du es mit mir zu tun!

GILBERT FOLLIOT *ringt nach Luft und stöhnt:* Ihr erwürgt mich, Hoheit.

DER KÖNIG *läßt ihn plötzlich los und sagt mit verändertem Tonfall:* Wir sehen uns morgen wieder, Hochwürdiger Bischof. Dann beraten wir im einzelnen, was zu tun ist. Ihr werdet offiziell zur Audienz gerufen. Meine wohltätigen Werke in Eurer Londoner Diözese sind jederzeit ein glaubhafter Grund. Aber wir werden uns nicht über die Armen unterhalten. Sie haben Zeit, die Armen. Das Reich, das sie für sich erhoffen, dauert ewig.

Der König geht ab.

Gilbert Folliot steht reglos da. Sein geistliches Gefolge tritt eingeschüchtert näher. Er nimmt seinen Krummstab und geht würdig hinaus, in geordneter Prozession, wobei ihm allerdings einer seiner Chorherren diskret die Mitra zurechtrückt, die während des Streites verrutscht war. Lichtwechsel. Vorhänge zwischen den Pfeilern. Der Palast des Erzbischofs, am Morgen.

Ein Priester führt zwei Mönche und den kleinen Laienbruder aus Hastings herein.

DER PRIESTER: Der Hochwürdige Erzbischof Primas wird Euch hier empfangen.

Die beiden Mönche, offensichtlich sehr beeindruckt, stoßen den kleinen Mönch in die Seite.

ERSTER MÖNCH: Halt dich gerade. Du küßt den Ring des Hochwürdigen Erzbischofs und gibst bescheiden Antwort, wenn du gefragt wirst, sonst setzt es was!

ZWEITER MÖNCH: Oder bildest du dir ein, er hätte dich vergessen? Die Großen vergessen nichts. Jetzt wollen wir einmal sehen, ob du mit ihm auch so frech bist!

Becket tritt auf. Er trägt eine einfache Wollkutte.

BECKET: Nun, meine Brüder, ist das Wetter schön in Hastings?

Er reicht ihnen seinen Ring zum Kuß.

ERSTER MÖNCH: Viel Nebel, Herr.

BECKET *lächelt:* Dann ist es schön in Hastings. Wir denken immer mit großer Liebe an unsere Abtei und beabsichtigen, sie in Kürze zu besuchen, sobald unsere neuen Aufgaben uns ein wenig Muße gönnen. Wie war das Betragen dieses jungen Mannes? Hatte unser Abt Ärger mit ihm?

ZWEITER MÖNCH: Hochwürdiger Herr Erzbischof, er ist störrisch wie ein Maulesel. Unser Abt hat es lange Zeit mit Sanftmut versucht, so wie Ihr es empfohlen hattet. Aber bald wußte er sich keinen anderen Rat mehr als Karzer, Wasser und Brot und sogar Peitschenhiebe. Es hat nichts genützt. Diesem Dickschädel kommt man nicht bei. Wenn er den Mund auftut, dann ist es eine Beleidigung. Er ist ganz der Sünde des Hochmuts verfallen. Auch die hilfreichste Hand vermag da nichts mehr.

ERSTER MÖNCH: Nur vielleicht kräftige Fußtritte in den Hintern... wenn Euer Hochwürden mir diesen Ausdruck gestatten. *Zum kleinen Mönch* Halt dich gerade!

BECKET *zum kleinen Mönch:* Hör auf deinen Bruder. Halte dich gerade. Im allgemeinen richtet die Sünde des Hochmutes den Menschen auf. Sieh mich an! *Der kleine Mönch blickt ihn an* Gut. *Nachdem Becket den kleinen angesehen hat, wendet er sich an die beiden anderen* Man wird euch in die Küche führen, wo ihr euch für eure Rückreise stärken könnt. Ich habe angeordnet, daß man euch gut bewirtet. Tut euch keinen Zwang an, wir entbinden euch für heute von eurem Gelübde der Enthaltsamkeit und hoffen, daß ihr unseren Speisen Ehre antut. Und grüßt im Namen Jesu euren Abt von uns.

ZWEITER MÖNCH *zögernd:* Und der Bursche da?

BECKET: Den behalten wir hier.

ZWEITER MÖNCH: Herr, seid vorsichtig. Er ist bösartig.

BECKET *lächelt:* Wir fürchten uns nicht. *Die Mönche sind abgegangen. Becket und der kleine Mönch stehen sich allein gegenüber* Warum hältst du dich so schlecht?

DER KLEINE MÖNCH: Ich will keinem Menschen mehr ins Gesicht sehen.

BECKET: Ich werde es dich lehren. Das ist unsere erste Lektion. Sieh mich an. *Der kleine Mönch blickt an ihm vorbei* Besser!

Der Mönch sieht ihn an Mußt du noch immer ganz allein die Schande Englands tragen? Ist es das, was dir den Rücken krümmt?

DER KLEINE MÖNCH: Ja.

BECKET: Wenn ich dir die Hälfte davon abnähme, wäre es dann weniger drückend? *Er gibt dem Priester ein Zeichen* Führt mir die Hochwürdigen Herren herein. *Der Priester geht ab. Lächelnd vertraut er dem kleinen Mönch an* Der Rat der Hochwürdigen Bischöfe versammelt sich jetzt bei mir. Du wirst sehen, deine Last ist kein Privileg, das dir allein gehört.

DER KLEINE MÖNCH: Ich kann kaum lesen und schreiben. Ich bin ein Bauernsohn, und die Tonsur habe ich nur, weil ich der Leibeigenschaft entkommen wollte. Wie kann ich Euch nützlich sein?

BECKET *lächelt:* Ich brauche dich. Das muß dir genügen. Ich bitte dich nur, daß du mich ansiehst, so wie du mich jetzt ansiehst. Manche tragen ein härenes Büßerhemd, damit sie ständig daran erinnert werden, was das bißchen Haut und Knochen wert ist... *Er öffnet lächelnd seine Kutte* Ich trage selbst eines. Aber es nützt nichts, ich habe mich längst daran gewöhnt. Ich glaube, ich würde mich nur erkälten, wenn ich es auszöge. Ich brauche etwas anderes, das mich kratzt und mir in jedem Augenblick sagt, was ich bin. Ich brauche dich, kleine Distel, bei der man nicht weiß, wo man sie anfassen soll. Ich muß mich an dir stechen können, damit ich auf dem Weg zum Heil auch noch ein paar Dornen finde. Anderenfalls wäre ich glatt imstande, dabei schon wieder mein Vergnügen zu entdecken... *Die Bischöfe treten ein. Er nimmt den kleinen Mönch am Arm und setzt ihn in eine Ecke* Bleib ruhig in dieser Ecke und halte meine Notiztafeln. Ich bitte dich nur um eines: Spring ihnen nicht gleich an den Hals, du würdest nur alles komplizieren.

Er gibt den Bischöfen, die stehengeblieben sind, ein Zeichen.

GILBERT FOLLIOT *beginnt:* Hochwürdiger Erzbischof, ich fürchte, unsere heutige Versammlung wird keine Beschlüsse fassen können. Gegen unseren Rat habt Ihr es vorgezogen, den König offen anzugreifen. Noch ehe die drei Exkommunikationen verkündet werden können, deren Billigung Ihr von uns verlangen wolltet, schlägt der König zurück. Sein Kronanwalt Richard de Lacy steht in Eurem Vorzimmer und verlangt im Namen des Königs, daß Ihr ihn empfangt. Er überbringt Euch die Aufforderung, binnen eines Tages vor dem großen Kronrat zu erscheinen, der als Hoher Gerichtshof zusammentritt.

BECKET: Und wie lautet die Anklage des Königs?

GILBERT FOLLIOT: Veruntreuung. Nach Prüfung der Bücher durch seine persönlichen Ratgeber fordert der König von Euch eine beträchtliche Summe, die seit Eurer Verwaltung des Staatsschatzes noch offensteht.

BECKET: Als ich mein Kanzleramt niederlegte, übergab ich alle Bücher dem Kronanwalt, der ihren Empfang quittiert und mir die ordentliche Abrechnung bescheinigt hat, mit Ausschluß späterer Beschwerden. Was verlangt der König?

DER BISCHOF VON OXFORD: Vierzigtausend Mark in reinem Gold.

BECKET *lächelt:* Ich glaube, in allen Schatzkammern Englands hat es während meiner ganzen Kanzlerzeit nicht so viel Geld gegeben. Aber es genügt ein geschickter Schreiber... Der König hat die Faust geschlossen, und ich bin die Mücke in seiner Faust. *Er blickt in die Runde und lächelt* Ich habe das Gefühl, meine Herren, daß ihr so etwas wie Erleichterung empfindet?

DER BISCHOF VON YORK: Wir hatten Euch gewarnt, es zum offenen Kampf kommen zu lassen.

BECKET: Guillaume d'Aynesford, aufgehetzt vom König, hat den Priester erschlagen, den ich zum Pfarrer in seinem Kirchspiel ernannt habe. Seine ganze Rechtfertigung ist, daß ihm diese Ernennung nicht paßte. Muß ich meine Priester erschlagen lassen?

GILBERT FOLLIOT: Ihr durftet den Pfarrer für ein reichsunmittelbares Lehen nicht ernennen! Kein Normanne, ob Laie oder

Geistlicher, wird das jemals zulassen. Das hieße das Recht der ganzen Eroberung wieder in Frage stellen. Alles kann in England diskutiert werden, ausgenommen die Tatsache, daß das Land im Jahre eintausendundsechsundsechzig erobert und geteilt wurde. England ist das Land des Rechtes und der gewissenhaftesten Beachtung des Rechtes. Aber das Recht beginnt erst mit diesem Datum, denn sonst gäbe es kein England mehr.

BECKET: Bischof, darf ich Euch daran erinnern, daß wir Männer Gottes sind und eine Ehre zu verteidigen haben, die nicht zu datieren ist?

DER BISCHOF VON OXFORD *ruhig:* Es war eine Ungeschicklichkeit, sogar eine Herausforderung. Guillaume d'Aynesford ist ein Gefährte des Königs.

BECKET: Ich kenne ihn gut. Er ist reizend. Ich habe manchen Becher mit ihm leergetrunken.

DER BISCHOF VON YORK *keift:* Und ich bin der Vetter seiner Frau!

BECKET: Ich bedauere diesen Umstand, Hochwürdiger Bischof, denn er hat mir einen Pfarrer erschlagen. Wenn ich meine Priester nicht verteidige, wer sonst tut es? Gilbert de Clare hat einen Geistlichen abgeurteilt, der allein unserer Rechtsprechung unterstand.

DER BISCHOF VON YORK: In der Tat ein bedauernswertes Opfer! Dafür lohnte sich der Kampf! Der Mann war des Mordes und der Vergewaltigung angeklagt. War es da nicht besser, daß dieser Elende, der den Strick hundertfach verdient hatte, gehängt wurde und wir unseren Frieden hatten?

BECKET: »Ich bin nicht gekommen, euch den Frieden zu bringen, sondern den Krieg.« Der Hochwürdige Bischof hat das sicher schon irgendwo gelesen. Es ist mir gleichgültig, wessen der Mann angeklagt war. Wenn ich meine Priester von weltlichen Gerichten aburteilen lasse, wenn ich Robert de Vere erlaube, daß er aus einem unserer Klöster einen Mönch entführt – er hat es getan mit der Begründung, daß der Mann nur der Leibeigenschaft entfliehen wollte –, dann, meine Herren, gebe ich nicht mehr viel für unsere Freiheit und Existenz in fünf Jahren. Deshalb habe ich Gilbert de Clare, Robert de Vere und Guillaume d'Aynesford exkommuniziert. Jedes Reich muß verteidigt werden, auch Gottes Reich. Glaubt Ihr, das Recht allein genüge zur Gerechtigkeit? Ohne seine alte Feindin, ohne die Gewalt bleibt das Recht stets machtlos.

DER BISCHOF VON YORK: Welche Gewalt? Verlieren wir uns doch nicht in großen Worten. Der König ist die Gewalt, der König ist das Gesetz.

BECKET: Er ist das geschriebene Gesetz, aber es gibt noch ein anderes Gesetz, ein ungeschriebenes, dem sich am Ende auch die Könige beugen. *Er blickt sie schweigend an und lächelt* Ich war ein leichtfertiger Mensch, vielleicht sogar ein Wüstling, jedenfalls aber ein Mann dieser Welt: Ich liebte das Leben, und ich spottete über solche Dinge. Aber dann durfte man mir dieses Amt nicht aufbürden! Doch jetzt liegt es auf meinen Schultern, ich habe die Ärmel hochgekrempelt, und ich weiche keinen Schritt zurück.

GILBERT FOLLIOT *fährt auf und geht wutschnaubend auf ihn zu:* Wißt Ihr, wozu sie dient, diese buchstäbliche Ausübung der kirchlichen Gerichtsbarkeit? Zum Diebstahl – ich sage Diebstahl! – der sächsischen Leibeigenen, die ihren Grundherren entzogen werden. Jeder hergelaufene Bauernsohn entkommt dank diesem Gesetz der Leibeigenschaft, indem er sich unter die Tonsur begibt. Zwei Schnitte mit der Schere, ein Oremus, und schon ist der Grundherr um einen Mann ärmer, ohne rechtliche Möglichkeit, ihn wiederzubekommen. Denn der Mann untersteht plötzlich weder der Gerichtsbarkeit des Grundherrn noch der des Königs. Ist das Gerechtigkeit oder Betrug? Ist Eigentum nicht auch geheiligt? Wenn man dem Grundherrn einen Ochsen stiehlt, wollt Ihr ihn da hindern, daß er Klage führt und sein Eigentum wieder beizubringen versucht?

BECKET *lächelt:* Der Eifer, mit dem Ihr die großen normannischen Grundbesitzer verteidigt, ist bewundernswert, besonders da Ihr meines Wissens doch ganz anderer Abkunft seid. Ihr vergeßt aber einen Umstand, der für einen Priester sehr entscheidend ist: Ein sächsischer Leibeigener hat eine Seele, eine Seele, die Gott zu sich berufen kann. Ein Ochse hat keine.

GILBERT FOLLIOT *außer sich:* Stellt Euch doch nicht harmloser hin, als Ihr seid, Thomas Becket. Auch Ihr habt trotz Eurer Herkunft lange genug von diesen Zuständen profitiert, so daß Ihr jetzt etwas mehr Zurückhaltung üben solltet bei Euren Angriffen. Wer an den normannischen Besitz rührt, der rührt an das Königreich. Und wer an das Königreich rührt, der rührt am Ende auch an die Kirche und an den Glauben! Man muß dem Kaiser geben...

BECKET *fällt ihm ins Wort:* ...was des Kaisers ist, ich weiß, Bischof. Aber wenn der Kaiser etwas will, was ihm nicht zusteht, dann muß man seine Soutane hochbinden und gegen den Kaiser kämpfen, mit den Waffen des Kaisers. Ich weiß so gut wie Ihr, daß die meisten sächsischen Leibeigenen, die in unsere Klöster fliehen, nur ihrer Sklaverei entkommen wollen. Aber ich würde alles in Frage stellen, Sicherheit, Bestand und Leben unserer ganzen Kirche, wenn sich unter diesen hunderttausend Schwindlern ein einziger ehrlicher Leibeigener befände, dem man es verwehrt, zu Gott zu kommen!

Ein Schweigen folgt diesem Ausbruch. Gilbert Folliot lächelt.

GILBERT FOLLIOT: Die Anspielung auf das verirrte Schäflein verfehlt natürlich niemals ihre Wirkung. Über ein rührendes Thema findet man immer schöne Worte. Politik ist etwas ganz anderes. Ihr habt bewiesen, daß Ihr das sehr gut wißt.

BECKET *knapp:* Ich habe es Euch bewiesen, als ich noch Politik machte. Was ich jetzt mache, hat mit Politik nichts zu tun.

DER BISCHOF VON OXFORD *ruhig:* Die Kirche ist einer der Pfeiler des großen irdischen Reiches, dessen Gleichgewicht so schwer zu bewahren ist. Es erscheint mir deshalb klug und unseren menschlichen Bedürfnissen entsprechend, daß wir dem

Grundherrn das Mitspracherecht nicht bestreiten, wenn sein Leibeigener geistlich werden will. Gewiß, die Kirche hat die Pflicht, ihre Diener zu verteidigen, aber sie darf niemals und unter keinen Umständen die Gebote der Klugheit verletzen. Laßt Euch das von einem sehr alten Priester gesagt sein.

BECKET *ruhig:* Ich war nicht klug, als ich das Primat annahm. Jetzt darf ich nie mehr klug sein, wenigstens nicht in der Weise, wie Ihr es versteht. Ich danke Euch, Ihr Hochwürdigen Herren. Die Sitzung ist beendet, und mein Entschluß steht fest. Ich werde die drei Exkommunikationen aufrechterhalten. *Er gibt dem Priester ein Zeichen* Führt mir den Kronanwalt herein. *Zwei Wachsoldaten kommen herein, hinter ihnen Richard de Lacy und sein Herold. Becket geht lächelnd auf ihn zu* Richard de Lacy, wir waren früher gute Freunde, und Ihr habt lange Reden nie gemocht, wenn Essenszeit war. Erspart mir also auch die Eure, ich wäre Euch dankbar. Das Verlesen dieser Ladung ist zwar Vorschrift, aber so wie ich uns einschätze, wäre es uns beiden peinlich. Ich werde der Ladung des Königs folgen.

Die Zwischenwände schließen sich. Ferner Trompetenklang. Der König – aufgetaucht aus einer der Wände – beobachtet etwas durch einen Vorhangspalt. Nach einiger Zeit eilt Gilbert Folliot herein.

DER KÖNIG: Nun? Der Platz ist schlecht. Ich sehe nichts.

GILBERT FOLLIOT: Die Prozedur nimmt ihren Lauf, Hoheit. Die dritte Ladung ist ergangen. Er ist nicht da. In wenigen Augenblicken wird man ihn in Abwesenheit verurteilen. Damit liegt die Tatsache der Veruntreuung fest. Darauf tritt unser Doyen, der Bischof von Chichester, vor und verkündet nach dem Wortlaut der alten Charta der Kirche Englands unseren einstimmigen Widerruf der Wahl, womit er uns der Gehorsamspflicht entbindet und Becket zur Verantwortung vor den Heiligen Vater zitiert. Ich als Bischof von London spreche darauf in meinem eigenen Namen, nenne ihn den »vormaligen Erzbischof«, womit ich ihm zum ersten Mal seinen Titel abspreche, und klage ihn öffentlich an, er habe in Verachtung des Königs eine frevlerische Messe gehalten, unter Anrufung des Teufels.

DER KÖNIG *besorgt:* Ist das nicht ein wenig plump?

GILBERT FOLLIOT: Gewiß. Kein Mensch glaubt es, aber es ist immer erfolgreich. Die Fadenscheinigkeit eines solchen Vorwurfs ist uns natürlich bewußt. Aber die formelle Anklage, die sofort der Aufkündigung unseres Gehorsams folgt, bringt ihn zwangsläufig in eine schlechte Position. Dann erscheint Eure Hoheit vor Gericht, vertreten durch den Kronanwalt oder persönlich, was noch besser wäre, und fordert die zu Gericht sitzenden Barone und Prälaten auf, Becket für eidbrüchig zu erklären. Alles kann heute noch zu Ende gebracht werden. Habt Ihr den Wortlaut, Hoheit? Ich verständige Euch, wenn es so weit ist.

DER KÖNIG *holt ein Pergament aus seiner Tasche und liest:* »Alle, die ihr hier anwesend seid, vernehmt meine königliche Forderung. Bei der Treue, die ihr mir schuldet, verlange ich, daß mir Recht werde gegen Thomas Becket, vormaliger Erzbischof, der mein Lehensmann ist und der sich trotz gesetzmäßiger Ladung weigert, sich vor den Schranken meines Gerichts zu verantworten.« Ich lese sehr schlecht.

GILBERT FOLLIOT: Das tut nichts. Bei solchen Proklamationen hört sowieso niemand zu. Die Gerichtsversammlung schreitet darauf zur Abstimmung und erläßt einen Haftbeschluß. Er ist schon abgefaßt.

DER KÖNIG: Einstimmig?

GILBERT FOLLIOT: Wir sind alle Normannen. Das Weitere liegt dann bei Eurer Hoheit. Es bleibt nur noch die Vollstreckung.

DER KÖNIG *zeigt plötzlich so etwas wie Schwäche:* O mein Thomas!

GILBERT FOLLIOT *steinern:* Noch kann ich die Maschinerie aufhalten, Hoheit.

DER KÖNIG *zögert, dann sagt er:* Nein. Geh!

Gilbert Folliot geht ab. Der König späht wieder durch den Vorhang. Die beiden Königinnen huschen herein, stellen sich neben den König und schauen ebenfalls durch einen Vorhangschlitz. Nach einer Weile fragt die junge Königin:

DIE JUNGE KÖNIGIN: Ist er verloren?

DER KÖNIG *dumpf:* Ja.

DIE JUNGE KÖNIGIN: Endlich!

Der König wendet sich vom Vorhang ab und blickt sie haßerfüllt an.

DER KÖNIG *schreit:* Ich verbiete Euch, daß Ihr Euch darüber freut!

DIE JUNGE KÖNIGIN: Ich darf mich nicht freuen, daß Euer Feind untergeht?

DER KÖNIG *wütend:* Becket ist mein Feind, aber selbst als Bastard und nackt, wie seine Mutter ihn geboren hat, wiegt er als Mensch tausendmal mehr als Ihr, Madame, trotz Eurer Krone, Eurer Edelsteine und Eures erhabenen Vaters obendrein! Bekket hat mich bekämpft und verraten. Also muß ich mich wehren und ihn vernichten. Aber er hat mir zumindest mit vollen Händen das gegeben, was in mir gut sein mag! Doch Ihr habt mir nie etwas anderes gegeben als Eure nörgelnde Mittelmäßigkeit, das ewige Getue um Eure nichtige Person und um Eure Stellung! Deshalb verbiete ich Euch, daß Ihr lächelt, wenn er stirbt.

DIE JUNGE KÖNIGIN *beleidigt:* Ich habe Euch meine Jugend und die Kinder geschenkt.

DER KÖNIG *schreit wieder:* Ich liebe meine Kinder nicht. Und Eure Jugend, die war schon seit Eurem zwölften Lebensjahr eine vertrocknete Pflanze zwischen zwei Gebetbuchseiten, blutleer, mit fadem Geruch! Vergeßt sie ohne Bedauern! Wenn Ihr älter werdet, geben Euch vielleicht Bosheit und Frömmlerei so etwas wie einen Charakter. Euer Leib war eine Wüste, Madame, in die ich mich einsam verirren mußte, aus Pflichterfüllung. Aber meine Frau – das seid Ihr nie gewesen!

Doch Becket war mein Freund, kraftvoll, verschwenderisch und lebensfroh! *Ein Schluchzen schüttelt ihn, und er schreit* O mein Thomas!

DIE KÖNIGINMUTTER *tritt hoheitsvoll näher:* Und ich, mein Sohn, habe ich Euch auch nichts gegeben?

DER KÖNIG *faßt sich wieder, mustert sie kalt und sagt ruhig:* Doch. Das Leben. Danke, Madame. Aber danach habe ich Euch nur noch zwischen Tür und Angel gesehen, geschmückt für einen Ball, oder mit Krone und Hermelin, zehn Minuten vor den Feierlichkeiten, bei denen Ihr mich wohl oder übel an Eurer Seite haben mußtet. Ich bin allein gewesen, und niemand hat mich je geliebt, außer Becket!

DIE KÖNIGINMUTTER *schreit zänkisch:* Dann ruft ihn doch zurück! Verzeiht ihm, wenn er Euch so sehr liebt, und gebt ihm die ganze Macht! Was tut Ihr denn?

DER KÖNIG: Ich lerne wieder allein zu sein, Madame, ich bin es gewöhnt. *Ein Page kommt atemlos herein* Nun, wie steht es?

DER PAGE: Hoheit, Thomas Becket ist erschienen, als ihn niemand mehr erwartete, bleich und krank, im großen Meßgewand. Eigenhändig trug er das schwere Silberkreuz. Er schritt durch den großen Gerichtssaal, und niemand wagte es, ihn anzuhalten. Als Robert, Graf von Leicester, ihm das Urteil vorlesen wollte und mit der üblichen Einleitung begann, da schnitt ihm Becket mit einer Geste das Wort ab. Er untersagte ihm im Namen Gottes, gegen ihn als seinen geistlichen Vater ein Urteil zu sprechen, und rief den Heiligen Vater zum Richter an, vor dem er sich verantworten werde! Dann schritt er wieder durch die Menge, die ihm schweigend Platz machte. Er ist weggegangen.

DER KÖNIG *kann sein Lächeln nicht verbergen und ruft fröhlich:* Gut gespielt, Thomas, dieser Punkt geht an dich! *Verwirrt faßt er sich wieder und fragt* Und meine Barone?

DER PAGE: Sie hatten die Hand am Degen und schrien alle: »Verräter! Eidbrüchiger! Ergreift ihn! Hör dein Urteil!« Aber keiner wagte es, sich an den heiligen Gewändern zu vergreifen.

DER KÖNIG *schreit:* Diese Idioten! Meine ganze Umgebung besteht nur aus Idioten! Und der einzige Mensch, der in meinem Reich Verstand hat, der ist gegen mich!

DER PAGE *fährt fort:* Unter der Tür wandte er sich noch einmal um und blickte kalt in das schreiende und ohnmächtige Durcheinander. Er sagte ihnen, daß er vor noch nicht langer Zeit ihre Unverschämtheit mit der Waffe beantwortet hätte, was ihm nun leider verwehrt sei, aber man möge sich dieser Zeit erinnern.

DER KÖNIG *jubiliert:* Alle! Er hat sie alle erledigt! Mit der Keule, mit der Lanze, mit dem Schwert! Wie die Kartenbuben lagen sie auf dem Kampfplatz!

DER PAGE *erzählt weiter:* Sein Blick war dabei so kalt und ironisch, daß einer nach dem anderen still wurde, obwohl er nur seinen Bischofsstab in der Hand hatte. Dann erst kehrte er sich um und ging hinaus. Man sagt, daß er heute abend alle Armen der Stadt in seinem Palast zum Essen einladen wird.

DER KÖNIG *wieder sorgenvoller:* Und der Bischof von London, der ihn zu Staub machen wollte? Wo bleibt mein tatkräftiger Freund Gilbert Folliot?

DER PAGE: Er bekam einen fürchterlichen Wutanfall. Vergeblich versuchte er, die anderen aufzuhetzen, er schrie die schrecklichsten Schimpfworte und fiel schließlich in Ohnmacht. Die Ärzte kümmern sich jetzt um ihn.

Der König wird plötzlich von einem Lachanfall geschüttelt. Unter den Blicken der empörten Königinnen fällt er, nach Atem ringend, in die Arme des Pagen und lacht und lacht.

DER KÖNIG: Ah... ist das komisch! Es ist zu komisch!...

DIE KÖNIGINMUTTER *kalt, ehe sie abgeht:* Morgen werdet Ihr weniger lachen, mein Sohn. Wenn Ihr nichts unternehmt, setzt Becket heute nacht auf das Festland über und bittet den König von Frankreich um Asyl. Von dort aus kann er Euch dann ungestraft verhöhnen.

Der König, jetzt allein, hört zu lachen auf. Plötzlich läuft er eilig hinaus.

Lichtwechsel. Ein Vorhang öffnet sich. Wir sind bei Ludwig, König von Frankreich. Er sitzt mitten in seinem Saal aufrecht auf dem Thron. Er ist ein schwerer Mann mit einem klugen Gesicht.

KÖNIG LUDWIG *zu seinen Baronen:* Meine Herren, wir sind hier in Frankreich, und der König von England kümmert uns einen Dreck, wie es in dem Lied so schön heißt.

ERSTER BARON: Eure Majestät kann nicht umhin, seine Sonderbotschafter zu empfangen.

KÖNIG LUDWIG: Ob Botschafter oder Sonderbotschafter, ich empfange sie alle. Also werde ich auch sie empfangen. Das ist mein Beruf.

ERSTER BARON: Sie warten schon über eine Stunde im Vorzimmer Eurer Majestät.

KÖNIG LUDWIG *mit einer Geste:* Sollen sie doch warten! Ein Botschafter ist zum Warten geboren. Ich weiß schon, was sie von mir wollen.

ZWEITER BARON: Die Auslieferung eines eidbrüchigen Untertanen ist eine Geste der Höflichkeit, die sich gekrönte Häupter untereinander schuldig sind.

KÖNIG LUDWIG: Die gekrönten Häupter können von mir aus die Komödie der Höflichkeit spielen, die Länder aber müssen darauf verzichten. Mein Recht, höflich zu sein, hört da auf, wo das Interesse Frankreichs anfängt. Und Frankreichs Interesse verlangt es, daß wir England alle nur erfindlichen Schwierigkeiten machen – wie ja auch England sich uns gegenüber nicht zurückhält. Wenn es bei uns im Süden einen hübschen Aufstand gibt, dann haben alle Rädelsführer, die wir hängen, ein Goldstück mit dem Abbild meines liebenswerten Vetters in der Tasche. Der Erzbischof ist ein Klotz am Bein von Heinrich Plantagenet. Also lebe der Erzbischof! Außerdem gefällt mir der Mann.

ZWEITER BARON: Mein huldvoller König ist Herr seiner Entschlüsse. Und solange unsere Politik uns erlaubt, von König Heinrich nichts erbitten zu müssen...

KÖNIG LUDWIG: Im Augenblick kommt mir diese Verhärtung wie gerufen. Denkt nur an die Ereignisse von Montmirail. Wir haben unseren Frieden mit Heinrich nur unter der ausdrücklichen Bedingung geschlossen, daß gegen die bretonischen Flüchtlinge, deren Rückführung er verlangte, keinerlei Vergeltung geübt werde. Zwei Monate später hatte keiner mehr seinen Kopf. Meine Ehre war verletzt. Aber damals war ich nicht stark genug. Ich mußte so tun, als hätte ich die Hinrichtung dieser Menschen nie erfahren... Ich setzte für meinen englischen Vetter weiterhin das freundlichste Lächeln auf. Aber Gott sei Dank, unsere Lage hat sich inzwischen sehr gebessert. Heute braucht *er* uns. Ich werde mich also plötzlich wieder an meine Ehre erinnern. Könige sind arme Kerle, die nur selten das Vergnügen haben, wie Ehrenmänner handeln zu dürfen. Holt mir die Botschafter herein.

Der erste Baron geht ab und kommt mit Gilbert Folliot und dem Grafen d'Arundel wieder zurück.

ERSTER BARON: Eure Majestät, erlaubt mir, daß ich Euch die beiden Sonderbotschafter Seiner Hoheit Heinrichs von England vorstelle: der Hochwürdige Bischof von London und der Graf d'Arundel.

KÖNIG LUDWIG *mit einer freundschaftlichen Geste zum Grafen:* Ich grüße Euch, Mylord! Ich bedaure, daß die Schwierigkeiten zwischen unseren Königreichen – die heute gottlob beseitigt sind – Euch so lange von den friedlichen Begegnungen mit unseren Edelleuten ferngehalten haben. Ich habe Eure erstaunlichen Stücke beim letzten Turnier in Calais nicht vergessen. Führt Ihr noch immer diesen harten Lanzenstoß?

GRAF D'ARUNDEL *verbeugt sich geschmeichelt:* Ich hoffe, Majestät.

KÖNIG LUDWIG: Und wir hoffen, daß die guten Beziehungen zu Eurem allergnädigsten König es uns erlauben, bei den bevorstehenden Festlichkeiten Euren Mannesmut aufs neue zu bewundern... *Gilbert Folliot hat ein Pergament entrollt* Hochwürdiger Bischof, ich sehe, Ihr habt einen Brief Eures Herrn für uns. Wir hören.

GILBERT FOLLIOT *verneigt sich nochmals und liest:* »An meinen Herrn und Vetter Ludwig, König der Franzosen. Von Heinrich, König von England, Herzog der Normandie, Herzog von Aquitanien und Graf von Anjou. Erfahret hiermit, daß Thomas, gewesener Erzbischof von Canterbury, nach öffentlicher Verhandlung vor meinem Gericht durch die Vollversammlung aller Barone meines Königreiches der Veruntreuung, des Eidbruches und des Verrates überführt worden ist. Erfahret weiterhin, daß er mit verräterischen Absichten aus meinem Königreich entflohen ist. Ich bitte Euch dringend, diesem vielfach Schuldigen wie auch denen, die ihm vielleicht Gefolgschaft leisten, den Aufenthalt in Eurem Lande zu verwehren und zu sorgen, daß keiner Eurer Untertanen meinem ärgsten Feinde Hilfe, Zuflucht oder Rat gewähre. Denn ich versichere Euch, daß auch Eure Feinde oder die Eures Königreiches weder bei mir noch bei meinen Untertanen irgendwelche Hilfe fänden. Ich erwarte von Euch, daß Ihr mich, zur Genugtuung meiner Ehre, bei der Bestrafung meines Feindes tatkräftig unterstützt, so wie Ihr es umgekehrt von mir erwarten würdet.«

Ein Schweigen folgt dieser Verlesung. Gilbert Folliot übergibt mit einer tiefen Verbeugung das Pergament dem König. Der rollt es nachlässig zusammen und reicht es einem seiner Barone.

KÖNIG LUDWIG: Meine Herren, wir haben aufmerksam das Ersuchen meines allergnädigsten Vetters angehört und zur Kenntnis genommen. Unser Kanzler wird eine Antwort abfassen, die wir Euch morgen überreichen lassen. Vorläufig können wir nur unserer Überraschung Ausdruck geben. Wir haben keinerlei Hinweis erhalten, daß sich der Erzbischof von Canterbury auf unserem Gebiet befindet.

GILBERT FOLLIOT *unmißverständlich:* Majestät, der vormalige Erzbischof von Canterbury hat in der Abtei von Saint-Martin bei Saint-Omer Unterschlupf gefunden.

DER KÖNIG *nach wie vor huldvoll:* Bischof, wir bilden uns ein, daß in unserem Königreich einigermaßen Ordnung herrscht. Wenn er dort wäre, hätte man uns längst benachrichtigt. *Er macht eine verabschiedende Geste. Der Bischof und der Graf verneigen sich und gehen mit drei Verbeugungen rückwärts hinaus. Der erste Baron begleitet sie. Als sie verschwunden sind, sagt Ludwig zum zweiten Baron* Führt uns Thomas Bekket herein und laßt uns allein.

Der zweite Baron geht durch eine Tür und läßt Becket eintreten. Becket, der ein einfaches Mönchsgewand trägt, setzt vor dem König ein Knie zu Boden. Der Baron ist wieder abgegangen.

KÖNIG LUDWIG *liebenswürdig:* Steht auf, Thomas Becket. Und begrüßt uns wie der Erzbischof Primas von England. Eine Verbeugung genügt. Und wenn ich mich nicht in der Etikette täusche, dann steht Euch von meiner Seite ein leichtes Neigen des Kopfes zu – was hiermit geschehen ist. Ich müßte Euch sogar den Ring küssen, wenn Euer Besuch offiziell wäre. Aber ich habe das Gefühl, er ist es nicht?

BECKET *mit einem Lächeln:* Nein, Majestät. Ich bin nur ein Verbannter.

KÖNIG LUDWIG *freundlich:* In Frankreich hat auch dieser Titel Geltung.

BECKET: Ich fürchte, es ist der einzige, der mir bleibt. Meine Güter wurden eingezogen und an diejenigen verteilt, die dem König bei meiner Verfolgung geholfen hatten. Der Graf von Flandern und alle seine Barone erhielten Briefe mit der Aufforderung, mich sofort zu ergreifen. Jean, der Bischof von Poitiers, der verdächtigt wurde, mir Asyl zu gewähren, ist vor kurzem an Gift gestorben.

KÖNIG LUDWIG *lächelt:* Mit einem Wort, Ihr seid ein sehr gefährlicher Mann?

BECKET *lächelt ebenfalls:* Ich fürchte, ja.

KÖNIG LUDWIG *ruhig:* Wir lieben die Gefahr, Becket. Und wenn der König von Frankreich plötzlich vor dem König von England Angst bekäme, dann wäre in Europa irgend etwas nicht in Ordnung. Wir gewähren Euch unseren königlichen Schutz an jedem Ort unseres Landes, den Ihr Euch zum Aufenthalt wählen wollt.

BECKET: Ich danke Eurer Majestät in aller Demut. Ich muß jedoch gestehen, daß ich diesen Schutz mit keiner feindseligen Handlung gegen mein Land erkaufen kann.

KÖNIG LUDWIG: Ihr beleidigt uns. Wir haben es nicht anders gemeint. Wir üben unseren Beruf schon lange genug aus, um bei der Wahl unserer Spione und Verräter keinen so plumpen Fehler zu begehen. Der König von Frankreich verlangt nichts von Euch. Aber... es gibt immer ein »Aber« in der Politik, das wißt Ihr ja. *Becket blickt auf. Der König erhebt sich mit seinen dicken Beinen mühsam aus dem Thron und geht auf Becket zu, zwanglos vertraulich* Ich habe nur die Interessen Frankreichs im Auge, Becket. Ich kann mich nicht noch um die des Himmels kümmern. Womöglich rufe ich Euch in einem Monat oder in einem Jahr wieder zu mir und erkläre Euch in allem Freimut, daß sich meine Beziehungen zum König von England wieder anders entwickelt hätten und daß ich Euch verbannen müßte. *Er klopft ihm freundschaftlich auf die Schulter, mit verständnisinnigem Blick, dann fragt er lächelnd und abschätzend* Nicht wahr, Erzbischof, Ihr habt doch auch Euer Süpplein gekocht?

BECKET *erwidert das Lächeln:* Gewiß, Majestät. Es ist noch nicht lange her.

KÖNIG LUDWIG *jovial:* Ihr seid mir sehr sympathisch. Allerdings, wenn Ihr ein französischer Bischof gewesen wäret, dann weiß ich nicht, Becket, ob ich Euch nicht auch in den Kerker gesteckt hätte. Aber unter den gegenwärtigen Umständen habt Ihr Anrecht auf meinen königlichen Schutz. Ihr liebt doch offene Worte, Becket?

BECKET: Ja, Majestät.

KÖNIG LUDWIG: Dann werden wir uns sicher gut verstehen. Habt Ihr die Absicht, den Heiligen Vater aufzusuchen?

BECKET: Ja, Majestät, wenn ich Eure Geleitbriefe bekomme.

KÖNIG LUDWIG: Ihr sollt sie haben. Aber, ein freundschaftlicher Rat... Es bleibt unter uns, nicht wahr? Schafft mir keine Unannehmlichkeiten mit dem Papst... Und seid auf der Hut vor ihm. Er verkauft Euch für dreißig Silberlinge! Er ist ein Mann, der Geld braucht!

Das Licht ist zurückgegangen. Ein Vorhang wird zugezogen. Vor ihm werden zu einer kurzen Musik zwei Versatzstücke hereingeschoben. Das erste trägt den Papst, das zweite den Kardinal. Der Papst ist ein kleiner, magerer, gestenreicher Mann, der mit einem abscheulichen italienischen Akzent spricht. Der Kardinal, ein dunkel-schwarzer Mann, spricht jedoch mit einem noch viel schlimmeren Akzent. Trotz des vielen Goldes wirkt das Ganze ein wenig schmierig.

DER PAPST: Ich bin nicht einverstanden, Zambelli! Ich bin überhaupt nicht einverstanden. Die combinazione ist schlecht. Wir verlieren unsere Ehre für ganze dreitausend Silbertaler.

DER KARDINAL: Allerheiligster Vater, es geht nicht darum, ob wir die Ehre verlieren, sondern darum, ob wir die Summe annehmen, die der englische König uns bietet, und damit Zeit gewinnen. Das Geld ausschlagen und sofort eine negative Antwort geben, das wäre weder für die Kurie von Vorteil noch für Thomas Becket und, ich fürchte, auch nicht für die höheren Interessen der Kirche. Die gebotene Summe ist lächerlich, gewiß, und sie könnte niemals unsere Entschlüsse beeinflussen. Aber sie annehmen bedeutet einfach eine Geste der Beschwichtigung, zur Erhaltung des Friedens in Europa, was seit jeher die vornehmste Pflicht des Heiligen Stuhles war.

DER PAPST *besorgt:* Wenn wir das Geld des Königs annehmen, dann kann ich unmöglich den Erzbischof empfangen, der seit einem Monat in Rom ist und auf eine Audienz wartet.

DER KARDINAL: Nehmt das Geld des Königs in Empfang, Allerheiligster Vater, und empfangt gleichzeitig den Erzbischof. Das eine gleicht das andere aus. Das Geld nimmt der gewährten Audienz jeden verschwörerischen Beigeschmack, andererseits tilgt der Empfang des Erzbischofs die Demütigung, die mit der Annahme des Geldes verbunden sein könnte.

DER PAPST *dessen Gesicht sich verfinstert:* Ich mag ihn nicht empfangen. Er gilt als ein aufrichtiger Mensch. Solche Leute bringen mich immer aus der Fassung. Sie hinterlassen nur einen bitteren Geschmack im Mund.

DER KARDINAL: Aufrichtigkeit ist auch nur Berechnung, Allerheiligster Vater. Wenn man dieses Prinzip einmal richtig erfaßt hat, dann stört einen auch die Aufrichtigkeit nicht mehr. In schwierigen Verhandlungen, wenn alles auf der Stelle tritt und keine Geschicklichkeit mehr nützt, bediene manchmal sogar ich mich dieser Taktik. Meist fällt mein Gegner prompt darauf herein. Er unterstellt mir einen unerhört feingesponnenen Plan, macht eine falsche Wendung und sitzt in der Falle. Gefährlich wird es nur, wenn sich Euer Gegner im gleichen Augenblick wie Ihr der Aufrichtigkeit befleißigt. Dann gerät das ganze Spiel in eine heillose Verwirrung.

DER PAPST: Nachdem er nun schon seit einem Monat in meinem Vorzimmer sitzt, habt Ihr doch sicher längst erfahren, was er von mir erbitten will?

DER KARDINAL *in plötzlicher Erleuchtung:* Nein, Allerheiligster Vater.

DER PAPST *mit einer ungeduldigen Geste:* Zambelli! Keine Finten mit mir! Ihr selbst habt es mir berichtet!

DER KARDINAL *fühlt sich ertappt:* Verzeiht, Allerheiligster Vater, ich hatte es vergessen. Oder vielmehr, als Ihr mir die Frage stelltet, da dachte ich, daß Ihr es selbst vergessen hättet, und ich wollte auf gut Glück…

DER PAPST *unterbricht ihn ärgerlich:* Wenn wir ohne erkennbaren Nutzen auch noch untereinander taktieren, Zambelli, dann kommen wir zu gar nichts.

DER KARDINAL *verwirrt:* Es war nur ein Reflex, Allerheiligster Vater. Verzeiht mir.

DER PAPST: Er will, daß ich ihn seiner Ämter und Würden als Erzbischof Primas enthebe. Deshalb ist Becket in Rom! Und wißt Ihr, warum er mich darum bitten will?

DER KARDINAL *ausnahmsweise einmal ehrlich:* Ja, Allerheiligster Vater.

DER PAPST *gereizt:* Nein, mein Herr, Ihr wißt es nicht! Das hat mir Euer Feind Rappalo hinterbracht.

DER KARDINAL *bescheiden:* Ich weiß es aber trotzdem, denn ich habe einen Spion bei Rappalo.

DER PAPST *mit einem Zwinkern:* Culograti?

DER KARDINAL: Nein. Culograti ist nur in den Augen seines Herrn mein Spion. Ich weiß es von meinem Spion bei Culograti.

DER PAPST *schneidet mit einer Geste weitere Erörterungen ab:* Becket behauptet, daß die Wahl von Clarendon nicht frei gewesen wäre und daß er seine Ernennung nur einer Laune des Königs verdanke. Die Ehre Gottes, als deren Verteidiger er sich aufspielt, verbietet es ihm infolgedessen, diesen unrechtmäßigen Titel weiterhin zu tragen. Er will nur noch ein einfacher Priester sein.

DER KARDINAL *nach einem kurzen Nachdenken:* Der Ehrgeiz dieses Mannes ist anscheinend unersättlich.

DER PAPST: Er weiß natürlich, daß allein sein Titel und sein Amt ihn vor der Wut des Königs schützen. Und er weiß, daß wir das wissen. Wenn er einmal nicht mehr Erzbischof ist, dann gebe ich nicht mehr viel für seinen Kopf.

DER KARDINAL *nachdenklich:* Sein Spiel ist klug erdacht. Aber wir haben einen großen Vorteil für uns, Allerheiligster Vater: Wir wissen nicht genau, was wir wollen. Aus der völligen Unsicherheit, was zu tun ist, entspringt eine erstaunliche Handlungsfreiheit. *Er überlegt, dann ruft er plötzlich* Mir ist eine combinazione eingefallen! Eure Heiligkeit tut zunächst einmal so, als wäre Sie von seinen Gewissensnöten überzeugt. Ihr empfangt ihn und entbindet ihn von seinen Würden und Ämtern als Erzbischof Primas. Doch dann, zur Belohnung für seine eifrige Verteidigung der Kirche Englands, ernennt Ihr ihn sofort wieder zum Erzbischof, diesmal jedoch in aller Form und unanfechtbar. So wenden wir die Bedrohung von ihm ab, spielen dabei einen Trumpf gegen ihn aus – und gleichzeitig einen weiteren Trumpf gegen den König.

DER PAPST: Ein gefährliches Spiel. Der König hat einen langen Arm.

DER KARDINAL: Im Augenblick ist er nicht länger als der des Königs von Frankreich, der es zur Zeit für vorteilhaft hält, Becket zu schützen. Unsere Politik muß es sein, die Länge dieser beiden Arme ständig zu vergleichen. Im übrigen können wir uns rückversichern. Wir senden an den englischen Hof ein Geheimschreiben, in dem wir sagen, daß diese neue Ernennung reine Formsache sei und daß wir die von Becket ausgesprochenen Exkommunikationen wieder aufheben. Auf der anderen Seite unterrichten wir Becket von diesem Geheimschreiben, verpflichten ihn zum Stillschweigen und bitten ihn, es als null und nicht geschrieben zu betrachten.

DER PAPST *der da nicht mehr ganz mitkommt:* Dann verstehe ich nicht, warum das Schreiben überhaupt geheim sein soll?

DER KARDINAL: Doch. Indem wir vorsorglich beide Seiten von seinem Inhalt unterrichten, können wir mit jedem so verfahren, als wäre dem anderen der Inhalt unbekannt. Die Hauptsache ist nur, daß sie nicht wissen, daß wir wissen, daß sie wissen. Das begreift doch ein Zwölfjähriger.

DER PAPST: Aber ob Erzbischof oder nicht, was machen wir mit Becket?

DER KARDINAL *mit einer unbeschwerten Geste:* Wir schicken ihn in ein Kloster! In ein französisches Kloster, nachdem sich König Ludwig so sehr um seinen Schutz kümmert. Zu den Zisterziensern von Pontigny zum Beispiel. Dort herrscht strenge Zucht. Das wird diesem ehemaligen Dandy gut tun! Da soll er in Armut lernen, was man als Tröster der Armen wissen muß.

DER PAPST *lächelt:* Der Vorschlag gefällt mir, Zambelli. Trockenes Brot, Wasser und nächtliche Gebete sind ausgezeichnete Mittel gegen Aufrichtigkeit. *Er denkt nach und setzt hinzu* Ich frage mich jetzt nur, Zambelli, was für ein Interesse Ihr haben könnt, mir einen guten Rat zu geben.

Der Kardinal macht ein verlegenes Gesicht. Die kleinen Versatzstücke rollen hinaus, wie sie gekommen waren. Der Vorhang öffnet sich vor einer kahlen Zelle, die mitten auf der Bühne steht. Becket betet vor einem schmucklosen Holzkreuz. In einer Ecke kauert der kleine Mönch und spielt mit einem Messer.

BECKET: Es wäre dennoch einfach. Zu einfach vielleicht. Auch Heiligkeit ist eine Versuchung. Ah, wie schwer ist es, Herr, von Dir eine Antwort zu erhalten!

Es hat lange gedauert, bis ich zu Dir gebetet habe. Aber ich kann nicht glauben, daß die Frömmeren, die Dir schon seit langem ihre Frage stellen, Deine wahren Absichten besser zu entziffern gelernt haben. Ich bin noch ein Schüler, der erst anfängt. Wahrscheinlich mache ich viele falsche Auslegungen, wie in meinen ersten Lateinübersetzungen, bei denen sich der alte Priester über meine blühende Phantasie totlachen konnte. Doch ich kann mir nicht vorstellen, daß man Deine Sprache wie eine menschliche Sprache erlernt, durch fleißiges Studieren, mit Lexikon, Grammatik und Satzlehre. Ich bin sicher, dem verstockten Sünder, der zum ersten Mal auf die Knie sinkt und staunend Deinen Namen stammelt, dem offenbarst Du alles, sofort, und er begreift.

Ich bin zu Dir gekommen wie ein Dilettant und war überrascht, daß ich dabei noch mein Vergnügen fand. Seinetwegen blieb ich lange Zeit mißtrauisch, denn ich konnte nicht glauben, daß es mich Dir auch nur einen Schritt näher brachte. Ich konnte nicht glauben, daß dieser Weg freudig ist. Die Büßerhemden, die Fastenübungen und die nächtlichen Gebete, mit denen man zu Dir kommt, auf eisigen Fliesen, mit dem ganzen

Jammer des geschundenen Menschentieres beladen – ich glaube, das sind alles nur Hilfsmittel für die Schwachen. Jetzt will es mir scheinen, daß ich auch in der Fülle der Macht, des Luxus und sogar der Wollust nie aufhören werde, zu Dir zu sprechen. Denn Du bist auch der Gott des Reichen und des Glücklichen, darin liegt Deine tiefe Gerechtigkeit, Herr. Du hast Deinen Blick nicht abgewendet von dem, der von Geburt an alles hatte. Du hast ihn nicht allein gelassen zwischen den Fallstricken der Bequemlichkeit. Vielleicht ist sogar *er* Dein verirrtes Schaf. Die Armen und die Mißgestalteten haben zu viele Vorteile erhalten, von Anfang an. Sie besitzen Dich im Übermaß. Sie haben Dich ganz für sich allein, wie eine große Versicherung, deren Gebühr ihr Elend ist. Aber manchmal denke ich, daß am Tag Deines Gerichtes ihre stolzen Köpfe noch tiefer gebeugt werden als die der Reichen. Denn Deine Ordnung, die wir irrtümlich Gerechtigkeit nennen, ist geheimnisvoll und unergründlich. Du prüfst ihre mageren Lenden genau so streng wie die der Könige. Und unter diesen äußerlichen Unterschieden, die uns verblenden und die Du nicht einmal wahrnimmst, unter der Krone und unter dem Schmutz, da entdeckst Du den gleichen Hochmut, die gleiche Eitelkeit und die gleiche selbstzufriedene Ichsucht. Herr, ich bin sicher, Du wolltest mich nur in Versuchung führen mit diesem Büßerhemd, Gegenstand vieler dummer Befriedigungen, mit der kahlen Zelle, mit der Einsamkeit, mit der sinnlos ertragenen Winterkälte und mit den bequemen Tröstungen der Gebete. Das wäre zu einfach, wenn man Dich so billig kaufen könnte. Ich werde dieses Kloster verlassen, wo Dich so viele Schutzvorrichtungen umgeben. Ich werde die Mitra und den goldenen Ornat anlegen, ich werde das große Silberkreuz wieder aufnehmen und an Ort und Stelle mit den Waffen kämpfen, die Du mir in Deiner Gnade gegeben hast. Du hast mich zum Erzbischof Primas gemacht und mich wie eine einsame Figur auf dem Spielbrett dem König gegenübergestellt. Ich kehre in aller

Demut auf diesen Platz zurück, auch wenn mich die Welt des Hochmuts anklagt, und tue das, was ich für meine Aufgabe halte. Alles Weitere geschehe nach Deinem Willen!

Er bekreuzigt sich. Der Mönch in seiner Ecke spielt noch immer mit seinem Messer. Plötzlich wirft er es. Zitternd steckt das Messer im Boden. Becket wendet sich ab.

Vorhang

VIERTER AKT

Das gleiche Bühnenbild. Beckets kahle Zelle. Becket steht, vor ihm der Abt und zwei Mönche.

DER ABT: Das, mein Sohn, ist also der Inhalt der Briefe des Königs.

BECKET *verschlossen:* Ich verstehe Eure Aufregung, Euer Gnaden...

DER ABT: Es hat uns mit Freude und Stolz erfüllt, daß Ihr unser Kloster als Zuflucht gewählt habt. Und Gott sei davor, das dürft Ihr glauben, daß der Orden Euch auf einen solchen Befehl hin verabschieden wollte... Aber...

BECKET *kalt:* Aber?

DER ABT: Wir wollten Euch nur davon unterrichten, damit Ihr in Eurer Klugheit selbst beurteilt, was zu tun ist.

Ein Schweigen. Becket prüft ihn mit einem langen Blick. Dann sagt er leichthin:

BECKET: Klugheit ist eine Tugend, aber man darf auch nicht zu klug sein. Euer Kloster liegt doch im Lande Seiner Majestät Ludwigs von Frankreich, der mir seinen königlichen Schutz gewährt hat?

DER ABT *bescheiden:* Der Orden der Zisterzienser hat zwar hier in Pontigny sein Mutterhaus. Aber er ist in allen Ländern ansässig. Und wie Ihr sicher wißt, hat er große Besitzungen in England, in der Normandie, in der Grafschaft Anjou und im Herzogtum Aquitanien.

BECKET *lächelt:* Ah! Es ist sehr schwer, die Ehre Gottes zu verteidigen, wenn man große Besitztümer hat. *Er tritt an ein fertiges Bündel, das in einer Ecke liegt* Seht, das hier sind die meinen. Ein Hemd zum Wechseln und ein Handtuch. Mein Bündel war schon geschnürt. Ich selbst wollte abreisen.

DER ABT *wieder heiter:* Es ist eine große Erleichterung für uns und unsere Ehre, daß Ihr selbst diesen Entschluß gefaßt habt, mein Sohn, noch vor unserem Besuch.

BECKET *sehr von oben herab:* Nennt mich nicht mehr Euren Sohn, Herr Abt. Ich hatte Euch bis jetzt verschwiegen, daß mir Seine Heiligkeit die Würden als Erzbischof Primas der Kirche Englands wiedergegeben hat, nachdem ich sie freiwillig in seine Hände zurückgelegt hatte. So gebe *ich* Euch jetzt vor dieser Reise ins Ungewisse meinen apostolischen Segen. *Er hält ihm seinen Hirtenring vor, den er über seinen Finger gestreift hat. Der Abt verzieht sein Gesicht, kniet nieder und küßt den Ring. Dann geht er mit den beiden Mönchen ab. Bekket ist ruhig stehengeblieben. Dann nimmt er sein Bündel und sagt zu dem kleinen Mönch* Komm, Kleiner! Vergiß dein Messer nicht. Wir brauchen es vielleicht unterwegs.

Sie gehen ab. Die Wand der Zelle verschwindet in den Schnürboden und gibt den Blick auf den Thron des Königs von Frankreich frei. König Ludwig kommt herein. Er hat freundschaftlich Bekkets Arm genommen.

KÖNIG LUDWIG: Ich habe es Euch gesagt, Becket, Politik ist eine arge Sudelküche. Man schleppt alle schlechten Gerüche mit sich herum. Zwischen dem Königreich England und uns haben sich wieder ausgezeichnete Beziehungen angebahnt. Der Friede nach dieser Seite hin verschafft mir große Vorteile in meinem kommenden Kampf gegen den Kaiser. Ich muß mir durch einen Waffenstillstand mit Heinrich von Plantagenet den Rücken frei machen, bevor ich mich nach Osten wenden kann. Und, wohlgemerkt, Ihr steht auf der Kostenrechnung des Königs an gebührender Stelle. Ich muß Euch sogar gestehen, daß alles, was er außer Euch verlangt, ziemlich bedeutungslos ist. *Er hängt seinen Gedanken nach* Ein seltsamer Mensch! Die richtige Politik Englands wäre es jetzt, die andere Kinnlade des Gebisses zuzuschlagen und die Angriffslust des Kaisers auszunützen. Und diese einmalige Gelegenheit opfert er sehenden Auges der Genugtuung, daß ich Euch verjagen muß. Haßt er Euch so sehr?

BECKET *ruhig:* Wir hatten uns sehr geliebt, Majestät. Ich glaube, er verzeiht mir nicht, daß ich Gott den Vorzug gab.

KÖNIG LUDWIG: Euer König übt seinen Beruf nicht gut aus, Erzbischof. Er gibt einer Gefühlswallung nach. Nun schön! Er spielt lieber einen Trumpf gegen Euch als gegen mich aus. Ihr steht auf seiner Rechnung, ich muß den Preis bezahlen und Euch verbannen. Ich tue es nicht ohne Scham. Wohin gedenkt Ihr zu gehen?

BECKET: Ich bin ein Hirte, der seiner Herde lange ferngeblieben ist. Ich werde nach England zurückkehren. Den Entschluß hatte ich schon vor dieser Audienz bei Eurer Majestät gefaßt.

KÖNIG LUDWIG *überrascht:* Sehnt Ihr Euch danach, ein Märtyrer zu werden? Ihr enttäuscht mich. Ich hätte Euch für vernünftiger gehalten.

BECKET: Wäre es vernünftig, wenn ich jetzt über Europas Straßen um eine Zuflucht betteln ginge, wo die Angst mich nicht erreicht, wo mein Balg in Sicherheit ist? Und wo wäre mein Balg in Sicherheit?... Ich bin Erzbischof Primas von England. Das ist ein ziemlich auffallendes Etikett auf meinem Rücken. Die Ehre Gottes und die irdische Vernunft treffen ausnahmsweise hier einmal zusammen. Wenn ich mich schon töten lassen muß, dann nicht auf der Landstraße durch den Messerstich eines gedungenen Meuchelmörders – sondern mit Mitra und Goldornat, das Silberkreuz in der Hand, inmitten meiner

Herde, in meiner erzbischöflichen Kirche. Nur dieser Ort ist mir angemessen.

KÖNIG LUDWIG *nach einer Pause:* Zweifellos habt Ihr recht. *Er seufzt* Ah! Wie schade ist es manchmal, daß man König ist, wenn man zu seiner Überraschung einem Menschen begegnet... Aber, nicht wahr, Menschen sind dünn gesät. Warum seid Ihr nicht auf dieser Seite des Kanals geboren, Becket? *Er lächelt* Aber dann hättet Ihr wahrscheinlich *mir* diese Scherereien gemacht! Die Ehre Gottes ist etwas sehr Unbequemes... *Er überlegt nochmals, dann sagt er plötzlich* Ach was, und wenn schon! Ihr gefallt mir zu gut. Ich gestatte mir eine menschliche Regung. Ich will etwas versuchen, selbst auf die Gefahr hin, daß Euer König seine Rechnung dann erhöht. Denn Euch verjagen hätte mich sowieso nur ein bißchen Ehre gekostet... Ich treffe Heinrich in wenigen Tagen in La Ferté-Bernard, wo wir unsere Abmachungen besiegeln werden. Ich will versuchen, ob ich ihn überreden kann, daß er Frieden mit Euch schließt. Wäret Ihr gegebenenfalls bereit, mit ihm zu sprechen?

BECKET: Majestät, seit wir uns nicht mehr sehen, habe ich nie aufgehört, mit ihm zu sprechen.

Dunkel. Lange Trompetensignale. Alle Dekorationsteile sind nun völlig verschwunden. Nur der Rundhorizont umgibt die nackte Bühne. Eine weite, dürre und windgepeitschte Ebene. Immer wieder Trompetenklang. Ritter und Bewaffnete, alle zu Pferde, haben sich auf einer Bühnenseite zusammengedrängt, eine buntfarbige Masse, aus der Lanzen und Fahnen emporragen.

Alle haben ihre Blicke zur Tiefe der Bühne gerichtet, als ob sie dort etwas beobachten würden.

KÖNIG LUDWIG *zu seinen Baronen:* Das war gar nicht so einfach. Becket lächelte und war sofort mit allem einverstanden. Er zeigte sogar sehr viel Nachgiebigkeit gegenüber den Forderungen des Königs, so als hätte er es mit einem trotzigen Kind zu tun. Der König wollte nichts hören. Er fauchte wie ein Tiger, die Hand am Dolch.

ERSTER BARON: Er haßt ihn!

KÖNIG LUDWIG *ruhig:* Wenn uns unsere Menschenkenntnis nicht ganz im Stich läßt, dann liebt von den beiden er aus echter Liebe. Becket dagegen empfindet für den König eine mehr beschützerhafte Zuneigung. Er liebt allein die Idee, die er sich von seiner Ehre gemacht hat.

ZWEITER BARON: Jetzt kommen sie aufeinander zu.

KÖNIG LUDWIG: Allein, mitten auf der weiten Ebene, wie zwei Könige.

ERSTER BARON *plötzlich wütend:* Majestät, ich kann den König von England verstehen! Es ist doch eine Unverschämtheit, wenn ein Untertan solche Rücksichtnahmen fordert!

KÖNIG LUDWIG *ruhig:* Kein Rauch ohne Feuer, Baron. Wenn er sie fordern konnte und wenn zwei Majestäten es natürlich fanden, sie ihm zu gewähren, so nur deshalb, weil sie fühlten, daß dieser Mann mit seiner ruhigen Hartnäckigkeit einen anderen König vertritt. Sie sollten sich den Friedenskuß geben, nach dem heiligen und unverletzlichen Brauch! Für uns ist das zwar nicht die beste Politik, aber menschlich gesehen müssen wir es dennoch wünschen.

Im Vordergrund ruft ein Wachposten einem jüngeren zu:

DER WACHPOSTEN: Mach nur deine Augen auf und schau hin! Du bist noch neu bei uns, aber das, was du da siehst, das siehst du nicht alle Tage! Das ist eine historische Begegnung!

DER JÜNGERE: Aber trotzdem ist es gemein kalt! Müssen wir noch lange hier herumstehen?

DER WACHPOSTEN: Wir sind wenigstens von der Waldecke geschützt, aber sie, mitten auf der freien Ebene, sie frieren bestimmt noch mehr als wir.

DER JÜNGERE: Für einen Pfarrer reitet er gut, der Erzbischof. Aber lange dauert es nicht mehr, dann wirft ihn seine Stute in den Sand. Ist das ein Mistvieh! Schau dir doch das an!

DER WACHPOSTEN: Reg dich nicht auf. Bevor er Pfarrer geworden ist, hat er alle Turniere gewonnen.

DER JÜNGERE: Da! Jetzt haben sie sich getroffen. Was glaubst du, was sie jetzt zueinander sagen?

DER WACHPOSTEN: Meinst du vielleicht, daß sie sich fragen, wie es der Familie geht? Oder daß sie sich was über ihre Frostbeulen vorjammern? Nein, jetzt wird über das Schicksal der Welt diskutiert, mein Lieber! Über Sachen, von denen du und ich nie was verstehen werden. Sogar die Worte, die sie dabei gebrauchen, die großen Herren, nicht einmal die könntest du verstehen!

Dunkel. Dann kommt das Licht wieder. Alles ist verschwunden. Nur Becket und der König, beide zu Pferde, stehen sich inmitten der Ebene allein gegenüber. Während der ganzen Szene hört man den Winterwind als klagenden Gesang zu ihren Worten. Und wenn sie schweigen, hört man nur noch den Wind.

DER KÖNIG: Du bist älter geworden, Thomas.

BECKET: Ihr auch, Hoheit. Friert Ihr nicht sehr?

DER KÖNIG: Doch. Ich zerspringe vor Kälte. Aber dir macht so was ja Spaß. Jetzt bist du in deinem Element. Und du hast auch noch nackte Füße.

BECKET *lächelt:* Das ist meine neueste Koketterie.

DER KÖNIG: Trotz meiner gefütterten Schuhe sterbe ich noch an meinen Frostbeulen. Hast du keine?

BECKET *ruhig:* Doch, natürlich.

DER KÖNIG *spottet:* Schenkst du sie deinem Gott, frommer Mönch?

BECKET *ernst:* Ich kann ihm Besseres bieten.

DER KÖNIG *schreit plötzlich:* Wenn wir jetzt schon so anfangen, werden wir uns bald streiten. Laß uns von gleichgültigen Dingen reden. Weißt du, daß mein Sohn vierzehn geworden ist? Er ist jetzt volljährig.

BECKET: Hat er sich gebessert?

DER KÖNIG: Er ist ein kleiner Idiot und hinterhältig wie seine Mutter. Heirate nie, Becket!

BECKET *lächelt:* Diese Frage ist für immer geregelt. Und durch Euch, Hoheit. Ihr habt mich zum Priester weihen lassen.

DER KÖNIG *schreit wieder:* Fangen wir nicht jetzt schon an, sag' ich dir! Sprechen wir von was anderem.

BECKET *fragt leichthin:* Ist Eure Hoheit viel zur Jagd gegangen?

DER KÖNIG *wütend:* Alle Tage. Es macht mir keinen Spaß mehr.

BECKET: Und habt Ihr neue Falken?

DER KÖNIG *wütend:* Die teuersten! Aber sie fliegen schlecht.

BECKET: Und die Pferde?

DER KÖNIG: Der Sultan hat mir vier herrliche Hengste geschickt, zum zehnten Jahrestag meiner Krönung. Aber sie werfen jeden ab. Bis jetzt hat sie noch niemand geritten.

BECKET *lächelt:* Die müßte ich mir einmal ansehen.

DER KÖNIG: Die werfen dich genauso in den Dreck wie alle anderen. Dann sieht man deinen Hintern unter deiner Soutane. Wenigstens hoffe ich es, sonst müßte man ja an allem verzweifeln.

BECKET *nach einer Pause:* Wißt Ihr, was ich am meisten vermisse, Hoheit? Die Pferde.

DER KÖNIG: Und die Frauen?

BECKET *ruhig:* Habe ich vergessen.

DER KÖNIG: Heuchler! Du bist ein Heuchler geworden, seit du Pfarrer bist. *Er fragt plötzlich* Hast du sie geliebt, deine Gwendoline?

BECKET: Auch das habe ich vergessen.

DER KÖNIG: Du hast sie geliebt! Das ist die einzige Erklärung, die ich gefunden habe.

BECKET *ernst:* Nein, mein Prinz, bei meiner Seele und meinem Gewissen, ich habe sie nicht geliebt.

DER KÖNIG: Dann hast du nie etwas geliebt. Das ist noch schlimmer. *Er fragt mürrisch* Warum sagst du »mein Prinz« zu mir, so wie früher?

BECKET *ruhig:* Weil Ihr immer mein Prinz geblieben seid.

DER KÖNIG *schreit:* Warum tust du mir dann weh?

BECKET *ruhig:* Sprechen wir von etwas anderem.

DER KÖNIG: Über was? Mich friert.

BECKET: Ich habe Euch immer gesagt, mein Prinz, daß man Kälte mit Kälte bekämpfen muß. Zieht Euch jeden Morgen nackt aus und wascht Euch mit kaltem Wasser.

DER KÖNIG: Früher, als du darauf geachtet hast, da habe ich es noch getan. Jetzt wasche ich mich nicht mehr. Ich stinke! Eine Zeitlang habe ich mir sogar einen Bart stehen lassen. Hat man es dir erzählt?

BECKET *lächelt:* Ja. Ich habe sehr gelacht.

DER KÖNIG: Später habe ich ihn wieder abrasiert, weil er so kratzte. *Er schreit plötzlich wie ein alleingelassenes Kind* Ich langweile mich, Becket!

BECKET *ernst:* Mein Prinz. Ich möchte Euch so gern helfen können.

DER KÖNIG: Worauf wartest du dann? Du siehst doch, daß ich daran krepiere.

BECKET *ruhig:* Daß die Ehre Gottes und die Ehre des Königs sich verbinden.

DER KÖNIG: Ich fürchte, das wird lange dauern.

BECKET: Ja. Es wird lange dauern.

Schweigen. Man hört nur den Wind.

DER KÖNIG *unvermittelt:* Wenn wir uns nichts mehr zu sagen haben, können wir ebenso gut wieder nach Hause in die Wärme gehen.

BECKET: Wir haben uns alles zu sagen, mein Prinz. Diese Gelegenheit bietet sich vielleicht kein zweites Mal.

DER KÖNIG: Dann beeile dich. Sonst sind wir zwei Statuen aus Eis, die sich in der ewigen Kälte versöhnen. Ich bin dein König, Becket! Und solange wir hier auf Erden sind, mußt du den ersten Schritt tun. Ich bin bereit, vieles zu vergessen, aber nicht, daß ich König bin. Du selbst hast mich das gelehrt.

BECKET *ernst:* Vergeßt es nie, mein Prinz. Und wäre es gegen Gott. Ihr, Ihr habt etwas anderes zu tun. Ihr haltet das Steuer des Schiffes.

DER KÖNIG: Und du, was hast du zu tun?

BECKET: Ich muß Euch mit allen Kräften Widerstand leisten, wenn Ihr gegen den Wind steuert.

DER KÖNIG: Also mit dem Wind im Rücken segeln, Becket? Das wäre zu schön! Das ist Seefahrt für kleine Mädchen. Gott mit dem König! So was gibt es nicht. Vielleicht einmal in einem Jahrhundert, vor einem Kreuzzug, wenn die ganze Christenheit schreit: »Gott will es so!« Und selbst dann! Du weißt so gut wie ich, was für Schmutzgeschäfte sich hinter den meisten Kreuzzügen verbergen. Die übrige Zeit kommt der Wind von vorn. Und es muß einer dasein, der sich um die Segelmanöver kümmert!

BECKET: Und ein anderer, der den Gegenwind beobachtet – und sich um Gott kümmert. So wurde die Arbeit für alle Zeiten geteilt. Das Unglück ist, daß sie zwischen uns beiden geteilt wurde, mein Prinz – zwischen uns, die wir Freunde waren.

DER KÖNIG *ruft ärgerlich:* Der König von Frankreich – ich weiß noch nicht, was er sich davon verspricht – hat mir drei Tage lang zugeredet, daß wir uns versöhnen sollen. Was hast du davon, wenn du mich zum Äußersten treibst?

BECKET: Nichts.

DER KÖNIG: Du weißt, ich bin König und muß handeln wie ein König. Was erhoffst du dir? Daß ich schwach werde?

BECKET: Nein. Das wäre für mich entsetzlich.

DER KÖNIG: Willst du mich mit Gewalt besiegen?

BECKET: Die Gewalt seid Ihr.

DER KÖNIG: Oder mich überzeugen?

BECKET: Auch nicht. Meine Rolle ist es nicht, Euch zu überzeugen. Meine Rolle ist es, nein zu Euch zu sagen.

DER KÖNIG: Man muß doch logisch sein, Becket!

BECKET: Nein. Das muß man nicht, mein Prinz. Man muß nur,

was einem auferlegt wurde, mit absurder Konsequenz bis zum Ende führen.

DER KÖNIG: Ich kenne dich doch lange genug! Zehn Jahre, kleiner Sachse! Auf der Jagd, im Hurenhaus, im Krieg. Nächtelang sind wir hinter einem Weinkrug zusammengesessen oder haben uns das Bett eines Mädchens geteilt. Und ich kenne dich sogar bei der Arbeit, im Kronrat. Absurd! Das ist ein Wort, das dir doch gar nicht ähnlich sieht!

BECKET: Mag sein. Ich selbst bin mir nicht mehr ähnlich.

DER KÖNIG *ironisch:* Bist du von der Gnade berührt worden?

BECKET *ernst:* Nicht von der, die Ihr meint. Dieser Gnade bin ich nicht würdig.

DER KÖNIG: Oder fühlst du dich plötzlich wieder als Sachse, trotz der braven Kollaboration des Herrn Papa?

BECKET: Auch das nicht.

DER KÖNIG: Was dann?

BECKET: Ich fühlte einfach zum ersten Mal etwas auf meinen Schultern liegen, damals, in der leeren Kathedrale, irgendwo in Frankreich, als Ihr mir befahlt, diese Last auf mich zu nehmen. Ich war ein Mann ohne Ehre gewesen. Doch plötzlich hatte ich eine, von der ich nie geahnt hätte, daß sie je die meine werden müßte. Die Ehre Gottes. Eine Ehre, die unerfaßlich und zart ist wie ein verfolgtes Königskind.

DER KÖNIG *gibt sich brutaler, als er ist:* Wie wäre es, wenn wir etwas klarer sprächen, mit Worten, die ich verstehe? Sonst kommen wir nie zu einem Ende. Mich friert. Und die anderen warten auf uns, auf beiden Seiten dieser Heide.

BECKET: Ich spreche klar.

DER KÖNIG: Dann bin *ich* also der Idiot. So sprich mit mir wie mit einem Idioten! Das ist ein Befehl. Wirst du die Exkommunikation von Guillaume d'Aynesford aufheben und ebenso die anderen, die du gegen meine Leute ausgesprochen hast?

BECKET: Nein, mein König, denn ich habe nur diese eine Waffe, um das Kind zu verteidigen, das mir anvertraut wurde, schutzlos und nackt.

DER KÖNIG: Wirst du die zwölf Vorschläge annehmen, die meine Bischöfe in Northampton während deiner Abwesenheit gebilligt haben, und wirst du vor allem auf den mißbräuchlichen Schutz der sächsischen Mönche verzichten, die durch die Tonsur der Leibeigenschaft entfliehen?

BECKET: Nein, mein König. Meine Pflicht ist es, meine Schafe zu verteidigen, und sie sind meine Schafe. *Nach einer Pause setzt er hinzu* Und ich werde weder zulassen, daß die Wahl der Pfarrer jemand anders vornimmt als das Episkopat, noch daß ein Geistlicher einer anderen Gerichtsbarkeit untersteht als der der Kirche. Das sind meine Hirtenpflichten, auf die zu verzichten ich kein Recht habe. Die übrigen neun Artikel dagegen nehme ich an, weil ich den Frieden will und weil Ihr der König bleiben müßt. Unantastbar bleibt allein die Ehre Gottes.

DER KÖNIG *nach einer Pause, kalt:* Nun gut. Nachdem das deine neue Berufung ist, will ich dir also helfen, deinen Gott zu verteidigen, in Erinnerung an unsere Freundschaft. Aber unantastbar bleibt die Ehre des Königreichs! Du kannst nach England zurückkehren, Thomas.

BECKET: Danke, mein Prinz. Ich wollte in jedem Fall zurückkehren und mich unter Eure Gewalt begeben, denn hier auf Erden seid Ihr mein König. Und in allen irdischen Bereichen schulde ich Euch Gehorsam.

DER KÖNIG *verlegen, nach einem Schweigen:* Schön. Kehren wir jetzt zurück. Wir haben alles besprochen. Mich friert.

BECKET *ebenfalls leise:* Jetzt friert es auch mich.

Wieder ein Schweigen. Sie blicken sich an. Man hört den Wind.

DER KÖNIG *fragt plötzlich:* Du hast mich nicht geliebt, nicht wahr, Becket?

BECKET: Soweit ich fähig war zu lieben – doch, mein Prinz!

DER KÖNIG: Und jetzt liebst du Gott? *Er schreit plötzlich* Bist du noch immer so gemein, daß du nicht antwortest, wenn man dir eine Frage stellt?

BECKET *ruhig:* Jetzt liebe ich die Ehre Gottes.

DER KÖNIG *düster:* Kehre nach England zurück. Ich gebe dir meinen königlichen Frieden. Mögest du den deinen finden! Und dich nie in dir selbst getäuscht haben! Ich werde dich nie mehr um etwas bitten. *Er schreit plötzlich* Ich hätte dich nicht wiedersehen sollen! Es hat mir weh getan!

Ein Schluchzen schüttelt ihn plötzlich. Er knickt auf sein Pferd zusammen.

BECKET *kommt näher und murmelt gerührt:* Mein Prinz.

DER KÖNIG *brüllt auf:* Nein! Kein Mitleid! Das ist ekelhaft! Zurück! Geh nach England! Geh nach England! Hier ist es zu kalt!

BECKET *macht mit seinem Pferd eine Wendung, nähert sich dem König und sagt ernst:* Lebt wohl, mein Prinz. Gebt Ihr mir den Friedenskuß?

DER KÖNIG: Nein. Ich kann deine Nähe nicht mehr ertragen. Ich kann dich nicht mehr sehen. Später! Später! Wenn es nicht mehr weh tut.

BECKET: Ich gehe morgen aufs Schiff. Adieu, mein Prinz. Ich weiß, ich werde Euch nicht wiedersehen.

DER KÖNIG *schreit mit haßverzerrtem Gesicht:* Wieso wagst du das zu sagen, nach meinem königlichen Wort? Hältst du mich für einen Verräter?

Becket sieht ihn nochmals an, ernst, mit Mitleid im Blick. Dann wendet er langsam sein Pferd ab und reitet davon. Der Wind wird stärker. Der König schreit plötzlich:

DER KÖNIG: Thomas!

Aber Becket hat ihn nicht mehr gehört. Er entfernt sich, und der König ruft kein zweites Mal. Er reißt sein Pferd hoch und galoppiert in der entgegengesetzten Richtung davon. Das Licht geht zurück und kommt dann wieder, mit verstärktem Windesbrausen. Wir sind wieder auf der anderen Seite der Ebene, bei Ludwig von Frankreich.

KÖNIG LUDWIG: Sie sind fertig. Sie trennen sich.

ERSTER BARON: Den Friedenskuß haben sie nicht getauscht.

KÖNIG LUDWIG: Nein. Ich habe es bemerkt. Ich fürchte, unsere königliche Vermittlung war umsonst. Feuer und Wasser versöhnt man nicht. Da kommt er! *Becket kommt und hält sein Pferd vor dem König an. Die anderen treten zurück* Nun, Bekket?

BECKET *undurchsichtig:* Danke, Majestät. Mein Friede ist geschlossen.

KÖNIG LUDWIG: Von welchem Frieden sprecht Ihr? Von dem Eurer Seele oder von dem mit dem König? Wenn Ihr letzteren meint, so sah er aus der Ferne nicht sehr herzlich aus.

BECKET: Ich meine den Frieden mit dem König. Der andere ist zwar auch sehr ungewiß, aber er hängt von einem anderen König ab.

KÖNIG LUDWIG: Heinrich hat Euch den Friedenskuß nicht gegeben, nicht wahr?

BECKET: Nein.

KÖNIG LUDWIG: Nicht einmal um mein eigenes Gewicht in Gold möchte ich Euch den Rat geben, jetzt nach England zurückzukehren, Becket. Ihr werdet mir gewiß Kopfzerbrechen machen, aber trotzdem, bleibt hier! Traut Eurem König nicht, wenn er Euch den Friedenskuß verweigert hat.

BECKET: Ich gehe morgen aufs Schiff, Majestät. Man erwartet mich drüben.

KÖNIG LUDWIG: Wer erwartet Euch? *Becket macht mit einem traurigen Lächeln eine ausweichende Geste und gibt keine Antwort. Ferne Trompeten* Die Truppen Heinrichs ziehen sich zurück. Die Begegnung ist beendet. Meine Herren, wir kehren nach La Ferté-Bernard zurück.

Alles geht ab. Trompeten, näher. Der Rundhorizont hat sich verdunkelt. Ein Boot ist auf der Bühne. Nacht. An Bord Becket, der kleine Mönch und ein Bootsmann. Donner, Sturm. Das Boot kentert beinahe. Von einer hohen Woge werden sie alle gegeneinandergeworfen. Becket lacht und schreit dem kleinen Mönch zu, der schöpft.

BECKET: Schöpfe, Kleiner, schöpfe! Du mußt genau so viel über Bord schütten, wie hereinkommt, mehr nicht!

DER BOOTSMANN *schreit zu Becket:* Haltet Euch gut fest, Pater! Der Kanal ist böse um diese Jahreszeit. Aber da habe ich schon andere Stürme erlebt. Gott hat mich noch nie untergehen lassen, wenn ich randvoll mit Makrelen war. Dann läßt er mich bestimmt nicht absaufen, wenn ich einen frommen Mann an Bord habe.

BECKET *wie beruhigt durch den Sturm, schreit ihm lachend zu:* Das Kleid macht noch nicht den frommen Mann! Bete, mein Sohn. Man weiß nie, ob der Mann so fromm ist, den man an Bord hat.

DER BOOTSMANN *schreit zurück:* Betet Ihr doch, Pater! Ich halte die Steuerpinne! Damit hab' ich genug zu tun.

BECKET *lacht gegen den Wind:* Du hast recht. Jedem seine Arbeit!

Eine noch höhere Welle. Das Segel kracht. Das Boot scheint zu kentern. Der Bootsmann richtet es auf und ruft:

DER BOOTSMANN: Respekt, Pater! Ihr könnt gut beten, das sieht man. Diesmal wäre es sonst dahingegangen!

BECKET *murmelt lächelnd, das Sprühwasser im Gesicht:* O herrlicher Sturm Gottes! Nur die Stürme der Menschen sind böse. Sie lassen uns einen bitteren Nachgeschmack, ob wir Sieger sind oder Besiegte. Gut ist nur der Kampf des Menschen gegen wilde Tiere, gegen Wasser, Feuer und Wind. *Er deutet auf den Alten, der sich gegen das Steuerruder stemmt, und ruft dem kleinen Mönch zu* Sieh ihn dir an an seinem Steuer, diese Figur von einem alten Seebären. Mit seinem Priem, den er nicht einmal ausspuckt, wenn er seine Suppe löffelt! Sieh ihn dir an, den Menschen, auf seiner Nußschale, ganz ruhig, inmitten der Hölle. Er kann alles. Ah! Ich liebe die Menschen! Diese rauhe Rasse!

Eine neue Welle. Der Bootsmann richtet sich wieder auf und schreit:

DER BOOTSMANN: Laßt nicht locker, Pater! Noch ein paar Vaterunser, und wir haben das Gröbste überstanden. Betet fest!

BECKET *schreit fröhlich gegen den Wind:* Verlaß dich drauf! Aber halt du auch fest! Gott spielt mit uns. Er weiß, daß ich nicht auf diese Weise sterben muß.

Das Boot taucht hinter einer haushohen Welle unter und verschwindet. Donner, Blitze, finstere Nacht, ein entfesseltes Meer. Dann allmählich ein fahles, ungewisses Licht. Ein öder Küstenstrich. Man hört aus einiger Entfernung noch das Tosen des Meeres, aber es vermittelt eher das Gefühl von Ruhe. Becket und der kleine Mönch stehen nebeneinander auf dem leeren Strand. Ein grauer, diffuser Morgen.

BECKET: Wo sind wir?

DER KLEINE MÖNCH: Es sieht hier so aus wie an der Küste bei Sandwich.

BECKET: Ich hoffe, du hast recht. Ich kenne die Gegend. Wir können über einen Abkürzungsweg nach Canterbury kommen.

DER KLEINE MÖNCH: Der Mann, der drüben am französischen Ufer auf uns zugelaufen kam, als wir ins Boot stiegen, der sagte, daß sie an dieser Küste auf uns warten würden.

BECKET: Gott hat ihnen einen schönen Sturm geschickt und sie getäuscht. Sie haben sicher nicht geglaubt, daß wir bei diesem Wetter übersetzen, und sind nach Hause in ihr Bett gegangen. Sogar die Mörder schlafen.

DER KLEINE MÖNCH *fragt einfach und natürlich:* Werden wir sterben müssen?

BECKET: Gewiß, mein Sohn. Aber wann und wo? Das liegt allein bei Gott. Ich hoffe nur, daß wir meine Kirche noch erreichen. Ich habe das Gefühl, als geschähe es dort. Hast du Angst?

DER KLEINE MÖNCH: Nein. Wenn wir uns nur vorher noch wehren können! Ich möchte schnell noch ein paar Hiebe austeilen dürfen, weil ich bis jetzt immer nur welche einstecken mußte. Wenn ich vorher nur einen Normannen erschlagen kann – einen einzigen, mehr verlange ich nicht, einen für einen –, dann bin ich es schon zufrieden. Gehen wir? Wir zeigen ihnen, daß sie uns keine Angst machen können mit ihren Panzerhemden und ihren langen Lanzen, mit denen sie auf uns warten.

BECKET *nimmt ihn an der Hand:* Also, gehen wir!

DER KLEINE MÖNCH: Es ist gut, wenn man für etwas sterben kann. Man ist zwar nur ein kleines Sandkorn, mehr nicht, aber wenn viele solche Sandkörner in die Maschine kommen, dann knarzt sie eines Tages und bleibt stehen.

BECKET: Und was ist dann?

DER KLEINE MÖNCH: Dann stellt man statt der alten eine schöne neue Maschine auf, und dieses Mal sind es dann die Normannen, die man hineinsteckt. *Er fragt ehrlich überzeugt* Das versteht man doch unter Gerechtigkeit, nicht wahr?

BECKET: Ja, so ungefähr muß es wohl sein. Komm, beten wir, ehe wir uns auf den Weg machen. Wir haben es bitter nötig. *Er faltet die Hände, neben dem kleinen Mönch, der den Kopf senkt und ebenfalls betet. Er murmelt* O mein Gott. Du, der Du weißt, was jeden von uns beiden bei dem bevorstehenden Treffen erwartet – beide nichts Frommes, fürchte ich –, willst Du uns armes Paar dennoch beschützen? Willst Du uns wohlbehalten bis zu Deinem Altar gelangen lassen, wo es geschehen soll? *Er bekreuzigt sich und wendet sich an den kleinen Mönch* Komm jetzt. Wir müssen die Dämmerung zum Marschieren ausnützen. Was machst du?

DER KLEINE MÖNCH: Ich versuche, ob ich meine Sandale nochmals zusammenflicken kann. Eigentlich trifft sich das gut, wenn ich morgen sterbe, weil ich jetzt nichts mehr an den Füßen habe.

Er arbeitet mit komischem Ernst an der Sandale, mit seinem Messer. Becket sieht ihm zu.

BECKET *murmelt:* Auch das wäre eine Möglichkeit gewesen, mein Gott – die Menschen lieben.

DER KLEINE MÖNCH *ist wieder aufgestanden:* So. Eine Zeitlang wird es schon halten.

BECKET *nimmt wieder seine Hand:* Also, gehen wir los, mit dem linken Fuß. Und was meinst du, sollen wir nicht etwas Lustiges pfeifen, damit uns warm wird? Oder glaubst du, es wäre eine Sünde, bei dem Ziel, das wir vor uns haben? Gott schickt uns seine Prüfungen, aber Er hat niemals und nirgends gesagt, daß wir sie nicht pfeifend auf uns nehmen dürfen.

Hand in Hand entfernen sie sich über den Strand und pfeifen das kleine Marschlied Beckets.

Lichtwechsel. Rote Vorhänge kommen herab.

Diener tragen einen Tisch, Hocker und den hohen Sessel des Königs herein. Heinrich, sein ältester Sohn, die Königinnen und die Barone gruppieren sich um den Tisch. Pechfackeln verbreiten ein barbarisches Licht, mit tanzenden Schatten. Während dieses Bildwechsels hört man im Hintergrund das mutige Pfeifen des Marschliedes. Dann stehen alle um den Tisch herum und warten. Der König sieht sie an, mit einem böse funkelnden, ironischen Blick, dann schreit er:

DER KÖNIG: Meine Herren, heute werde nicht ich mich als erster setzen! *Zu seinem Sohn, den er mit komischer Verbeugung begrüßt* Ihr seid König, mein Herr! Euch gebührt die Ehre. Nehmt diesen Sessel. Heute bediene ich Euch.

DIE KÖNIGINMUTTER *etwas gereizt:* Mein Sohn!

DER KÖNIG: Madame, ich weiß, was ich tue. *Er schreit plötzlich seinen Sohn an* Nun rühr dich schon, du Idiot! Du bist zwar König, aber genauso blöde wie immer! *Der Junge, der schon einer Ohrfeige ausweichen wollte, als sein Vater so schrie, setzt sich duckmäuserisch und verhemmt an Heinrichs Platz* Nehmt Platz, Ihr Herren. Ich, ich bleibe stehen. Barone Englands, hier sitzt Euer zweiter König! Zum Wohle unserer weiten Ländereien erschien es uns notwendig, einen Mitkönig zu bestimmen. In Erinnerung an einen altehrwürdigen Brauch wollen wir unseren Thronfolger schon zu unseren Lebzeiten krönen lassen und unsere Pflichten mit ihm teilen. Wir bitten

Euch heute, daß Ihr ihm Eure Huldigung erweist und ihn mit dem gleichen Titel ehrt wie uns.

Er gibt ein Zeichen. Zwei Truchsesse bringen auf einer großen Silberplatte ein Stück Wild. Der König bedient seinen Sohn.

DIE JUNGE KÖNIGIN *zu ihrem Sohn:* Haltet Euch aufrecht! Und versucht wenigstens heute, ordentlich zu essen, wenn Ihr schon am Ehrenplatz sitzt.

DER KÖNIG *legt ihm vor und brummt:* Sehr großartig sieht er nicht aus. Er ist ein kleiner Duckmäuser und ein bißchen beschränkt. Aber eines Tages wird er eben doch Euer König sein. Da ist es ganz gut, wenn Ihr Euch schon jetzt an ihn gewöhnt. Etwas Besseres kann ich Euch leider nicht anbieten.

DIE KÖNIGINMUTTER *fährt plötzlich empört dazwischen:* Nun ist's genug, mein Sohn! Dieses Spiel ist erbärmlich, für Euch wie für uns! Ihr habt darauf bestanden – gegen meinen Rat –; nun spielt es wenigstens mit Würde!

DER KÖNIG *fährt sie wütend an:* Ich spiele die Spiele, die mir Spaß machen, Madame, und ich spiele sie auf die Art, die mir Spaß macht! Im übrigen, meine Herren, ist diese Maskerade ohne jede Bedeutung. Wenn Euer neuer König frech wird, dann sagt es mir; ich helfe ihm schon mit einem gehörigen Fußtritt auf die Sprünge! Das Ganze soll nur meinem wiedergewonnenen Freund, dem Erzbischof Primas, beweisen, daß wir ihn nicht mehr brauchen! Denn wenn es je ein altes Privileg gab, an dem das Primat eisern festhielt, so war es das alleinige Recht, die Könige dieses Landes zu salben und zu weihen. Nun, diesmal wird der Bischof von York, das alte Ekel – mit den entsprechenden Vollmachten des Papstes versehen (darauf habe ich Wert gelegt) –, unseren Sohn morgen in der Kathedrale zum König salben. Ah! Eine schöne Posse! *Er lacht polternd in das Schweigen der anderen hinein* Ah! Eine wunderbare, eine himmlische Posse! Ah! Ich möchte das Gesicht des Erzbischofs sehen, wenn er diese Pille schlucken muß! *Zu seinem Sohn* Raus da jetzt, du Idiot! Geh auf deinen Platz zurück und nimm dein Fleisch mit. Offiziell wirst du erst morgen gekrönt.

Der Kleine nimmt seinen Teller und geht ans untere Tischende, mit einem geduckten, haßerfüllten Blick.

DER KÖNIG *hat ihn beobachtet und sagt spöttisch:* Was für ein Blick! Sohnesliebe ist etwas Wunderbares, meine Herren. Du möchtest wohl, daß es schon endgültig wäre, wie, du kleiner Schuft? Möchtest du sie gern haben, deine Nummer drei, während Papa schön steif in seinem Katafalk liegt? Da wirst du noch ein wenig warten müssen, Papa geht es gut. Papa geht es sogar ausgezeichnet!

DIE KÖNIGINMUTTER: Mein Sohn, Gott weiß, wie sehr ich Euren Versöhnungsversuch mit Becket getadelt habe, nachdem der Elende uns nur Unglück gebracht hat... Gott weiß auch, wie sehr ich Euren Haß auf ihn verstehe! Aber dieser Haß darf Euch nicht zu folgenschweren Handlungen hinreißen, nur um des Vergnügens willen, Becket gedemütigt zu sehen. Heinrich ist zwar noch ein Kind. Aber Ihr wart kaum älter als er, da wolltet Ihr schon selbst regieren, gegen mich. Irgendwelche Ehrgeizlinge finden sich immer in der Umgebung von Prinzen. Sie könnten ihn beraten, sie könnten eine Partei gegen Euch zusammenrotten und unter Berufung auf diese verfrühte Krönung das Königreich teilen. Haltet Euch das vor Augen, noch ist es Zeit!

DER KÖNIG: Noch sind wir selbst da, Madame, laßt Euch das gesagt sein! Und wenn ich mir das Gesicht meines stolzen Freundes Becket vorstelle, der zusehen muß, wie man ihn um das höchste Privileg des Primats bestiehlt – dieses Vergnügen ist mir vieles wert. Ich ließ mir neulich ein paar Artikel abzwikken, aber dafür tische ich ihm jetzt meine Überraschung auf.

DIE KÖNIGINMUTTER *fährt auf:* Heinrich! Ich habe die Last der Staatsgeschäfte länger getragen als Ihr. Ich war Eure Königin und bin Eure Mutter. Ihr habt einem großen Königreich zu dienen und nicht Euren Launen! In La Ferté-Bernard habt Ihr dem König von Frankreich schon viel zu viel gegeben. Ihr sollt Euch um England kümmern und nicht um Euren Haß – oder um Eure enttäuschte Liebe zu diesem Mann!

DER KÖNIG *fährt ebenfalls wütend auf:* Meine enttäuschte Liebe, meine enttäuschte Liebe? Wer erlaubt Euch, Madame, daß Ihr Euch um meine Liebe kümmert?

DIE KÖNIGINMUTTER: Ihr hegt gegen diesen Mann einen Groll, der weder gesund noch männlich ist. Der König, Euer Vater, der verfuhr mit seinen Feinden viel entschlossener und machte kurzen Prozeß. Er ließ sie köpfen und verlor nicht so viele Worte. Aber Ihr führt Euch auf, als wäre Thomas Becket eine Frau, die Euch betrogen hat und die Ihr noch immer liebt. Zum Teufel! Reißt ihn Euch endlich aus dem Herzen! *Sie stöhnt plötzlich* Ah! Wäre ich nur ein Mann!

DER KÖNIG *ironisch:* Danken wir Gott, Madame, daß er Euch mit Brüsten ausgestattet hat, von denen ich allerdings nie etwas bekommen habe... Ich wurde von einer Bäuerin gestillt.

DIE KÖNIGINMUTTER *scharf:* Vielleicht seid Ihr deshalb so schwerfällig geblieben.

DIE JUNGE KÖNIGIN *richtet sich plötzlich ihrerseits auf:* Und ich, habe ich nichts zu sagen? Ich habe zwar Eure Mätressen hingenommen, aber bildet Euch nicht ein, daß ich alles hinnehme! Haltet Ihr mich für eines Eurer dummen Mädchen, oder denkt Ihr manchmal daran, welcher Abstammung ich bin? Ich habe es satt, daß mein Leben ständig von diesem Mann gestört wird. Immer er! Immer er! Man spricht nur noch von ihm! Er war fast weniger störend, als Ihr ihn noch geliebt habt. Ich bin eine Frau. Ich bin Eure Frau und Eure Königin. Ich lasse mich nicht mehr so behandeln. Ich werde mich bei meinem Vater, dem Herzog von Aquitanien, beklagen. Und ich beklage mich bei meinem Onkel, dem Kaiser. Ich beklage mich bei allen Königen Europas, meinen Verwandten! Und ich beklage mich bei Gott!

DER KÖNIG *schreit grob:* Dann fangt an bei Gott! Geht in Eure Betkammer und seht nach, ob er da ist! *Wutfunkelnd wendet er sich seiner Mutter zu* Und Ihr, Madame, verschwindet in Euer Zimmer, zu Euren geheimen Ratgebern, und spinnt Euer

Garn! Hinaus mit Euch beiden! Ich kann Euch nicht mehr sehen! Mir wird speiübel vor Überdruß, wenn ich Euch sehe! Und der junge Heinrich der Dritte ebenso! Und ein bißchen schneller! *Er jagt sie mit Fußtritten und brüllend hinaus* Mein königlicher Fuß in Eure königlichen Hintern! Zum Teufel mit meiner ganzen Familie, wenn er sie will! Hinaus! Hinaus! Alles hinaus!

Fluchtartig eilen sie davon, mit seidenrauschenden Kleidern. Der König wendet sich an seine Barone, die entsetzt aufgestanden sind.

DER KÖNIG *etwas beruhigt:* Trinken wir, meine Herren, nachdem das alles ist, was man mit euch kann. Besaufen wir uns, wie richtige Männer, die ganze Nacht! Bis wir unter den Tisch rollen, in das Gekotze und das Vergessen. *Er schenkt ihnen ein und zieht sie mit einer großen Geste an sich* Ah! Meine vier Idioten! Meine Getreuen. Bei euch ist es warm wie in einem Stall. Der gute Tiergeruch! Das wohltuende Nichts. *Er klopft ihnen auf die Köpfe* Nicht der kleinste Funke ist da drinnen, der das Fest stören könnte. Bevor er kam, war ich genau wie ihr! Eine gute Maschine, die nach dem Saufen zuverlässig rülpst und pinkelt, die auf die Weiber springt und Hiebe austeilt. Was hast du da hineingebracht, Becket, daß das nicht mehr runddreht? *Er fragt plötzlich* Sagt, Baron, denkt Ihr manchmal?

ZWEITER BARON: Niemals, Hoheit. So was hat ein Engländer noch nie fertiggebracht. Es ist ungesund. Und außerdem hat ein Edelmann etwas anderes zu tun.

DER KÖNIG *plötzlich beruhigt:* Trinken wir, meine Herren. Das hat noch zu allen Zeiten als gesund gegolten. *Er gießt sich und den anderen wieder ein und fragt* Ist Becket gelandet? Man hat mir gesagt, daß das Meer in diesen Tagen für eine Überfahrt zu stürmisch gewesen wäre?

ERSTER BARON *düster:* Er ist gelandet, Hoheit, trotz der Stürme.

DER KÖNIG: Wo?

ERSTER BARON: An einem einsamen Strand, bei Sandwich.

DER KÖNIG: Gott hat ihn nicht ertrinken lassen?

ERSTER BARON: Nein.

DER KÖNIG *fragt plötzlich mit heimtückisch-brutalem Gesicht:* Und niemand hat ihn dort erwartet? Er hat doch nicht nur Freunde in England?

ERSTER BARON: Doch. Gervais, der Graf von Kent, Regnouf de Broc und Regnault de Garenne haben ihn erwartet. Gervais hatte sogar gesagt, er würde ihm eigenhändig den Kopf abschlagen, wenn er es wagen sollte, an Land zu kommen. Aber die Leute sächsischer Abkunft von den ganzen Küstenorten hatten sich bewaffnet, um den Erzbischof zu begleiten. Der Dekan von Oxford lief zu den Baronen und beschwor sie, kein Blut zu vergießen und Euch nicht wortbrüchig zu machen, da der Erzbischof Euer freies Geleit hätte.

DER KÖNIG *düster:* Er hat mein freies Geleit.

ERSTER BARON: Auf dem ganzen Weg nach Canterbury kamen ihm die Bauern, die Handwerker und die kleinen Händler entgegen, jubelten ihm zu und begleiteten ihn von Dorf zu Dorf. Kein einziger Reicher hatte sich gezeigt, kein einziger Normanne.

DER KÖNIG: Nur Sachsen?

ERSTER BARON: Arme Leute, bewaffnet mit notdürftigen Schilden und verrosteten Lanzen. Gesindel. Aber zahlreich. Sie lagern jetzt alle um Canterbury, um ihn zu beschützen, wie ihre Anführer sagen. Eine unübersehbare Menge in Lumpen, die aus ihren Löchern hervorgekrochen ist. Man hat so etwas noch nie gesehen. Die Bischöfe und Barone fürchten allmählich um ihre Sicherheit und schließen sich in ihren Burgen ein, inmitten dieses Ungeziefers, das das ganze Land überschwemmt. *Er schließt finster* Man hätte nie geglaubt, daß es so viele Menschen gibt in England.

Der König hat schweigend zugehört, wie erschöpft. Plötzlich springt er auf und schreit:

DER KÖNIG: Dieser elende Wicht hat mein Brot gegessen! Diesen Menschen habe ich aus dem Nichts seines Volkes emporgehoben. Und ihn geliebt! *Er schreit wie ein Wahnsinniger* Ich habe ihn geliebt! *Er brüllt sie an, wie von einem sinnlosen Trotz gepackt* Jawohl, ich habe ihn geliebt! Und ich glaube, ich liebe ihn noch! Genug, mein Gott! Genug! Halt ein, mein Gott, ich kann nicht mehr!

Er hat sich auf sein Ruhebett geworfen, von einer Nervenkrise geschüttelt und schluchzend. Mit seinen Zähnen zerreißt er das Polster und verschlingt das Roßhaar. Die Barone treten bestürzt näher.

ERSTER BARON *verschüchtert:* Hoheit...

DER KÖNIG *scheint ihn nicht zu hören und stöhnt, das Gesicht in den Polstern vergraben:* Nichts! Ich kann nichts tun! Kraftlos wie ein Weib! Solange er lebt, kann ich nichts tun. Wie betäubt zittere ich vor ihm... Und ich bin ein König! *Er schreit plötzlich* Gibt es denn niemand, der mich von ihm erlöst? Ein Priester! Ein Priester, der mich verhöhnt und mich beleidigt! Habe ich denn nur Feiglinge wie mich in meiner Nähe? Gibt es denn keinen Mann in England mehr? Oh! Mein Herz! Mein Herz schlägt zum Zerspringen! Ich kann nicht mehr! *Wie ein Toter liegt er auf dem zerfetzten Polster. Die vier Barone stehen sprachlos um ihn herum. Plötzlich hört man von einem Schlaginstrument einen Rhythmus, ein dumpfes Tamtam. Anfänglich ist es nur der heftige Herzschlag des Königs, doch dann schwellen die Töne allmählich an. Schweigend tauschen die vier Barone einen Blick. Sie richten sich auf, schnallen ihre Gürtel fester, nehmen ihre Helme, lassen den König liegen und gehen langsam hinaus, zum dumpfen Rhythmus des Herzschlages, der nicht mehr aufhört bis zur Ermordung. Der König liegt allein und ermattet in dem leeren Saal mit den umgeworfenen Hockern. Ein Pechlicht knistert und verlöscht. Er richtet sich auf, blickt um sich, merkt, daß die vier gegangen sind, und plötzlich versteht er, weshalb... Mit irrem Blick starrt er vor sich hin. Ein Zögern. Dann bricht er stöhnend über dem Polster zusammen und schluchzt* O mein Thomas!

Die zweite Pechfackel verlischt. Dunkel. Man hört nur noch das dumpfe, regelmäßige Tamtam. Das Licht kommt wieder, fahl, ungewiß. Man sieht das ragende Pfeilergewirr der Kathedrale von Canterbury.

Im Hintergrund ein kleiner Altar mit drei Stufen, der Anfang eines Gitters.

In einer Ecke auf der Vorderbühne steht Becket. Der kleine Mönch hilft ihm beim Anlegen der Meßgewänder. Auf einem Schemel steht die Bischofsmitra. Das große Silberkreuz lehnt an einem Pfeiler.

BECKET: Ich muß dabei schön aussehen. Beeil dich!

Der kleine Mönch kleidet ihn an, mit ungeschickten Händen. Man hört das dumpfe Tamtam, zuerst sehr weit weg, dann näher kommend.

DER KLEINE MÖNCH: Das ist schwierig, die vielen kleinen Schleifen. Da sollte man Mädchenhände haben.

BECKET: Männerhände sind heute besser. Laß die Schleifen auf... Das Meßhemd, rasch... Die Stola... dann den Chorrock...

DER KLEINE MÖNCH *eifrig:* Was getan werden muß, muß getan werden.

BECKET: Du hast recht. Was getan werden muß, muß getan werden. Binde die Schleifen alle zu. Laß keine aus... Gott wird uns Zeit geben...

Schweigend und ungeschickt nestelt der kleine Mönch an den Schleifen herum und streckt im Eifer die Zunge heraus. Das Tamtam ist näher gekommen.

BECKET *lächelt:* Streck die Zunge nicht raus, wenn du arbeitest.

Er sieht ihm ruhig zu.

DER KLEINE MÖNCH *schwitzend und zufrieden:* So. Jetzt ist alles in Ordnung. Aber da versorge ich doch lieber meine Tiere! Das ist weniger anstrengend.

BECKET: Jetzt das Meßhemd... *Er fragt, während ihn der kleine Mönch anzieht* Hast du sie gerngehabt, deine Tiere?

DER KLEINE MÖNCH *dessen Blick sich erhellt:* Ja.

BECKET: Bei meinem Vater, als ich noch klein war, da gab es auch Tiere. *Er lächelt ihm zu* Wir sind ja zwei richtige Jungen aus Hastings, wir beide! Gib mir jetzt die Mitra zum Aufsetzen. *Während der kleine Mönch die Mitra holt, sagt er leise* Herr, Du hast Petrus am Ölberg verboten zu kämpfen. Aber ich will ihn nicht um diese Freude bringen. Er hat nicht allzu viele Freuden gehabt während seines kurzen Erdendaseins. *Zum kleinen Mönch, der ihm die Mitra aufsetzt* Jetzt gib mir das silberne Kreuz. Ich muß es in der Hand haben.

DER KLEINE MÖNCH *reicht es ihm:* Wenn man damit einen Schlag austeilt! Das wiegt was! Ah! Wenn ich das in der Hand hätte!

BECKET *lächelt, mit einer zarten Geste:* Glücklicher kleiner Sachse! Diese finstere Welt wird dir bis zuletzt wohlgeordnet vorkommen. *Er richtet sich auf, wieder ernst* Herr, ich bin bereit für Dein Fest! Bewahre mich, während ich hier warte, vor dem allerletzten Zweifel.

Während dieser Szene ist das Tamtam näher gekommen. Nun ist es so nahe, daß es plötzlich mit den wuchtigen Schlägen gegen eine Tür zusammenklingt. Ein Priester eilt verängstigt herein.

DER PRIESTER: Hochwürdiger Erzbischof! Vier Männer sind da, in Waffen. Sie sagen, sie kämen vom König und müßten mit Euch reden. Ich habe die Türe verriegeln lassen, aber sie schlagen sie ein. Sie haben Äxte! Rasch! Zieht Euch in die Kirche zurück und laßt das Chorgitter schließen. Es ist stark.

BECKET: Jetzt ist die Stunde der Vesper, Guillaume. Und seit wann schließt man das Chorgitter während der Vesper? Das hat es noch nie gegeben.

DER PRIESTER *verwirrt:* Nein, aber...

BECKET: Alles muß seine Ordnung haben. Das Chorgitter wird nicht geschlossen. Komm, Kleiner, gehen wir vor zum Altar. Hier ist nicht der richtige Ort.

Er geht zum Altar, begleitet vom kleinen Mönch. Ein Poltern. Die Tür ist zerschmettert. Die vier Barone kommen herein, mit ihren Helmen und Äxten, und ziehen ihre Waffen blank.

Becket, der am Fuß des Altars steht, hat sich ihnen zugewandt, ernst und ruhig. Die vier halten einen Augenblick ein, unsicher, zögernd. Vier riesige, drohende Schatten. Das Tamtam hat aufgehört. Ein drückendes Schweigen. Becket sagt ruhig:

BECKET: Ah! Da ist sie endlich, die Dummheit. Das ist ihre Stunde. *Er läßt sie nicht aus den Augen. Die Barone wagen keine Bewegung. Er fragt kalt* Betritt man ein Gotteshaus mit Waffen? Was wollt ihr?

ERSTER BARON *dumpf:* Daß du stirbst.

Stille. Der zweite Baron sagt plötzlich ebenso dumpf:

ZWEITER BARON: Du hast dem König Schande gebracht. Fliehe, oder du stirbst.

BECKET *ruhig:* Jetzt ist die Stunde der Messe.

Er wendet sich wieder dem Altar zu, auf dem ein großes Kruzifix steht, und kümmert sich nicht mehr um sie. Dumpf setzt das Tamtam wieder ein. Die vier Männer kommen näher, wie Automaten. Plötzlich springt der kleine Mönch dazwischen und schwingt zu Beckets Schutz das schwere Silberkreuz. Aber ein Baron streckt ihn mit einem Degenstich tot nieder.

BECKET *murmelt vorwurfsvoll:* Nicht einmal einen... Es hätte ihm so viel Freude gemacht, Herr. *Er schreit plötzlich* Ah! Wie machst Du doch alles schwer, und was für eine Last ist Deine Ehre! *Dann sagt er plötzlich leise* Armer Heinrich.

Die vier Männer haben sich auf ihn gestürzt. Schon beim ersten Hieb fällt er. Keuchend wie Holzhacker schlagen sie auf seinen Körper ein. Der Priester ist mit einem gellenden Entsetzensschrei durch die leere Kathedrale geflohen. Plötzliches Dunkel.

Das Licht kommt wieder. Der König kniet an der gleichen Stelle nackt vor Beckets Grab, so wie zu Beginn des Stückes. Vier Mönche schlagen auf ihn ein, mit Stricken, und machen dabei fast die gleichen Bewegungen wie vorher die Barone, als sie Becket töteten.

DER KÖNIG *schreit:* Bist du zufrieden, Becket? Ist sie jetzt ausgeglichen, unsere Rechnung? Ist die Ehre Gottes wieder reingewaschen?

Die vier Mönche hören auf mit dem Schlagen und knien nieder, mit gesenkten Köpfen. Der König stammelt vor sich hin, wobei man aber merkt, daß es zum Zeremoniell gehört.

DER KÖNIG: Danke. Aber ja ... aber ja, so war es vereinbart. Es ist verziehen. Danke.

Der Page tritt vor mit einem weiten Mantel, mit dem der König sich einhüllt. Die Barone helfen ihm beim Ankleiden. Indessen bilden Bischöfe und Geistlichkeiten eine Prozession und entfernen sich feierlich zum Orgelklang durch die Kirche.

Der König zieht sich hastig an, ziemlich schlecht gelaunt. Er zieht eine Grimasse und schimpft.

DER KÖNIG: Diese Schweine! Die normannischen Bischöfe haben nur so getan, aber die kleinen sächsischen Mönche, die wollten etwas haben für ihr Geld!

Man hört festliche Glocken.

EIN BARON *der von draußen gekommen ist, tritt näher:* Hoheit, die Operation ist geglückt! Die sächsische Menge vor der Kathedrale jubelt vor Begeisterung. Alles ruft den Namen Eurer Majestät und ebenso den Namen Beckets. Wenn wir jetzt die Sachsen auf unserer Seite haben, dann sind die Anhänger des Prinzen Heinrich endgültig verloren.

DER KÖNIG *mit ziemlich heuchlerischer Großartigkeit auf seinem Spitzbubengesicht:* Die Ehre Gottes, meine Herren, ist eine wunderbare Sache, und man gewinnt am Ende immer, wenn man sie auf seiner Seite hat. Thomas Becket – der unser Freund war – pflegte das zu sagen. England verdankt ihm seinen endgültigen Sieg über das Chaos, und wir erwarten, daß er künftig in diesem Königreich verehrt und angefleht werde wie ein Heiliger. Kommt, Ihr Herren. Wir wollen heute abend im Kronrat über seine posthumen Ehrungen beschließen, wie auch über die Bestrafung seiner Mörder.

ERSTER BARON *mit unbewegtem Gesicht:* Hoheit, sie sind unbekannt.

DER KÖNIG *blickt ihn an und sagt undurchsichtig:* Wir werden sie von unserer Gerichtsbarkeit ausforschen lassen, Baron, und wir tragen Euch persönlich die Pflichten dieser Untersuchung auf. Denn jedermann soll wissen, daß es unser königlicher Wille ist, zu allen Zeiten die Ehre Gottes und das Andenken unseres Freundes zu verteidigen.

Während sie abgehen, setzt die Orgel wieder ein und schwillt triumphierend an, zum Glockenläuten und zum freudigen Jubel der Menge.

Vorhang

NACHWORT

Das Bild des Autors

»Sein Kopf ist ein Gasthof, wo manchmal gute Gedanken einkehren, die sich aber dort nicht länger als über Nacht aufhalten; sehr oft steht er leer. [...] Das Theater ist sein wahrer Beruf. Er ist der geborene Bühnendichter, und von Rechts wegen gehören ihm alle dramatischen Stoffe; er findet sie in der Natur oder in Schiller, Shakespeare und Calderon. Er entlockt ihnen neue Effekte, er schmilzt die alten Münzen um, damit sie wieder eine freudige Tagesgeltung gewinnen, und wir sollten ihm sogar danken für seine Diebstähle an der Vergangenheit, denn er bereichert damit die Gegenwart.«

Die Rede ist – von Alexandre Dumas (dem Älteren), dem erfolgreichen Romancier und Verfasser von Theaterstücken für Boulevard-Theater. Aber was Heinrich Heine hier in seinen Briefen »Über die französische Bühne« von einem Erfolgsautor des 19. Jahrhunderts schreibt, läßt sich sehr gut auf den Erfolgsautor unserer Zeit übertragen, von dem hier die Rede sein soll: Jean Anouilh. Dieser Vergleich macht im übrigen klar, daß es, wie immer man die Werke und Personen im einzelnen einschätzt, um einen Platz im Pariser Theaterbetrieb geht, den bestimmte Autoren auf bestimmte Weise ausfüllen.

War dies ein Theater von Rang? Jedenfalls war es das Theater einer gewissen Epoche. Aber mußte er immer wieder auf abgestandene Boulevard-Rezepte zurückgreifen? Hatte er das nötig, wo seine Dialoge doch so knapp, so präzise waren? Selbst eine gewisse Ernsthaftigkeit sprach aus seinen Stücken. Aber sein unglaublich großer Erfolg? Nun, der Erfolg ist eine Rutschbahn, auf der man tief sinken kann. Außerdem hatte er einen hohen Lebensstandard, was ihn zur Vielschreiberei und zur Jagd nach Tantiemen zwang. Das unordentliche Leben, das er geführt hat, hatte eben seinen Preis. Seine Stücke stehen übrigens im Lehrplan vieler Schulen und Universitäten ganz verschiedener Länder. Aber warum dann so viel dramaturgischer Schnickschnack, wo er doch seinen Geschmack an den Klassikern geschult hat? Was hätte aus ihm werden können, wenn er nicht den Weg der Einfachheit gegangen wäre! Und erst seine Obsessionen und groben Geschmacklosigkeiten, das wirkt alles sehr infantil. Auch seine demonstrativ vorgetragenen politischen Auffassungen waren reichlich angestaubt, ganz wie der Dekor seiner Stücke. Aber hatte er nicht doch etwas Geheimnisvolles? Nun, es gibt nichts Geheimnisvolleres als Leute, die im Grunde nichts zu sagen haben.

Die Rede ist im vorhergehenden wiederum von einem erfolgreichen Theaterautor. Allerdings ist der mit diesen Sätzen gemeinte eine Gestalt aus einem Theaterstück von Jean Anouilh. Im ersten Akt seines Stückes *Cher Antoine (Der gute Antoine)* von 1967 finden sich dialogisch verteilt die obigen Fragen und Einwürfe. Was aber hier die Freunde und Hinterbliebenen des Antoine de Saint-Flour von sich geben, sind nichts als die Argumente, die immer wieder gegen das Theater von Jean Anouilh vorgebracht wurden, seit er nicht mehr, wie noch bis in die fünfziger Jahre hinein, als ein sogenannter Klassiker des 20. Jahrhunderts gilt, sondern eher als ein geschickter und erfolgreicher Verfasser von Boulevardstücken. Jean Anouilh – ein Unterhaltungsautor oder ein ernsthafter Klassiker? Erst wenn man das Problem, das in diesem *oder* steckt, ernst nimmt, gewinnt man einen Zugang zu den Widersprüchen seines Werkes.

Schaut man in das Anouilh-Buch von Volker Canaris, übrigens eine der besten Einführungen in Anouilhs Werk, so findet man für die dritte Auflage den Vermerk, daß sich die Position des Verfassers bezüglich der Einschätzung von Anouilh seit der ersten Auflage geändert hat. Was in den frühen und mittleren Stükken noch als meisterhafte Beherrschung der Bühne analysiert wurde, erscheint von den späteren Werken her als Banalität, Blendung, Leerlauf. An anderer Stelle zitiert Canaris eine Äußerung des Theaterkritikers Joachim Kaiser, der 1966 auf der Bühne nicht mehr die Gestalt der Antigone findet, die ihn 1946 als Siebzehnjährigen begeistert hatte.

Weniger das Schwanken des Urteils ist dabei interessant als das Aufkommen von Erwartungen, die Suggestion von Bedeutsamkeit, die der Nachprüfung nicht standzuhalten scheint. Es ist aber immer ratsam, aus Schwierigkeiten mit Texten und Autoren nicht Ablehnung, sondern Gesichtspunkte der Analyse zu gewinnen. Die Schwierigkeit im Umgang mit Jean Anouilh liegt zum großen Teil darin, daß man sich nach einiger Zeit eben der Motive schämt, die einen von seinen Stücken und Gestalten fasziniert sein ließen – aber gerade diese Faszination und diese Blendung sind bei Anouilh Mittel und Thema. Dem Zuschauer, Leser, Interpreten geht es dabei manchmal ebenso wie Anouilhs Theatergestalt Bitos, der zu einem arrangierten Fest ganz arglos gekommen ist, das sich bald als psychologischer Hinterhalt erweist, obwohl oder weil er sein ideales Kostüm dazu angelegt hatte (Robespierre in diesem Fall).

Faszination und Widerwärtigkeit sind nicht nur Effekte dieses Theaters, sie führen zu dem thematischen Kern, der auch hier entwickelt und an einigen Stücken dargestellt werden soll. Anouilh, das ist ein Theater des Anspruchs und der Schamhaftigkeit, allerdings mit einem bestimmten theatergeschichtlichen Gepäck und innerhalb der besonderen Pariser Theaterlandschaft.

Dabei wirkt das schwankende Bild des Autors in schwer faßlicher Weise an den Widersprüchen mit, denen wir hier begegnen. Bei allem Verdacht, daß Anouilh ein trivialer Autor sei: Eine zusammenhängende und dokumentarisch abgesicherte Darstellung seines Werkes (die noch zu leisten bleibt) ist alles andere als trivial. Doch gilt es weniger Anouilh vorzustellen als vielmehr ihn zunächst von einem Gestrüpp an eingeschliffenen Klischees und Vorurteilen zu befreien, an deren Zustandekommen Anouilh selber übrigens keinen geringen Anteil hat.

Wie immer man Autor und Werk einschätzt: Jean Anouilh ist

ein Phänomen. Seit fünfzig Jahren ist er eine feste Größe des Pariser Theaterbetriebs, mit fast jährlicher Präsenz auf den Bühnen, bei anhaltend großem Publikumsanklang. Zugleich ist er seit 1945 ein Theaterautor mit weltweitem Echo. Seine Stücke werden überall gespielt und studiert. Dieser Status als Institution eigener Art im Pariser Theaterleben ist vielleicht wichtiger als alles, was über seine Vorbilder, seine Theatersprache und seine Themen zu sagen ist.

Dabei ist Anouilh in der Gunst der Kritik in dem Maße gesunken, in dem er zum Kopf eines wohlflorierenden Theaterunternehmens wurde, das in Paris nahezu jede Saison mit einem neuen Stück in hausgemachter Inszenierung präsent ist.

Auf deutschen Bühnen und im Fremdsprachenunterricht stand Anouilh bis in die siebziger Jahre hinein stets auf den Spitzenplätzen. Am beliebtesten ist er seit je unter dem literaturwissenschaftlichen Nachwuchs, der in allen Ländern Jahr um Jahr neue Dissertationen und Versuche vorlegt, als sei gerade dieses der Trivialität verdächtige Theater eine unerschöpfliche Quelle wissenschaftlicher Entdeckungen und Anregungen. Sollte dahinter eine geheime Faszination liegen, durch welche die Aufnahme von Anouilh noch interessanter wird als das Werk selber?

Anouilh hält Paris im Griff wie eine besetzte Stadt, schrieb ein Theaterkritiker in den fünfziger Jahren. In der Tat. Jean Anouilh, das ist vor allem die Geschichte eines märchenhaften Erfolges. Daß in seinen letzten Stücken ein vom Glück verwöhnter Theaterautor zur zentralen Figur wird, ist nur angemessen und konsequent. Dabei leistet sich der leibhaftige Erfolgsautor, dessen Leben gewiß Stoff für viele Illustrierten bieten könnte, den Luxus, im Hintergrund zu bleiben, biographisch ganz ungreifbar.

Das wenige, was über Jean Anouilh bekannt ist, hat er in geschickter Dosierung und Verteilung selber lanciert (seine Armut und Schüchternheit in den Anfangsjahren, seine Auffassung vom Theatermachen als solider Handwerksarbeit, seine Beeinflussung durch Giraudoux usw.). Da über die Person nichts bekannt ist, hat man, den Anspielungen einiger Dialogstellen folgend, eine Legende erfunden. Der erfolgreichste biographische Mythos, eine Formulierung von P. Vandromme*, ist der, daß er keine Biographie habe, was auch, seit es Anouilh 1946 in die Welt setzte, pflichtschuldigst überall zitiert wird, wohl weil es von Nachforschungen vor allem zur ideologischen Position des Autors sowie zu den Etappen seiner Karriere dispensiert...

Jean Anouilh ist ein versierter Stückemacher, der in der Nachfolge von Giraudoux und Pirandello in durchaus unphilosophischer Weise Grundprobleme der menschlichen Existenz durchspielen läßt, der bei aller Variation in der Anlage immer nur dasselbe fatalistische und pessimistische Stück schreibt, mal schwarz, mal rosa eingefärbt, und der in Motiven und Sprache den Abstieg ins Triviale und Grobe ebenso wenig scheut wie Anleihen bei den Klassikern, dessen brillanter und sprühender Dialog immer die Lacher auf seine Seite zieht – so ließe sich etwa das etablierte Klischee von Anouilh zusammenfassen, wobei nicht unterschätzt werden soll, wie nützlich es für einen Autor ist, daß ein festes Bild von ihm gehandelt werden kann. Es wird stets angeführt, daß er seine Stücke nicht wie üblich Tragödien oder Komödien nennt, sondern sich Phantasiebezeichnungen ausdenkt für Stücke vergleichbarer Tonart und Thematik: schwarze, rosa, brillante, kostümierte, barocke Stücke usw.

Viele Mißverständnisse um Anouilh beruhen auf der zeitlichen Verschiebung zwischen Produktion und Aufnahme seiner Stücke, die in einer schwer faßlichen Weise immer von den gesellschaftlichen und politischen Konjunkturen der zwischen 1930 und 1960 sehr brisanten Situation Frankreichs mitbestimmt waren, ohne in einem vordergründigen Sinne politisch zu sein. Als nach 1945 der internationale Durchbruch gelang und auch bald eine sehr umfangreiche Literaturkritik einsetzte, die das erst

* *Jean Anouilh. Un auteur et ses personnages,* Paris 1965, Seite 12f.

zur Hälfte entfaltete Werk immer begleitete und auch teils überschattete (wie noch die Zitate aus *Cher Antoine* beweisen), da wurden zunächst die Stücke aus den dreißiger und frühen vierziger Jahren rezipiert, während Anouilh im Paris der hektischen und unruhigen Jahre vor 1962 mit politischeren Stücken Erfolge, aber auch beträchtliche Skandale zu verzeichnen hatte.

Von heute aus ist das Werk gewiß neu zu würdigen, weil nun die Entwicklungslinien besser zu sehen sind. Von heute aus ist zu sagen, daß Jean Anouilh zunächst und vor allem eine Welt für sich ist, eine eigene Theatersprache, deren Entwicklung und Beeinflussung man sehr wohl nachzeichnen kann. Jean Anouilh, das ist die Entfaltung eines in seinen Widersprüchen doch sehr einheitlichen Werkes, das in den so unterschiedlichen Stücken *Antigone* und *Becket* seine thematischen und theatralischen Pole hat. Man mag, wie es einige Kritiker tun, dieses Werk als heimliche Biographie lesen (oder als Umfälschung eines bedeutungslosen Lebens). Man sollte aber bei allen Betrachtungen zu Anouilh den Satz ernst nehmen, den er in *Cher Antoine* sagen läßt:

»Und wenn alles vorbei ist, dann merkt man [...], daß das eigentliche Stück im verborgenen spielte [que la pièce était secrète], hinter so vielen Theatercoups.« (*Pièces baroques*, Seite 47)*

Das theatralische Gepäck

Das Paradox des Jean Anouilh ist, daß seine Anfänge unter einem doppelten Vorzeichen stehen, der nostalgisch-ironischen Fortsetzung des Boulevardtheaters und zugleich der avantgardistischen Erneuerungsbewegung des Theaters in Paris nach 1920, die sich unter dem Stichwort Theatralisierung sowohl gegen den Boulevard wie gegen die literarisch-konventionelle Erstarrung der Comédie Française richtete. Erst im Laufe der Zeit wird das

* Die Zitate aus den Stücken von Anouilh wurden vom Verfasser dieses Nachwortes übersetzt. Es wird zitiert nach der französischen Ausgabe bei La Table Ronde (siehe die bibliographischen Hinweise).

Boulevard-Erbe bei Anouilh, das in den frühen Stücken mehr im Dekor und in gesuchten Anachronismen zu liegen scheint, auch in der Dialogführung und im Stückaufbau sichtbar. Dann wird er auch die Gunst der Kritiker mehr und mehr verlieren, die dabei aber übersahen, daß Anouilh eine sehr persönliche Synthese geschaffen hat, die man als Vorstufe des sogenannten Theaters des Absurden ansehen kann.

Dabei muß man sehen, daß schon das Boulevardtheater ein in sich ambivalentes Phänomen ist und daß Anouilh nicht nur das populärere Theater mit neuen Mitteln und Themen bereichert, sondern auch für ein gewandeltes Publikum ein neues theatralisches Transportmittel geschaffen hat, das man als *die* Boulevardform des 20. Jahrhunderts bezeichnen kann, die doch auch Elemente eines Ideentheaters in sich birgt.

Das Boulevardtheater ist ein gesellschaftliches und ein ästhetisches Phänomen. Dahinter verbirgt sich eine komplexere Problematik, als die pure Bezeichnung und die damit verbundenen Klischees suggerieren. Gemeinhin denkt man dabei an das nichtliterarische Theater, das als Vergnügungsort an den großen Boulevards von Paris angesiedelt war und von einer relativ breiten Schicht besucht wurde. Gesellschaftlich und historisch hat dieses Theater vor allem seit dem Zweiten Kaiserreich (also nach 1852) mit der sich industrialisierenden Gesellschaft seinen Aufschwung genommen (siehe zum Beispiel Zolas Roman *Nana*, der im Theatermilieu spielt). Man denkt an Autorennamen wie Scribe, Dumas, Labiche, Feydeau, Rostand, Bernstein, Bataille und viele andere, man denkt auch an namenlose Viel- und Gelegenheitsschreiber in diesem Betrieb, der sich seine Stücke selber herbeischafft.

Das Boulevardtheater, um beim ästhetischen Aspekt zu bleiben, wurde von seinen Praktikern und (meist feuilletonistischen) Theoretikern durchaus als ein Genre mit sehr strikten Gesetzen angesehen. Es ist gerade kein formloses Theater der Beliebigkeit. In Paris verlangt gerade das Vergnügen nach einer gewissen Dramaturgie. Die Stücke müssen gut gemacht sein, wobei das Publikum eben den Professionalismus der »Macher« spüren soll. Anouilhs Bekenntnisse zum handwerklichen Ethos des Stückemachers liegen ganz in dieser Tradition des »gut gemacht«. Nähme man es genauer, so ließen sich die Gesetze des Boulevardtheaters aus den klassischen Stücken des 17. Jahrhunderts ableiten, nämlich aus dem präzis kalkulierten Ablauf und der handlungsmäßigen Knappheit und Geschlossenheit der Racine-Stücke in ihrer fatalistischen Mechanik, andererseits aus der Schauspieler- und Charaktertradition der Stücke und der Truppe von Molière.

Die Logik des Ablaufs, auf die sich die Boulevardstücke etwas zugute halten, meint eine besondere Art von Geschlossenheit und Wahrscheinlichkeit. Die Stücke müssen durch eine bestimmte Kombinatorik und mittels arrangierter Situationen zwar viele überraschende Wendungen enthalten, sogenannte Theatercoups, aber sie dürfen dabei nicht die Wahrscheinlichkeit verletzen. Sie müssen die Konvention respektieren, aber sie müssen auch schwarz und schlüpfrig genug sein, um Interesse zu wecken. Sie müssen Vorwand sein für aufwendige und brillante Kostümierungen und eine nie den tänzerischen Schwung und Rhythmus verlierende Inszenierung. Die Dialoge müssen pointiert sein und doch rollensprengendes Augenzwinkern erlauben.

Das Boulevardtheater ist, wie immer man es analysiert, schlicht und einfach das bis 1913 vorherrschende Theater, auf das dann, ohne es in seiner quantitativen Bedeutung zurückzudrängen, einige Theaterautoren reagieren. Jean Anouilh hat, folgt man der biographischen Legende, diese Art Theater um 1919 in Arcachon, dessen Sommertheater wohl von einem Verwandten von ihm geleitet wurde, kennengelernt und wie einen Kindertraum in Erinnerung behalten. Er wird es auch später auf der Bühne wie in den Texten studiert haben, wenngleich er sich ausdrücklich lieber auf die klassischen Vorbilder Molière und Marivaux beruft. Vor allem aber ist das Theater des breiten Publikums seine Erfolgssphäre gewesen, und Erfolgsstreben ist ein wichtiges Element bei seinen Figuren wie bei ihm selbst. Anouilh hat es ja selbst gesagt, daß es im Theater auf Erfolg ankomme.* Auch hier gilt, daß der Widerspruch des Autors zugleich der Widerspruch seiner Gestalten ist; Erfolgsstreben im theatralischen Medium als besondere Art der Heilssuche, das führt uns in den thematischen Kern dieses Werks, das sein Prestige der Anfangsjahre aber der Tatsache verdankt, daß es von avantgardistischen Theaterleuten zuerst auf die Bühne gebracht wurde.

Nach einigen Versuchen vor 1914 beginnt nach dem ersten Weltkrieg in Paris eine Erneuerungsbewegung des Theaters, die von Regisseuren ausgeht und erst mit der Zeit neue Autoren und Stücke hervorbringt. Die Erneuerung wurde eingeleitet von Jacques Copeau mit seiner Arbeit im Theater des Vieux-Colombier (1913), die von 1920 bis 1924 fortgesetzt wurde. Aus seiner Schule gingen mehrere Generationen von Regisseuren und Schauspielern hervor, die bis nach 1950 die Bühnen beherrschten. Nach Copeau gab es das »Kartell« der vier großen Theatermacher: Louis Jouvet, der Giraudoux als Theaterautor lancierte und dessen Sekretär 1932 Jean Anouilh war; Gaston Baty; Georges Pitoeff, von armenischer Herkunft, der in den dreißiger Jahren den Durchbruch von Jean Anouilh auf den Pariser Bühnen bewirkte; Charles Dullin, der große Verdienste um die Einführung von Pirandello in Frankreich hat und aus dessen Schule der Regisseur, Schauspieler und Dekorateur André Barsacq kam, der ab 1937 für zehn Jahre sehr eng mit Jean Anouilh zusammengearbeitet hat. Barsacq hat dabei auf den Stil der mittleren Stücke von Anouilh, gerade seiner mythologisierenden Phase, großen Einfluß ausgeübt. Die Knappheit und Kargheit der *Antigone* (1942) etwa ist ein deutlicher Effekt der Bühnenauffassung von Barsacq. Die Trennung von Barsacq nach 1948 wird dann bei Anouilh die »avantgardistische« Phase beenden und den boulevardistischen Urgrund hervortreten lassen.

* Vandromme, a.a.O., Seite 34.

Entscheidend in der Erneuerung des Theaters seit Copeau war die »Theatralisierung« des Theaters, der Vorrang des Spielvorgangs *in* der Bühne als eigenem Raum, wobei die Funktion des Schauspielers als Trägers des Bühnengeschehens aufgewertet wurde. Selbstthematisierung des Theaters, Selbstbewußtheit der theatralischen Mittel führte dabei zu Strukturen des Spiels im Spiel und zur Auflösung des konventionellen Charakters mit psychologischem Profil als tragender Größe der Stücke. Zwischen dieser Aufwertung des Theaters als Spiel und dem psychologischen Pessimismus von Pirandello entstand dabei eine fruchtbare Konvergenz, die beispielgebend war. Alle diese Elemente finden sich bei Anouilh wieder, wobei aber die fragwürdige Einheit der Dramenperson bei ihm gewissermaßen in umgekehrter Richtung thematisch wird: als Suche nach Einheit und Integrität.

Bei aller Betonung der Theaterhaftigkeit wird eine Vielfalt der Ausdrucksformen angestrebt (und man kann sagen, daß Anouilh nur diese Vielfalt erweitert hat). Wir finden auch eine Poetisierung der Farce (Cocteau, Vitrac, Crommelynck) sowie eine ironisierte Einführung von Ideen und Bildungsgütern, oft in mythologisierender Form (Cocteau, Giraudoux).

Alle diese Tendenzen kommen erstmals zu einer wirksamen Synthese in den Stücken von Giraudoux, der als erfolgreicher Romancier erst 1928 mit *Siegfried* als Theaterautor debütierte. Jean Anouilh hat auf das Erlebnis dieser Jouvet-Inszenierung den Beginn seiner theatralischen Sendung datiert. Bei Giraudoux kommen noch eine Wiederaufwertung des Dialogs und eine Reliterarisierung hinzu; sein Dialog schwebt zwischen poetischer Farce und ätherischer Ideendebatte, er kann aber auch als Transportmittel ernster Themen dienen. Spielcharakter und Literaturcharakter konvergieren, wobei der Dialog auch ironisch gegen den Stoff und die Stückkonstruktion anspielen kann. Paradoxien und ästhetisches Aufbegehren erobern die Bretter, auf denen bislang nur eine konventionelle Welt der Wahrscheinlichkeit Bedeutung und Geltung hatte.

Diese Synthese wird Jean Anouilh auf seine gröbere, aber schlagkräftigere Weise fortsetzen, doch ohne jeden Anspruch auf Bildungstheater und an ganz eigenen Themen. Und er braucht etwa vier Jahre, 1932 bis 1936, um seinen eigenen Stil zu finden und seine Grundthematik in ihren Facetten herauszuarbeiten (im *Voyageur sans bagage [Der Reisende ohne Gepäck]* von 1936, an dem sich am deutlichsten seine Beziehung auf Giraudoux wie seine Eigenheit ablesen läßt).

Prestige des Theaters durch große Regisseure, Selbstbewußtsein und Theatralität der Mittel, ästhetische Revolte im Gewande eines verspielten Ideentheaters, das ist es, was Anouilh vorfindet, das ist die Welt, in der er reüssieren möchte. Aus seinem Streben zum Theater in einer Zeit, wo die besten Plätze schon besetzt schienen, und in einer Gesellschaft, die schroffe soziale Gegensätze und innere Erschütterungen kannte, nachdem die Euphorie der ersten Nachkriegszeit gewichen war, aus diesem Anspruch und Erfolgsstreben läßt sich auch ein Zugang zum thematischen Ursprung dieses Theaters gewinnen. Als 1940 von außen die Katastrophe über Frankreich hereinbricht, in Gestalt von Hitlers Überfall und Blitzkrieg, ist Anouilh ein Erfolgsautor. Als dann im Besatzungsregime Theater gespielt wird, gehört ihm schon die Bühne. Aber alle Widersprüche und Tendenzen seines gesamten Werkes lassen sich auf die Formationsjahre vor dem zweiten Weltkrieg zurückverfolgen, und gerade diese Jahre sind für Anouilh von der Literaturkritik noch am wenigsten erforscht.

Anouilh paßt sich dem herrschenden Theaterideal an, wenn er auch kein ausgesprochener Avantgardist der Form ist. Es zeigt sich anfangs ein gewisses Schwanken zwischen melodramatischem Realismus (*L'Hermine [Hermelin]*, 1931; *La Sauvage [Die Wilde]*, 1934) und Spiel, poetischer Farce *(Le Bal des voleurs [Ball der Diebe])*, ehe das spielerisch-phantastische Element sich durchsetzt. Hinter dem neuen Theater aber liegt für ihn der Operettentraum von Arcachon, eben das Boulevardtheater, das rangmäßig und in der Erinnerung zurückliegt, zu dem sein eigenes Spiel immer wieder regrediert, ohne Scheu vor Kitsch, Sentimentalität und Trivialität, anfangs noch sehr ironisch, später erst drastisch, ja hemmungslos, wobei er aber die Boulevardtradition mit hoffnungslosem Schwarz einfärbt.

Dabei hat Anouilh als einziger aus seiner Generation den Durchbruch zum breiten Publikum geschafft, was ja als Vermittlungsleistung auch zu würdigen wäre.

Sein umfangreiches Werk, das sich über gesellschaftlich und literarisch so unterschiedliche Jahrzehnte erstreckt, ist von großer Assimilationskraft, was historische und aktuelle Beispiele betrifft, aber auch Themen, Motive, Techniken. Auch hier finden wir eine suggestive (gespiegelte) Vielfalt, auch hier finden wir den Faszinationscharakter dieses Theaters wieder, der doch aus einer zentralen Quelle stammt. Denn Anouilh, das ist, jenseits aller Rangfragen, eine eigene Theaterwelt, unverwechselbar in ihrer suggestiven Schlichtheit, in ihrer skandalösen Widersprüchlichkeit, die noch da fasziniert, wo sie ärgert mit ihren Gehässigkeiten und ihren falschen Träumen.

Das ideologische Gepäck

Wer sich mit Anouilhs Theater einläßt, muß sich mit unangenehmen Widersprüchen einlassen. In dem, was einen fasziniert, entdeckt man zuletzt vielleicht nichts Gutes über sich selber; in dem, was man ablehnt, lernt man vielleicht doch etwas über unsere Zeit und das Theater. Ganz vorbehaltlos kann man sich Anouilh nicht nähern. Das gilt vor allem für das ideologische Gepäck dieses Theaterreisenden.

Anouilh gibt sich in Interviews und Briefen naiv und unpolitisch, sagt immer nur, wie wenig er von den politischen Ereignissen verstanden hat, vor allem seit 1940. Daß seine ersten Stücke ein Theater der Revolte bieten, hat ihm Sympathien auf der Rechten wie auf der Linken eingetragen. Über seine ideologische und politische Beeinflussung ist nichts bekannt. Aber es kann gar keinem Zweifel unterliegen, daß Anouilh in der Tradition der nonkonformistischen französischen Rechten steht, irgendwo zwischen Céline und Brasillach.

Allerdings spielt das Politische erst in den Nachkriegsstücken eine deutliche Rolle in seinem Theater, und dann, ab 1953, wird er sich bewußt und übertrieben als »Reaktionär« stilisieren, wird er seine Stücke mit politischen Ausfällen garnieren, die zum Unerfreulichsten an seinem Theater gehören. In den Stücken der Jahre nach 1960 sowie in einigen brieflichen Äußerungen* gibt er sich deutlich als Monarchist zu erkennen, nur ist diese Position (deren Unzeitgemäßheit Anouilh überbetont) wie alles bei ihm ins Metaphysische oder ins Verspielte (wie soll man das unterscheiden?) verwandelt. Anouilh ist Traditionalist, gewiß kein Demokrat, aber seine Auffassungen sind naiv, widersprüchlich, haben etwas Gewolltes an sich. Inwieweit diese traditionalistische Position in der Fluchtlinie seines Theaters der Empörung liegt, wird noch bei der thematischen Analyse zu erörtern sein, wie es überhaupt der Sinn dieser Bemerkungen ist, deutlich zu machen, daß Anouilhs Werk aus einem zentralen thematischen Kern entsprungen ist, dessen gedankliche und formale Konsequenzen und Paradoxien sich im Streit um die Einschätzung von Anouilh widerspiegeln, weshalb es auch nötig ist, bei diesen Widersprüchen anzusetzen, nicht ihnen auszuweichen.

Ob Anouilh in der kurzen Zeit seines Jurastudiums vor 1930 an der traditionell rechtsstehenden Rechtsfakultät in Paris bestimmten ideologischen Einflüssen ausgesetzt war, kann nur vermutet werden. Deutlich ist, daß man ihn nach 1932 zur nonkon-

* Siehe den Brief in: Manfred Flügge: *Verweigerung oder Neue Ordnung. Jean Anouilhs »Antigone« im politischen und ideologischen Kontext der Besatzungszeit 1940–1944,* Rheinfelden 1982, Band 2, Seite 43 ff.

formistischen Protestgeneration rechnen muß, die überwiegend rechts angesiedelt war, bei der aber die ideologischen Positionen stark verschwammen und deren Hauptanliegen die Feindschaft gegen die ungerechte französische Gesellschaft jener Jahre war, die, obwohl von Krisen und Putschversuchen erschüttert und von außen zunehmend bedroht, zu keinem wirklichen inneren Wandel (trotz der Volksfrontzeit 1936–38) und zu keiner offensiven Außenpolitik gegenüber Hitler in der Lage war und die wie gelähmt auf den Schock von 1940 wartete, der dann zur großen Scheidemarke der französischen Geschichte in diesem Jahrhundert wurde. Der Freundeskreis von Anouilh, der sich nie politisch hervorgetan hat, scheint wohl eher im Umfeld der rechtsextremen Wochenzeitschrift *Je suis partout* (Chefredakteur: Robert Brasillach) gelegen zu haben. Dort finden sich Artikel und Interviews von Anouilh. Diese Zeitung, die sich sehr literarisch gab, galt vor wie nach 1940 als antisemitisches Hetzblatt par excellence.

In der Besatzungszeit hat Anouilh zwar keine Erklärungen zur Kollaboration abgegeben, doch hat er, wie viele Autoren auch, Chroniken in der offiziellen Presse veröffentlicht, die unter deutscher Kontrolle stand. Dies wird unten im Zusammenhang mit seiner *Antigone* noch erörtert werden. Nur war für seine Zeitgenossen bei aller Zurückhaltung deutlich, daß er keinesfalls ins Lager des Widerstandes gehörte.

Die nach 1953 entstandenen Werke, die theatralisch vielleicht seine besten sind, hat er verunziert mit nachträglichen Rechtfertigungen der Kollaboration, die über eine Kritik an einer gewissen französischen Selbstgerechtigkeit nach 1944 deutlich hinausgehen und in Paris beträchtlichen Skandal ausgelöst haben (ohne seinem Publikumserfolg zu schaden). Die Beschäftigung mit Frankreich und seinen ewigen ideologischen Bürgerkriegen wird in seinen Stücken nach 1967 eine wichtige Rolle spielen (siehe besonders *Les poissons rouges [Die Goldfische]*, 1968).

Eine genauere Untersuchung könnte zeigen, daß sein eigentümlicher Monarchismus in seinen Bildern, Themen und Slogans einige Versatzstücke der Ideologie der Action Française aufweist, der traditionalistischen französischen Rechten, die sich gegen die revolutionär-republikanische Tradition seit 1789 stellt. Doch ist alles bei Anouilh für seine Theaterzwecke umgewandelt. Möglicherweise ist diese gesuchte Unzeitgemäßheit nur das letzte Stadium seines alten Nonkonformismus. Gerade für ein ausländisches Publikum müssen diese in Frankreich brisanten ideologischen Zusammenhänge verdeutlicht werden. (Die in den bibliographischen Hinweisen genannten Untersuchungen von Rombout und von Vier leisten das leider noch nicht.)

Problematisch ist die gelegentlich vorgenommene Assimilation mit dem literarischen Existentialismus, die ohnehin nur für die erste Hälfte seines Werkes gelten könnte. Zwar hat Anouilh nach Person und Herkommen nichts gemein mit Autoren wie Sartre oder Camus (ein Vergleich, der in der Literaturkritik nach 1950 sehr beliebt war). Formale Anklänge bei Sartre *(Les jeux sont faits, Les mains sales)* mögen eher auf das gemeinsame Vorbild Giraudoux zurückgehen. Es gibt aber vielleicht doch eine Gemeinsamkeit in der Grundthematik, der theatralischen Seinsanalyse (wobei »Analyse« nicht zu strikt aufzufassen wäre), die nur in verschiedene Richtungen verfolgt wird. Vielleicht liegt der gemeinsame Kern im thematischen Ausgangspunkt der Seins-Angst, die aber bei Sartre zur Akzeptierung der auferlegten Freiheit führt, während die Helden von Anouilh nach Überwindung der Angst durch Geborgenheit in Phantasiewelten, in einer imaginären Kohärenz streben. Camus seinerseits sucht zuletzt, in ganz rhetorischem Gewand aber, nach einem neuen Einklang mit der Natur.

Auf der Ebene der Interpretation jedenfalls sind Anouilhs Stücke gerade in ihrer Schlichtheit und szenischen Schlagkräftigkeit sehr ergiebig für seinsphilosophische Etüden, auch und gerade weil sie ohne jede ideenmäßige Prätention daherkommen.

Seine anti-freiheitliche, fatalistische Tendenz markiert aber eine deutliche Scheidelinie. Damit sind wir endgültig beim thematischen Kern dieses Werkes angekommen.

Anouilhs Kernthema

»Diesem Stück fehlt noch alles, außer dem Wesentlichen«, so kommentiert ein Kritiker die Uraufführung von Anouilhs Erstling *L'Hermine* (1932). In der Tat fehlt diesem Stück noch die Leichtfertigkeit und Theaterwirksamkeit, aber das für Anouilhs Werk Wesentliche, sein obsessionelles Kernthema, ist dort schon präsent.

Zum Inhalt: Frantz, ein junger Geschäftsmann, versucht in zwei Jahren Arbeit und durch Appell an einen amerikanischen Geschäftsmann, dessen Frau ihm nachstellt, vergeblich an die Geldsumme zu kommen, die es ihm erlauben würde, seine Geliebte Monime zu heiraten, deren steinreiche Tante, eine alte Gräfin, als deren Vormund die Heirat mit dem armen jungen Mann verhindert. Monime wäre bereit, mit ihm zu fliehen, aber Frantz will nicht ohne Geld mit ihr leben. Seine Liebe sei zu rein, um ohne Wohlstand auszukommen. Für ihn ist die alte Gräfin, die über das Zustimmungsrecht und das nötige Geld verfügt, die Barriere vor seinem »Glück«, das er nur mit einem Verbrechen finden kann. Frantz erschlägt die Gräfin in grausamer Weise. Als Monime von der Tat erfährt, wendet sie sich von ihm ab. Obwohl sich ein alter Diener der Tat bezichtigt und Frantz unentdeckt bleiben könnte, stellt er sich der Polizei und wählt so die sichere Todesstrafe, getrieben noch immer von derselben Besessenheit, sein völliges Glück gewissermaßen nur auf einen Schlag machen zu können, mit seiner Untat aus der vorgefundenen Lebensordnung ausbrechen zu können. Denn im Verlauf seiner Geschichte wird ihm klar, daß er eben in seinem unbedingten Streben anders ist als die anderen: »Ich frage mich, was ich eigentlich unter euresgleichen noch suche, warum ich hier [...]

Freundschaft und Liebe suche, als sei das überhaupt irgendwo zu haben.« (*Pièces noires,* Seite 129) Monime nennt seinen Drang und seine überspannte Besessenheit *orgueil,* Hochmut. Dieser Hochmut als Antrieb zum Außergewöhnlichen, als Antrieb nach einer besonderen Art von Glück, macht das Kernthema des Anouilhschen Theaters aus. Ich nenne dieses besondere Glücksstreben, das man auch als Heilssuche bezeichnen könnte, *Aspiration* und den erstrebten Zustand *Integrität,* wofür bei Anouilh häufig Begriffe aus dem Wortfeld »Reinheit« stehen. Auch Frantz redet schon von seinem »großen Durst nach Reinheit« (*Pièces noires,* Seite 83).

Geht man ins Detail, so findet man in diesem Stück in der Dialogführung (schlagwortartige Zuspitzung), in der Motivik (ungleiche Freundschaft, Geld, Glück) und in der Verdoppelung der Spielsituation (Benutzung von Theatervokabeln als erste Vorstufe zur Technik des Spiels im Spiel) viele Ausgangspunkte späterer Entwicklungen von Anouilh. Hier soll nur auf das von vornherein festzustellende Kernthema verwiesen werden wegen unserer These, daß die theatralischen Mittel von Anouilh und seine gedankliche wie literarische Entwicklung eine Radikalisierung und konsequente Entfaltung der Aspirationsthematik darstellen, in Verbindung mit Lebens- und Zeiterfahrungen des Autors. In ihr liegt die immer wieder berätselte obsessionelle Geschlossenheit dieses so umfangreichen und über so viele Jahre verteilten Werkes. Daß sich dahinter Anouilhs eigene Lebenswahl des Strebens zum Theater (als Weg des Heils und des Erfolgs) verbirgt, kann nur vermutet, aber mangels biographischen Materials nicht erörtert werden. Die heimliche Selbstbezogenheit, die narzißtische Faszination und der problematische Zeitbezug dieses Theaters finden so eine mögliche Erklärung.

Wie sich seine Thematik abwandeln kann, zeigt schon das 1932 entstandene und erst 1938 aufgeführte Spiel *Le Bal des voleurs.* Auch dort geht es um eine unstandesgemäße Heirat und um Bereicherung. Aber alles geschieht im operettenhaften Dekor eines Kurortes und im Stil der poetischen Farce. Der junge Held ist zwar auch ein Verbrecher, aber nur ein (ungeschickter und viel zu aufrichtiger) Dieb. Seine standesgemäße Heirat mit einer jungen Adligen, die er kennenlernt, als er die Ferienwohnung ausrauben will, sichert, nach einer aufgegebenen Entführung, die Notlüge eines alten Lord, dem er sympathisch ist und der ihn zu seinem verlorenen (unehelichen) Sohn macht. Stücke wie der *Bal,* die mit einer selbstinszenierten Komödie als Zuflucht enden (und sich um keine Wahrscheinlichkeit kümmern), nennt Anouilh rosa Stücke im Gegensatz zu schwarzen Stücken, in denen die zentrale Dramengestalt untergeht, weil sie an ihrem unbedingten (Glücks-)Anspruch festhält, gegen die menschliche und soziale Wirklichkeit, in der sie sich vorfindet und die sie nicht ändern kann.

Das Streben der nonkonformistischen Helden von Anouilh hat somit zwar einen sozialen Aspekt und Anlaß, es ist aber, bei aller Bedeutung des Geldes, nicht ein ausschließlich materielles Streben, es kann sich gerade wegen seiner Unbedingtheit ins Spirituelle, ins Ästhetische oder gar ins Religiöse wenden, wie dann die späteren Werke zeigen (nachdem schon die ersten Kritiker auf diese Fluchtlinien hingewiesen hatten).

Nicht nur in den rosa Stücken bricht dabei eine Welt der Phantasie und des Traums als Ausweg ein: Theatralität nämlich vermittelt zwischen der Aspiration und der unerreichbaren Integrität. Seine strebenden Gestalten finden keine Lebensform, sie können immer nur ihren Abgang inszenieren, in den Tod oder in die Komödie – oder in den Zynismus (in späteren Stücken). Die Unbedingtheit des jeweils vertretenen Anspruchs macht Anouilhs thematische Radikalität und sein dramaturgisches Hauptelement aus. Sein Theater ist im Grunde unversöhnlich, was ihm auch oft vorgeworfen wurde. Andererseits haben schon die ersten Kritiker seine »Wilden« als sehnsüchtig nach Gnade analysiert. Andere haben dies als blanken Schematismus aufgefaßt, der nichts weiter zu bedeuten habe.

Doch konnte diese Radikalität zumindest im Frühwerk auch als tendenziell soziale und gar politische Revolte aufgefaßt werden. Der Streit um sein Stück *Antigone* geht im Grunde darum, ob die trotzige Zuwiderhandlung der Heldin mit dem antiken Namen nur eine Fortsetzung der üblichen Thematik des Autors sei oder einen speziellen Zeitbezug habe. Dieser Teufelskreis der Argumentation wird erst auflösbar, wenn man die zweifellos vorrangige Werkthematik des unbedingten Strebens und dessen möglicher Ausgänge selber in einem umfassenderen Sinne als Figur der Zeit versteht.

Spielmodelle der Aspiration, je nach Ausgang als rosa oder als schwarze Stücke bezeichnet, bestimmen bis 1946 das Bühnenschaffen von Anouilh. Allerdings gibt es im Jahr 1932 noch einen anderen Versuch, der kaum Beachtung fand und doch eine wichtige Unterströmung in diesem Werk zeigt, eine gelegentliche Tendenz zu alptraumhafter Grausamkeit und Widerwärtigkeit.

1932 schrieb Anouilh sein niemals aufgeführtes, wohl aber 1963 publiziertes Stück *Jézabel (Das Weib Jesebel).* Der Titel verweist auf eine biblische Gestalt, die Frau des Königs Ahab, deren Untaten im ersten Buch der Könige berichtet werden, also auf ein mythologisches Modell, wenn man so will. Doch spielt das Stück in der Gegenwart, eigentlich im Kopf des Protagonisten Marc, der auch an der Heirat mit einer schönen Geliebten gehindert wird, aber diesmal von seiner Mutter, einer grausamen und eigensüchtigen Frau, die den Mann mit Pilzen vergiftet und dem Sohn eine Mätresse verschafft, nur um ihn, als einziges Wesen, unter ihrer Kontrolle, bei sich zu behalten.

Auch in diesem schaurigen Phantasiestück in der Art von Zolas *Thérèse Raquin* kommt das Aspirationsmotiv vor. »Ich will mich retten [me sauver]. Ich will leben«, sagt Marc (*Pièces noires,* Seite 31) und: »Ich möchte endlich werden wie ein Waisenkind ohne Erinnerungen.« (*Pièces noires,* Seite 107) Hier wird deutlich, daß das Glücksstreben aus einer Schwierigkeit des Loslösens entstanden ist. Aus der widerwärtigen Abhängigkeit rettet den Helden zuletzt nur der Sprung ins Freie, was aber zugleich ein Attentat gegen die monströse Mutter darstellt.

Eine solche Atmosphäre von penetranter Schäbigkeit, von Verhaftetsein in einer familiären Hölle findet sich in dieser Breite erst später wieder, so in *Médée* (1946), *Ardèle* (1948) und seinem grausamsten Stück, *La Grotte (Die Grotte,* 1961). In gemilderter Form findet sich das Motiv der widerwärtigen Familie aber in allen frühen Stücken.

Se sauver, sich retten, schillert in seinen Bedeutungen. Es kann heißen: sich in Sicherheit bringen, aber auch: sein Heil finden, und: flüchten. Um die Bedeutungsvarianten dieses Ausdrucks geht es gewissermaßen in dem Stück *La Sauvage,* in dem die Aspirationsthematik ihre erste vollendete Ausgestaltung findet. Thérèse kann den Komponisten und Pianisten Florent nicht heiraten, obwohl es bei allem Unterschied von Herkunft und Situation (sie aus einer schäbigen Musikantenfamilie, er ein reicher schöner Glücksgott) keine äußeren Hindernisse gibt. Sie liebt ihn als das Gegenbild zu ihrer elenden Herkunft, und Florent geht engelhaft durch das Leben, verzaubert alles und alle. Aber Thérèse kann eben den Unterschied nicht vergessen, kann ihre Scham und ihre gemütsmäßige Solidarität mit den Elenden nicht überwinden. Sie flieht, grundlos, vor diesem Glück, nachdem sie schon das weiße Hochzeitskleid, das Symbol des neuen, integren Lebens, anprobiert hatte. Die Reichen (und Schönen) sind wie fremd auf der Erde, sagt sie, Sieger ohne Kampf. Die Armen würden, was sie erstreben, durch die Schäbigkeit des Aufstiegs eben entwerten, nie könnten sie so reich an Lebensfreude und Gelöstheit sein, das wahre Glück bleibe ihnen versagt: Wenn Florent Klavier spielt, wird alles leicht und einfach, verwandelt sich in Reinheit, aber es ist auch eine seltsame Komödie (*Pièces noires,* Seite 250f.).

Dieses Stück, das ganz von der Unbedingtheit der Heldin lebt, der zwar der Musiker Hartmann väterlich zuredet, womit er die Ahnenreihe der Helden des Sich-Abfindens bei Anouilh eröffnet, die wahre Gegenposition zur Aspiration – dieses Stück wurde 1934 geschrieben und 1938 triumphal uraufgeführt; es hat das Anouilh-Bild bis in die fünfziger Jahre hinein wohl am stärksten geprägt, wobei man aber zu sehr auf die Titelheldin fixiert blieb, nicht sah, welche anderen Ansätze neben ihrer Unbedingtheit schon auftauchen. Das Stück hat stärker als andere einen sozialkritischen Charakter und durchaus realistische Züge, womit es, von heute aus gesehen, ziemlich allein im Werk von Anouilh dasteht.

Wunsch nach Verwandlung des Lebens und die Einsicht in deren Unmöglichkeit ist auch das Thema der nächsten beiden Stücke gewesen, in denen sich der Anouilh-Stil zum ersten Mal deutlich herausgebildet hat. Dabei konfrontiert Anouilh seinen (diesmal männlichen) Helden mit der eigenen Vergangenheit.

In *'Y avait un prisonnier* (*Es war einmal ein Sträfling*, 1935 mit Erfolg aufgeführt) versucht ein nach fünfzehn Jahren freigelassener Sträfling, der im Gefängnis einen überraschenden moralischen Rigorismus erworben hat, den schon vorbereiteten Plänen seiner reichen Familie zu entfliehen: Er will nicht mehr sein, wie er doch war vor seinem Einsitzen. Am Ende flieht er: Er springt ins offene Meer, denn die Handlung spielt an Bord einer Hochseeyacht. Die Verfilmungsrechte dieses Stückes sicherten Anouilh die finanzielle Unabhängigkeit. Der Film wurde nie gedreht, und Anouilh hat das Stück für den Nachdruck gesperrt, wohl weil er mit der Konstruktion und dem Einfall, einen Sträfling einzusetzen, nicht mehr einverstanden war. Wegen des wichtigen Themas der Flucht, einiger Dialogpassagen und der Entwicklung von Anouilhs Spielauffassung bleibt das Stück von großem Aufschluß für das Werden des Autors.

1936 wandelt Anouilh das Grundthema in anderer Weise ab und präsentiert in seinem *Voyageur sans bagage*, seinem ersten großen Publikumserfolg, in Dialog, Spielauffassung, Personenprofil und Grundthematik das vielseitigste und vollendetste

Stück seines Frühwerks, den ersten »richtigen Anouilh« in Form und Inhalt und Aufführung, wenn man so will. Trotz der Einordnung als schwarzes Stück enthält es in seinem grotesken Ende wie in vielen Einzelheiten des Spiels doch genügend rosa Elemente, so daß es auch als ein Werk der Synthese aufgefaßt werden kann, welche selten sind bei Anouilh und wozu eigentlich nur noch *Eurydice* (1941) und vor allem *Becket* (1958) gezählt werden können.

Anouilh benutzt, in Erinnerung an Giraudoux' *Siegfried*, das Thema des Weltkriegssoldaten, der sein Gedächtnis verloren hat, der gewissermaßen als der »lebende unbekannte Soldat« herumläuft und dessen Identität von Hunderten suchender Familien geprüft wird. 1936 endlich wird er von seiner richtigen Familie gefunden, aber was er dabei über sein eigenes Vorleben erfährt, darüber, wie er war und mit wem er zusammenlebte, läßt ihn diese Zugehörigkeit ablehnen, obwohl seine Identität (für die Zuschauer) klar erwiesen wurde. Er macht sich mit einer anderen suchenden Familie auf und davon unter Ausnutzung einer kuriosen Geschichte, die er für den Augenblick erfindet: Er kann und will sich nicht akzeptieren.

Diese letzten Stücke haben die Aspirationsthematik als Suche nach einem anderen Leben, als Identitätsthematik ausgewiesen. Der abgelehnten (ehemaligen oder drohenden künftigen) persönlichen und sozialen Identität wird ein Streben nach einer Art höherer Identität und Integrität entgegengestellt, die aber nur in der Phantasie, in der erlebten oder gespielten Flucht, oder im Tod gefunden wird. Denn die Todesthematik, die nach 1936 eine zunehmend wichtige Rolle bei Anouilh spielt, ist in dieser thematischen Ausgangssituation begründet. Die jeweilige Spielkonstruktion legitimiert dabei lediglich die Distanz, die Anouilhs Helden zu sich selber einnehmen und die niemals in gedanklicher Reflexion liegt (wie bei den existentialistischen Autoren). Im Gegenteil scheint eine gewisse Bewußtlosigkeit bzw. Nichtbewußtheit für Anouilhs »Wilde« kennzeichnend zu sein, was auch im Streit um die Haltung der Antigone von Bedeutung sein sollte.

Die Fluchtlinie des Strebens von Anouilhs Personen formuliert der Reisende ohne Gedächtnis wie folgt: »Ihr seid vielleicht meine wirkliche Familie, meine Liebe, meine wirkliche Lebensgeschichte. Gut möglich, allerdings [...] gefallt ihr mir nicht. Ich lehne euch ab. [...] Ich bin vielleicht der einzige Mensch, dem das Schicksal es erlaubt, sich den Traum zu erfüllen, den alle träumen: Ich bin erwachsen, und ich kann doch, wenn ich nur will, wieder ein neugeborenes Kind werden [aussi neuf qu'un enfant].« (*Pièces noires,* Seite 370f.)

Etappen in Anouilhs Werk

Eine ausführlichere Würdigung, als sie hier möglich ist, müßte die Entfaltung von Anouilhs Grundthema und seiner spezifischen Theatersprache noch stärker in Zusammenhang bringen mit den Spielbedingungen auf den Pariser Bühnen und mit der besonderen gesellschaftlichen Situation Frankreichs in diesen Jahren der inneren Erschütterungen und äußeren Bedrohungen. Zeitbezüge finden sich bei Anouilhs frühen Stücken des öfteren, aber immer nur als fast kabarettistische Einlagen und gelegentliche Anspielungen, eine Eigenart, der der Autor bis heute verhaftet geblieben ist.

Die Aspiration, die unbedingte Heilssuche seiner zentralen Textgestalten im Frühwerk, ist die Kehrseite einer Verweigerung gegenüber der vorgefundenen Lebenswelt. Untergang oder Verwandlung ins Phantastische sind angesichts der Unbedingtheit die möglichen Ausgänge, sofern nicht eine resignative Bescheidung akzeptiert wird. Die Empörung von Anouilhs »Wilden« geschieht also nicht im Namen altruistischer Ziele oder ethischer Werte, es ist eine Empörung als Manifestation des Anspruchs auf eine Art von Integrität, die im sozialen Leben nicht erreichbar ist. Die Einordnung in das vorbestimmte Leben wird als (seelische) Dekadenz empfunden. Diese Attitüde wurde gerade von katholischen Kritikern immer wieder als Sehnsucht nach Gnade gedeutet, wobei das französische Wort für Gnade, la grâce, auch ästhetische Grazie bedeuten kann. Im Fall des Thomas Becket sehen wir dann die Vermischung dieser beiden Bedeutungen kulminieren. Die ästhetische, die psychologische und die spirituelle Bedeutung dieser Suche ist eben nicht entmischt bei Anouilh, gerade das Schillern macht die Faszinationskraft dieser im Grunde unhaltbaren »Revolte« aus. Dieses Streben geht nicht auf ein Tun, ein angebbares Ziel, einen Besitz usw., sondern auf eine Seinsweise, jene besondere Integrität, die in den Stücken immer wieder mit pureté (Reinheit) bezeichnet wird und als deren Feind la vie (das Leben) erscheint. Dieser Anspruch ist also im Grunde maßlos und unmenschlich. So hält man denn auch dem Helden des Stückes *'Y avait un prisonnier* entgegen: »Schließlich sind wir doch die wirklichen Menschen.«

Das gesamte Theaterwerk von Anouilh läßt sich verstehen als Entfaltung dieser Thematik der Aspiration. Die einzelnen Stücke und Phasen seines Werkes lassen sich danach einteilen und verstehen, woran sich das Streben festmacht, wogegen es sich wehren muß, welchen Ausgang es je findet, aber auch, aus welcher Perspektive es geschrieben ist. Denn dies ist die grundlegende Evolution von Anouilhs Theater, die haltlose Empörung wird bis zur *Antigone* auf die Spitze getrieben, in den Stücken der fünfziger Jahre umgewertet und zuletzt, seit *La Foire d'Empoigne (Majestäten)*, entwertet.

In seinem Frühwerk, bis 1946, dominieren die Heldinnen und Helden der Verweigerung und Empörung, ist die Position der bedingungslosen Aspiration privilegiert, wobei ihnen aber immer deutlicher widersprochen wird. In der *Antigone* (1942) ist erstmals eine Balance zwischen den Positionen des Aufbegehrens und des Sich-Abfindens erreicht. Mit dem Untergang dieser Titelheldin ändern sich bei Anouilh die Gewichtungen. In den Werken der mittleren Phase, beginnend mit *Médée* (1946), geht es um gewollten Ausgleich und Versöhnung, die aber vorerst noch scheitert. Höhepunkt dieser Phase und vielleicht des gesamten Werkes sind die Stücke *L'Alouette* (*Jeanne oder die Lerche,* 1953) und *Becket ou L'Honneur de Dieu* (*Becket oder die Ehre Gottes,* 1958). Aber auch die eigentlich positiven Helden von Anouilh, die einzigen, die er ihre Integrität finden läßt, halten an ihrem unbedingten Streben fest und zahlen den Preis des Untergangs, doch kommt ihnen dabei eine besondere, über ihre selbstbezogene Suche hinausweisende Bedeutung zu, was der protestierenden Antigone noch verweigert war.

Nach einer schöpferischen Pause zu Beginn der sechziger Jahre setzt mit *Cher Antoine ou L'Amour raté* (*Der gute Antoine oder die verfehlte Liebe,* 1967) die dritte Phase seines Werkes ein, ein Theater der Selbstreflexion und der Selbststilisierung, wobei immer wieder Theaterautoren zentrale Bühnengestalten sind, so daß wir einen deutlichen autobiographischen Bezug unterstellen dürfen, wenn auch, wie stets bei Anouilh, nicht beweisen können. Immerhin ist der allen und allem überlegene erfolgreiche Autor, Antoine de Saint-Flour, wie er im Stück genannt wird, nichts anderes als das Endstadium der Anouilhschen Aspiration, die sich somit als eine besondere Art von Ästhetentum erweist.

Hier können nun nicht die Wendungen und Schritte im Werk von Anouilh wie auch die der Kernthematik innewohnenden Widersprüche entfaltet werden; es sollte nur gezeigt werden, worin die oft festgestellte obsessionelle Einheit dieses umfangreichen Werkes liegt und längs welcher Achsen sich seine ebenso oft berätselte Entwicklung vollzogen hat. Auch hier müßten die Bezugnahme auf seinen Platz im Theaterleben sowie die Rückwirkung von Zeitereignissen dazu gesehen werden: Beides ist in der doch so umfangreichen Anouilh-Forschung noch nicht geleistet worden, die sich weitgehend zwischen Faszination und Enttäuschung bewegt hat und dabei, trotz aller Untersuchungen zu Anouilhs Theatersprache, den Spiel-im-Spiel-Techniken usw., nicht gesehen hat, daß seine dramaturgischen Mittel nur eine Auswirkung derselben szenischen Algebra sind, seiner Variation und Verschiebung anhand desselben Grundthemas des unversöhnlichen Strebens.

In den Vorkriegsstücken richtet sich der Anspruch auf ein anderes Leben gegen die vorgefundenen sozialen Bedingungen und gegen die allzu menschlichen Schäbigkeiten. Seit der *Antigone* (1942) bricht nun noch eine andere Wirklichkeit ein: die Politik, allerdings auf besondere Weise.

Anders als manche Autoren der engagierten Rechten und der engagierten Linken aus jenen Jahren um 1940 bietet Anouilh seinen suchenden Helden gerade keinen Ausweg in ein kämpferisches Engagement an. Seiner rebellierenden Antigone rät der König Kreon ausdrücklich davon ab, nachdem er ihr die politische Scheinmotivation genommen hat. Politik ist bei Anouilh eine reservierte Domäne, ist etwas für »Könige«, wenn sie auch in Frankreich seit 1789 leider zumeist in der Hand von »Jakobinern« ist, besessenen und selbstsüchtigen Emporkömmlingen, die zeitlebens mit ihrer Illegitimität ringen und nicht die zeitlosen Interessen Frankreichs wahrnehmen können. Sein Anti-Held Bitos, ein Staatsanwalt, der sich für Robespierre hält, wird in diesem Sinne (stellvertretend) gnadenlos kritisiert; seine psychologische Substanz aber ist dieselbe wie die der einstigen (sympathischen) »Wilden« bei Anouilh.

Seit Kreon also macht sich bei Anouilh in der abgehobenen Sphäre der Politik sein eigenartiger Monarchismus breit, der dann in den späten Stücken ernsthafte Überzeugung des Autors zu sein scheint, der (etwa in *Les poissons rouges* von 1968 oder in *La Foire d'Empoigne*, 1958) auch vor eingefügten politischen Tiraden nicht zurückschreckt. Diese Absonderung der Politik erlaubt es Anouilh, unterhalb des Öffentlichen eine gesonderte Privatsphäre zu etablieren, in der einzig und allein »das Leben« möglich ist, bei Zurücknahme der einstigen Aspiration. Solange es nur den Widerstreit von Anspruch und sozialer Schäbigkeit gab, war kein Ausweg zu sehen, der Konflikt mit der Lebenswelt und das Unbehagen in den vorgezeichneten Lebensmodellen mußten ausgetragen werden, wobei die »Wilden« zu Märtyrern der sozialen Banalität wurden. Seit *Antigone* aber taucht die Position des Akzeptierens auf. Zwar hatte schon in *La Sauvage* (1934) der Musiker Hartmann der unzähmbaren Thérèse ein bescheidenes Glück anempfohlen, doch blieb seine Rolle noch blaß. Kreon spricht deutliche und unwiderlegte Empfehlungen aus und treibt Antigone damit in die Enge: Zum letzten Mal kann sie ihren Haß auf das vorgezeichnete Leben herausschleudern, zum letzten Mal die Unbedingtheit ihres Anspruchs formulieren; aber dann bricht diese grundlose Aspiration zusammen. »Ich weiß nicht mehr, warum ich sterbe«, sagt sie im Gefängnis, in ihrer letzten Szene.

In *Médée* wird die Aspiration gewissermaßen aufgespalten: in die rasende, untergangssüchtige Medea und den umkehrbereiten Jason. Was Kreon im Politischen suchte, das sucht, nach Medeas Selbstverbrennung, Jason nun auch im Privaten: eine neue Lebensordnung. In einer geordneten Welt erst kann sich ein beruhigtes Privatleben entfalten. Es ist das Lebensbild des Traditionalismus, das hier auftaucht, mit seiner Dissoziation von Politik und Privatheit, und das gerade in der remoralisierenden Periode des Vichy-Regimes in der politischen Propaganda, in Reden, in der Literatur eine neue Konjunktur erlebte.

Das heißt nicht, daß Anouilh in seinem Werk in letzter Konsequenz die Glorifizierung eines von Politik und seelischen Ansprüchen befreiten Privatlebens betreibt. Zwar läßt er in *La Foire d'Empoigne* seinen König Ludwig sagen: »Das wahre Leben ist das Privatleben.« (*Pièces costumées,* Seite 358) Und er läßt ihn dort auch von einer theatralisierten Auffassung des Lebens abraten. Aber gerade diese Theatralisierung des Lebens ist der eigentliche Fluchtpunkt von Anouilhs Aspiration. Für seine »großen Gestalten« gilt es, ein theatralisch-heroisches Lebensbild zu verfolgen, und sei es um den Preis des Untergangs. Das eigentliche Feld der Aspiration, unter Abwendung von Politik und Lebenswelt, sind das Heroische, die Liebe, das Theater, und auch: der Glaube, also samt und sonders Positionen im Feld der Phantasie, sagen wir: im Bereich des Imaginären. Es geht bei Anouilh um kein bloßes Spieltheater und auch nicht um Ideen über Zeit und Leben; Anouilhs Theater ist ein Theater der selbstbewußten Phantasie, seine Helden sind Helden des Imaginären.

Dieses Streben nach einer Heldenrolle im Bereich des Imaginären kann ins Leere (wie in den frühen Stücken) oder auch später in den Zynismus führen (so in seiner Don-Juan-Variante *Ornifle*). Es kann aber auch, unter bestimmten Umständen, wieder unter die Menschen führen und eine nicht (nur) selbstbezogene Bedeutung annehmen. Nur aus diesen Überlegungen heraus sind von der Theatertechnik her seine *Alouette* (1953) und von der Thematik her sein *Becket* Höhe- und Endpunkte seiner Kernthematik, sind die beiden Heiligen in jenen Stücken die einzigen Gestalten bei Anouilh, die an ihrer Unbedingtheit festhalten und doch eine bestimmte Art von Erlösung finden und die, gerade in ihrer Theaterhaftigkeit, als Medium der Erlösung der anderen wirken können.

Jean Anouilh und die Besatzungszeit

»Eine gute Besatzungspolitik darf nicht unterjochen, sie muß korrumpieren«, so läßt Anouilh seinen Becket sagen (*Pièces costumées,* Seite 209). Dieser zynische Satz ist ein durchaus treffendes Resümee der deutschen Besatzungspolitik in Frankreich von 1940 bis 1944. Er ist zugleich eine der vielen Stellen, in denen Anouilh immer wieder mit gezielter Bösartigkeit auf diese schwierige Zeit eingeht. Seine ideologische Position am Rande der französischen Rechten wird dadurch noch brisanter. Andererseits tauchen solche Passagen erst nach 1953 auf (dem Jahr, in dem in Frankreich eine Teilamnestie für Vergehen in der Besatzungszeit erlassen wurde). In jenen schwarzen Jahren selber ist die Position von Anouilh komplizierter; er hat sich sehr wohl von der Ideologie des Vichy-Regimes beeinflussen lassen, aber keine öffentliche Stellungnahme für die neue Politik abgegeben. Allerdings hat er im weitergehenden Kulturleben eine wichtige Rolle gespielt, hat die Besatzungszeit in seiner Karriere eine entscheidende Etappe markiert.

Für ausländische Leser ist es schwer, die Verwicklungen jener Zeit (Instanzen, Tendenzen, Absichten und Tatsachen) und vor allem ihre Brisanz für die innerfranzösischen Auseinandersetzungen zu erfassen. Zum Verständnis seines Stückes *Antigone*, in dem sich zeitgeschichtliche Einflüsse und die Evolution des Autors seltsam miteinander verknüpfen, ist es nötig, einen Blick auf jene Zeit zu werfen.

Für das im Blitzkrieg siegreiche Hitlerdeutschland war nach 1940 die Existenz einer scheinsouveränen und stets gesprächsbereiten und kooperationswilligen französischen Regierung, die unter Marschall Pétains Leitung in Vichy residierte, die bequemste und billigste Lösung, um Frankreich aus dem weitergehenden Krieg zunächst gegen England und ab 1941 gegen die Sowjetunion herauszuhalten. So wurden Kosten und Personal gespart bei unverminderter Zulieferung Frankreichs für die deutsche Kriegsindustrie (Güter, Lebensmittel, Arbeitskräfte). Für Hitler war und blieb Frankreich ein Gegner, mit dem nach dem Krieg abgerechnet werden sollte, der Waffenstillstand vom Juni 1940 war nur hinhaltend gemeint. Nur vorläufig sollte auf relative Milde taktiert werden, wozu mit Otto Abetz sogar ein Botschafter in das doch besetzte Paris entsandt wurde, so daß es deutscherseits diplomatische, militärische und repressive Instanzen nebeneinander gab, was die Nachzeichnung jener Jahre ungemein kompliziert.

Eine innere Umwandlung Frankreichs zu einem autoritären Regime konnte, da es in der NS-Logik ja eine Stärkung bedeutet hätte, nicht das Interesse deutscher Politik sein. Allerdings gaben sich die führenden Köpfe des Vichy-Regimes der Illusion hin, daß die überraschende Niederlage von 1940 auch die Chance zu einer generellen Neuordnung Frankreichs im Innern gebe, und zwar im Sinne einer Abkehr von der republikanischen Tradition und unter Rückgriff auf traditionalistische und eher monarchistische Vorstellungen der Action Française. Dies blieb mehr Chimäre und Propaganda, doch beherrschten französische Selbstkritik und Umwandlungsphantasien die Medien jener Zeit; auch die Tiraden von Anouilhs König Kreon wie sein Wille zur Errichtung einer Neuen Ordnung, um im Vichy-Sprachgebrauch zu reden, verdanken sich den ideologischen Strömungen jener Tage. Diese innerfranzösischen Auseinandersetzungen und Abrechnungen sowie die Ziele der deutschen Frankreichpolitik nach 1940 als einer Politik des Ablenkens, Hinhaltens und Ausbeutens sind auch bei Analysen zur Kultur jener Zeit zu beachten. Für die Franzosen waren Literatur, Film, Theater, Kabarett Mittel der Selbstbesinnung und natürlich auch Geldquellen in dürftiger Zeit, von der Zerstreuungsfunktion ganz abgesehen. Für die Deutschen war das Weitergehen eines relativ umfangreichen kulturellen Lebens (das gleichwohl durch stete Zensur überwacht wurde) ein wichtiges Element in der Aufrechterhaltung der öffentlichen Ordnung. Um es überspitzt zu sagen: Die deutsche Kulturpolitik war unpolitisch in ihrem Inhalt (es sollte nur in Maßen NS-Ideologie propagiert werden), aber hochpolitisch in ihrer Funktion. Deswegen können die kulturellen Produktionen dieser Zeit nicht schlicht auf ihre ideologische Konformität mit der Besatzungsmacht hin untersucht werden; wichtiger ist, welche Position in den innerfranzösischen Auseinandersetzungen eingenommen wird, ob und wie die betreffenden Urheber am offiziellen und von den Deutschen gewünschten und überwachten kulturellen Leben teilgenommen (und verdient) haben. Deshalb sollte man auch den »Widerstandsgehalt« von Texten und Stücken jener Zeit, sofern sie nicht dem organisierten Widerstand, der Résistance, zugehörten, nicht übertreiben.

Für die Theaterkarriere von Anouilh sind die vier schwarzen

Jahre von einiger Bedeutung. 1940 ist er eine gefeierte Theaterhoffnung, gilt er bereits als erster Dramatiker der Nachwuchsgeneration. 1944 nach Giraudoux' Tod und der Uraufführung seiner *Antigone* hält er, trotz allem Streit um ihn und sein Stück, schon den Spitzenplatz im Pariser Theater.

1940/41 werden drei Stücke von Anouilh uraufgeführt *(Le Rendez-vous de Senlis [Das Rendezvous von Senlis], Léocadia, Eurydice).* Die Stücke sind noch vor der Invasion entstanden. *Eurydice* aber ist für das ziemlich vergnügungssüchtige Publikum der schwarzen Jahre ein zu düsteres Stück, so daß es nur ein Achtungserfolg und ein finanzieller Reinfall für Barsacq wird. Anouilhs neues Stück *Antigone* erscheint da als sehr unpassend, und es muß, obwohl es schon im Herbst 1942 von einem wohlmeinenden oder zerstreuten deutschen Offizier den Erlaubnisstempel der Zensur erhalten hat, bis Anfang 1944 auf die Uraufführung warten, wird dann aber, in der spannungsgeladenen Atmosphäre der letzten Besatzungsmonate, zu einem Erfolg ohnegleichen, zu dem die kontroverse Auslegung des Stückes viel beiträgt.

»Antigone«

Der Name der antiken Heldin auf dem gelben Theaterplakat des Théâtre de l'Atelier sei ein Mißverständnis, schreibt der Kritiker der im Untergrund erscheinenden Zeitung der intellektuellen Résistance, *Les Lettres Françaises.* Der Zuschauer könne nämlich meinen, daß die vom Stoff vorgegebene Zuwiderhandlung der Heldin gegen das Bestattungsverbot für ihren Bruder, daß ihr Nein gegenüber dem neuen Machthaber Kreon, der eine neue Ordnung schaffen wolle, ein Akt des Widerstandes sei. Antigone sei in diesem neuen Stück aber keine Widerständlerin, sondern eine Nihilistin, die dem Diktator im Grunde nichts entgegenzusetzen habe.

In der Tat: Die Auffassung von *Antigone* als einem Stück des

Widerstandes oder über den Widerstand ist ein Mißverständnis. Aber nichts war für dieses Stück nützlicher als eben dieses Mißverständnis, löste es doch heftige Kontroversen und anhaltendes Publikumsinteresse aus. Die Uraufführung der *Antigone* im Februar 1944 gehört zu den bemerkenswertesten kulturellen Ereignissen der Besatzungszeit. Über zwei Monate hinweg findet sich eine Flut von Artikeln zu dem Stück, andere Versionen des antiken Stoffes werden auf die Spielpläne gesetzt. Mißverständnis ist allerdings ein gutes Stichwort: Die ganze Besatzungszeit war ein Mißverständnis, die Diskussion um dieses Stück war und ist voller Mißverständnisse, aber all das liegt nur an dem grundlegenden Mißverständnis, das im Stück statt hat: Die Zuwiderhandlung Antigones gegen Kreons Bestattungsverbot ist selber ein Mißverständnis; im Gegensatz zu dem, was von einer Heldin des Widerstandes zu erwarten wäre, hat und findet Antigone keine Gründe für ihre Tat. Für mich, für niemanden, so muß sie eingestehen, hat sie gehandelt: Sie ist getrieben von demselben Hochmut, der auch andere Gestalten von Anouilh antreibt, und das Dekret des Kreon war nur ein Anlaß, ein Vorwand.

Das Entscheidende an der Stoffkonstruktion Anouilhs ist, daß er diese Enthüllung des Mißverständnisses dem König Kreon als Funktion zuweist. Während in der antiken Vorlage des Sophokles es nur eine kurze Konfrontation zwischen der Aufbegehrenden und dem Tyrannen gibt, legt Anouilh sein Stück so an, daß alles um einen langen Dialog der beiden Hauptgestalten kreist, wobei Antigone den Teil bis zum Zusammentreffen beherrscht (der Reihe nach treten ihr die Personen ihres Lebens gegenüber, von dem sie Abschied nehmen muß) und der zweite Teil bis zum Schluß von Kreon geprägt ist, der ungebeugt bleibt und ungebrochen die Bühne verläßt – niemand kommt ihn kritisieren. Allein diese Konstruktion zeigt, was die Absicht des Autors war: die Ablösung der (untergehenden) Heldin des Aufbegehrens durch einen Helden des Akzeptierens (der aber eine Spaltung vornimmt: Politik ist zynisches Geschäft der Könige; für die anderen ist das heile Privatleben das Beste).

Der Verlauf des zentralen Dialogs macht das noch deutlicher. Antigone werden von Kreon alle möglichen Gründe für die Zuwiderhandlung (Religion, Bruderliebe, Politik) weggenommen. Zuletzt enthüllt er ihr noch, daß auch sein Dekret nur ein propagandistischer Trick ist: Der blutige Bruderkrieg in Theben wurde von beiden Seiten mit schäbigen Mitteln und Gründen geführt, seine Unterscheidung zwischen dem guten und dem schlechten Bruder dient nur der Remoralisierung der Neuen Politik, sein Dekret (das sagt er nicht, aber wir verstehen es so) ist nur ein Test auf die Gültigkeit der neuen Macht. Und damit ist es ihm ernst: Er hat sich nicht nach der Königswürde gedrängt, aber nun will er das Amt auch gründlich ausüben und eine neue Ordnung errichten, die mit den alten finsteren Geschichten Schluß macht. Hinter dem Schicksal Kreons steht also eine Geschichte, die viel interessanter und ereignisreicher ist als die Antigones, die nichts weiter tut, als mit einer einzigen Geste dem Dekret zuwiderzuhandeln: den schlechten Bruder symbolisch doch zu bestatten.

Dieser politischen und persönlichen Motivation Kreons hat Antigone nichts Gleichwertiges entgegenzusetzen, sie hat nur ihre im Anfang beschworene Kinderwelt und ihren unbedingten Protest. Denn das ist das Entscheidende: Dieser Protest hat keine Gründe. Und seine faszinierende Wirkung auf Kreon, auf Hämon, auf Ismene und auf das Publikum liegt in dieser Grundlosigkeit, dieser Unbedingtheit. Es ist nur die Unbedingtheit des Heilsanspruchs, den wir schon aus den anderen Stücken von Anouilh kennen. Deswegen ist es falsch, über Motive nachzudenken (und auch falsch, sich vom Bild der antiken Heldin blenden zu lassen); das einzige Thema ist die Unbedingtheit. Sie ist nämlich absurd und doch wirksam. Das Geheimnis Antigones ist, daß sie die anderen zwingt, ihre Relativität, ihre Bedingtheiten, ihre Begrenzungen bloßzulegen. Das zeigt sich an Kreon, der sich ihr gegenüber unablässig rechtfertigt, obwohl sie sich gar nicht auf seine Argumente einlassen will. Das zeigt sich an Hämon, der sich nicht auf ein banal gewordenes Leben einlassen will. Das zeigt sich sogar an der anfangs so zaghaften Schwester Ismene.

Aber in dieser auslösenden Wirkung liegt die Funktion Antigones, besonders Kreon gegenüber: Dessen Entscheidung für das Amt wird dadurch glorifiziert. Und seiner Inthronisation dient dieses Stück. Antigone ist sympathisch, aber sie hat keine Gründe. Kreon ist zynisch in seinen Mitteln, aber er hat recht. In der Kerkerszene sagt es Antigone ja selbst. Kreon rechnet ab mit der unbedingten Aspiration der »Wilden«, die sich auf keine Lebensordnung einlassen wollen, die mit ihrer Unbedingtheit die Bedingungen menschlichen Lebens zerschlagen. Im Werk von Anouilh löst hier eine Position und ein Gestalttypus den anderen ab.

Nur reicht diese Deutung im Werkzusammenhang nicht aus. Denn so wie es keinen Zweifel geben kann, daß Kreon der eigentliche Sieger des Stückes ist, so wenig kann geleugnet werden, daß seine langen politischen Tiraden, daß seine Redensarten und Bilder, ja daß die ganze Logik seiner Neuordnungspolitik, die als moralische Wiederaufrichtung und als Erziehungsdiktatur angelegt ist (»damit die Dickköpfe, die ich regiere, endlich begreifen«), hergeleitet sind aus dem Gedankengut der Vichy-Zeit. Dies beweist die Entstehungsgeschichte des Textes, eine Bezugnahme auf die Propaganda des Vichy-Regimes und nicht zuletzt die Diskussion unter den ersten Zuschauern und Kritikern. (Näheres jetzt in dem oben angeführten Werk des Verfassers dieses Nachwortes.)

Sonderbar an diesem Stück ist, daß die gedankliche Entwicklung des Autors und die Zeitgeschichte zusammenfallen: Es gilt die werkimmanente Deutung ebenso wie die zeitbezogene Deutung, weil auch die Verweigerungsthematik der Vorkriegszeit durchaus ein Reflex der gesellschaftlichen Verhältnisse war. Vichy wollte eine »Wende« in der französischen Politik, wollte weg von der alten Negativität – die sich eben auch in Anouilhs Vorkriegstheater zeigt. Gerade in der offiziell erwünschten Literatur der Besatzungszeit gab es ein lächerliches Moralisieren. Davor bleibt Anouilh aber dadurch bewahrt, daß er seinen König offen den Zynismus seiner Methoden erklären läßt und daß er seine Rebellin nicht unsympathisch macht.

Mit Recht allerdings rügt der Kritiker der Résistance, daß die nihilistische und selbstbezogene Haltung Antigones keine motivationale Basis für Widerstand abgeben könnte – denn auch die Résistance wurde von ihren Mitgliedern als neue Schule der Moral, des Realismus und der Verantwortung aufgefaßt.

Das Kuriose ist nur, daß die Inspiration zu dieser seltsamen Konfrontation bei Anouilh von einem Ereignis der Besatzungszeit ausgelöst wurde, das als Akt des Widerstandes aufgefaßt werden konnte. Im September 1941 wurde bei der Einweihung einer Kaserne französischer Freiwilliger für die deutsche Ostfront ein Attentat auf Pierre Laval verübt, der in jener Zeit zwar nicht mehr (wie bis Dezember 1940) Ministerpräsident des Kabinetts von Marschall Pétain war, dessen Rückkehr an die »Macht« in Vichy aber schon abzusehen war (was dann im April 1942 auch eintrat). Laval wurde dabei nur verletzt. Nach eigenem brieflichen Zeugnis hat Anouilh ausgehend von den ausführlichen Berichten über den Vorfall sein Stück konzipiert (und einzelne Spuren lassen sich im Text nachweisen). Der Attentäter war ein junger Arbeitsloser, der sich als Freiwilliger gemeldet hatte und vermutlich manipuliert war zu Zwecken einer internen Abrechnung in Kreisen der Kollaboration, eine wahrhaft küchenmäßig üble Intrige, um wie Kreon zu reden.

Als das Stück in der meisterhaften Inszenierung von André Barsacq Anfang 1944 auf die Bühne kam, gab es, anders als 1942, eine ernst zu nehmende Résistance, die mit spektakulären Aktionen von sich reden machte, so daß es im Publikum und wohl auch in der Kritik zu Mißverständnissen gekommen ist. Die

Deutschen haben die Aufführung nicht verhindert. In ihrer offiziellen Zeitung, der *Pariser Zeitung*, erschien eine zurückhaltende, aber nicht ablehnende Kritik. In der offiziellen Pariser Presse gab es überschwengliches Lob für Stück, Inszenierung und Darstellung. Ablehnungen waren dort die Ausnahme.

Der intellektuelle Widerstand, der Anouilh ohnehin nicht zu den Seinen zählen konnte, lehnte, wie gesagt, das Stück ab. Nach der Befreiung, im Herbst 1944, wollten die »Säuberungskomitees« die Wiederaufnahme des Stückes verhindern; es gab eine Kampagne gegen Stück und Autor, es wurde sogar Druck ausgeübt. Als aber der neue gaullistische Militärgouverneur von Paris nach einem Theaterbesuch seinen Beifall bezeugte, konnte das Stück seine Erfolgskarriere fortsetzen. Die Kontroversen und die jeweiligen Positionen gerieten bald in Vergessenheit. Sogar ins Ausland kam dieses Stück, ja es wurde das eigentliche Mittel für Anouilhs weltweiten Erfolg. In den westlichen Besatzungszonen Deutschlands wurde es ab 1946 mit großem Erfolg gespielt – übrigens als offizieller Kulturexport Frankreichs von der Pariser Regierung gefördert! Nach den USA kam das Stück gar mit der Aura eines Widerstandsstückes, ein Mißverständnis, das bis heute die umfangreiche amerikanische Anouilh-Kritik bestimmt.

Das Stück erschöpft sich nicht in seinem werkimmanenten und nicht in seinem zeitgeschichtlichen Bezug. Die fragwürdige Revolte der Titelheldin ist zu einem Symbol der neueren Jugendrevolte geworden, für eine Attitüde der Verweigerung, die ein Jahrhundertproblem ist. Und als solches hat das Stück seine Aktualität und seine faszinierende Wirkung bewahrt, dürfte es als Reflexionsmodell anregend bleiben. Es sollte aber gesehen werden, daß die grundlose Revolte Antigones einen in sich und von seinem ideologischen Gehalt her sehr fragwürdigen Gegenentwurf hervorgerufen hat. Soll Kreon wirklich recht behalten? Das ist doch sehr die Frage.

Erst wenn man sieht, daß Antigone (als Gestalt) nicht die idealisierte Heldin einer legitimen Revolte ist (zuletzt ist sie ein gefangenes Reh, ausgeliefert, mitleiderregend), daß sie kein Bilderbuchideal ist (denn es wird ihre Schwäche und Haltlosigkeit gezeigt, ihre Revolte findet weder Substanz noch Form), daß sie keine Variante der antiken Heldin, sondern daß sie eine Variante einer Anouilh-Figur ist, erst dann erkennt man die Wandlung in Anouilhs Werk, die an den Gestalten der Jeanne d'Arc und des Thomas Becket deutlich wird. Hier, nur hier, werden ideale Bilder gezeigt. Hier, nur bei diesen, findet die unbedingte Aspiration eine legitime Form und dadurch eine nicht selbstbezogene Wirksamkeit. Aber auch hier ist dasselbe unbedingte Streben das Grundmotiv. Nur wird ihm eine Sphäre zugewiesen, die Antigone noch verweigert war: die Ebene der großen Politik (der Geschichte) und der Religion (als des eigentlichen Feldes des Unbedingten), wenngleich Religion hier in einem problematischen Amalgam zur Ästhetik steht.

Die Aspiration führt zu keiner Lösung oder Erlösung. Man kann sich nur von ihr lösen im Namen des einfachen Lebens, des von Kreon anempfohlenen Glücks. Die Aspiration selber kann nur zu ihrer extremen Darstellung führen, zur Theatralisierung des Lebens. Auch dies wird den neuen Heiligen zugestanden, wie es Antigone verweigert war (wobei der Wegfall des Sprechers, der noch die Handlung der *Antigone* begleitet, eine Rolle spielt). Das gesuchte Heil liegt zu guter Letzt allein in der Darstellung, die man seiner Hoffnung, seinem Streben gibt. Aber wenn diese Darstellung in einer besonderen Situation gelingt, dann löst das ästhetische Spiel der idealen Rolle eben doch etwas aus, das ist das Erfolgsgeheimnis der Jeanne in *L'Alouette,* das auch ist das Rätsel der plötzlichen Bekehrung und des Märtyrertums des Becket. (Negativ im Kontrast dazu die Figur des Robespierre-Bitos, der illegitim bleibt.)

»Becket oder die Ehre Gottes«

Welch ein seltsames Stück: Den ganzen langen zweiten Akt über geschieht fast nichts, es wird nur endlos geredet, gewartet, vorbereitet, wobei es um ein nebensächliches Ereignis geht: Thomas Becket hat als Kanzler für seinen siegreichen König Heinrich von England in einer französischen Kathedrale ein Treffen mit einem Kardinal der unterlegenen Gegenseite arrangiert, was der Besatzungspolitik des eigentlich nicht so feinfühligen Königs dienen soll. Nur will dieses Treffen nicht zustande kommen. Zuerst gibt es einen langen Anmarsch durch die Stadt, dann taucht ein junger Attentäter auf, ein kleiner Mönch, den Becket unter seine Fittiche nimmt, schließlich kommt ein Eilbote aus England und meldet den Tod des königsfeindlichen Erzbischofs von Canterbury. In einer Augenblickseingebung schlägt der König seinen Freund und Kanzler als dessen Nachfolger vor, der sich nach langem Sträuben schließlich fügen muß, so wie er schon aus einer Laune des königlichen Freundes im ersten Akt zu dessen Kanzler wurde. Becket kündigt düster an, er könne nicht zugleich Gottes Diener und Freund des Königs sein, denn diese Ernennung, die sich als der eigentliche »Inhalt« des Aktes erweist, hat den leichtlebigen Becket tief getroffen. Noch am Ende des Aktes sehen wir ihn nach Canterbury aufbrechen und alle seine Besitztümer zugunsten der Armen verkaufen.

Nun aber der dritte Akt. Welch ein Aufwand an Personal, Orten, Kostümen! Sieben verschiedene Schauplätze werden vorgeführt, England, Frankreich, der Vatikan. Und welche Persönlichkeiten: der englische König samt Familie, der französische König und gar der Papst (bzw. nur einer von beiden, denn es herrschte gerade ein Schisma). Aber alle Hofintrigen, Aufmärsche und diplomatischen Demarchen dienen nur dazu, den durch seine bloße Ernennung so sehr verwandelten Becket auf eine vernünftige politische Linie zu bringen, die verschiedene Interessen vereinigen läßt. Mit diesem ungleichen Gleichgewicht von absurder Verwandlung und kostümierter Weltpolitik, der rätselhaften Halsstarrigkeit eines Menschen, der ein Zentrum seines bisher so leeren Lebens gefunden zu haben glaubt, und der Ohnmacht der praktischen Vernunft (und des geschäftsmäßigen Zynismus) angesichts dieses Strebens – damit sind wir im Zentrum von Anouilhs Werk.

Hier wird ein Held des Imaginären und der eigenen Aspiration, die zuvor nur auf Schönheit, Liebe, Spiel, Krieg, Jagd gerichtet war, verwandelt in einen, der seine Ehre und seine Aufgabe gefunden zu haben glaubt, weil er plötzlich Sachwalter der »Ehre Gottes« geworden ist, was nach seinem Lebenslauf, der aber schon einmal als Archidiakon nach Canterbury geführt hatte, nicht zu erwarten war. Ist diese Konversion glaubhaft oder nur ein letztes, höchstes Spiel? Immerhin wird Becket zum Blutzeugen des Gefundenen; die in Anouilhs Frühwerk so unhaltbare Aspiration scheint in dieser Verwandlung doch die Existenz von etwas Unbedingtem zu bezeugen, was der Strebende selber nicht geahnt hat, denn, um mit Kierkegaard zu sprechen: »Der einzige Ausdruck dafür, daß ein Unbedingtes da ist, ist, dessen Märtyrer zu werden oder Märtyrer für es.«

Aber wofür wird Anouilhs Heiliger ein Märtyrer? Für den Glauben, für eine Politik der Kirche, für eine neue »integristische« Politik, die nämlich keinen Gegensatz zwischen weltlich und geistlich mehr kennen würde – oder eben doch für seine selbstbezogene Suche (wie Antigone)? Das Rätsel der Verwandlung des Thomas Becket und sein Weg zum Tod in seiner Kathedrale sind der Stoff, an dem sich Anouilhs Kernthematik und auch viele wichtige Nebenthemen am deutlichsten, am konsequentesten und in dieser Weise letztmals austragen.

Doch fließt in dieses Stück so viel historisches Material in einer bestimmten Deutung ein, daß wir zunächst uns fragen müssen, wer denn der historische Becket (1118–70) eigentlich war.

»Thomas von Cantuaria lebte an des Königs von England Hofe, aber da er sah, daß daselbst mancherlei wider den Glauben geschah, machte er sich auf von Hofe und kam zu dem Erzbischof von Cantuaria; der machte ihn zu seinem Archidiakon. Darnach bat ihn der Bischof selbst, daß er darein willige, des Königs Kanzler zu werden, damit er durch seine Weisheit die Anschläge des Bösen wider die Kirche zunichte mache; das tat er, und der König gewann ihn so lieb, daß er ihn nach des Erzbischofs Tode an seiner Statt auf den bischöflichen Stuhl setzen wollte. Dem widerstund Thomas lange, aber endlich fügte er sich dem Gebote des Gehorsams und bot seine Schultern demütig dieser Last. Alsbald ward er ein anderer Mensch, und er verwandelte sein Leben zur Vollkommenheit. [...] Doch hielt er seine Heiligkeit heimlich, und tat mit würdiglichem Gewand und äußerer Zierat den Menschen genug. [...] Nun wollte der König zu der Kirche Schaden Sankt Thomas in seinen Willen zwingen und begehrte, daß er ihm etliche Rechte bestätige, die wider die Freiheit der Kirche waren und die seine Vorfahren auch besessen hatten. Das wollte Thomas in keiner Weise tun. Davon fiel der Zorn des Königs und aller Fürsten des Landes auf ihn.«*

So erzählt im 13. Jahrhundert der Dominikaner Jacobus de Voragine in seiner Sammlung von Heiligenleben, der sogenannten *Goldenen Legende,* den Konflikt, der Becket schließlich auf Wunsch des Königs das Leben kostete nach Exil und vergeblicher Vermittlung. Vor allem wird das böse Ende seiner Mörder sowie die Wundertätigkeit der Reliquien und die Volksverehrung ausführlich geschildert. Der Konflikt und die Verwandlung Beckets werden dabei um einiges beschönigt.

Die Ermordung des Erzbischofs Thomas Becket am 29. Dezember 1170 in seiner Kathedrale löste einen großen Schock aus, wie das umfangreiche Echo in Gestalt vieler schriftlicher Berichte von Zeitgenossen bezeugt.** Dieser Tod war nicht das

* Die *Legenda aurea* des Jacobus de Voragine, in der Übersetzung von Richard Benz, Heidelberg, 9. Auflage 1979, Seite 78ff.

** Vgl. Thomas M. Jones (Herausgeber): *The Becket Controversy,* New York und London 1970.

Ende eines siebenjährigen Kampfes, sondern nur eine Etappe in der Auseinandersetzung zwischen Königtum und Kirche in England, denn als Märtyrer und populärer Heiliger (wenn Bekket als Mensch wohl auch nicht sehr gewinnend war) wirkte er fort, so daß der König, als er in politische Bedrängnis kam, die Sache des Toten zu seiner eigenen machen mußte in Form eines öffentlichen Bußgebetes am Grabe des schon 1173 Heiliggesprochenen.

Heinrich II. von England war neben Kaiser Friedrich I. Barbarossa eine der bedeutendsten Herrschergestalten des 12. Jahrhunderts. Als er 1154 König geworden war, begann er ein politisches, administratives und ökonomisches Neuordnungswerk, bei dem Thomas Becket als sein Kanzler einer der tüchtigsten Helfer war. Becket war deutlich älter als der König, er war nichtadliger Herkunft und für seinen prunkvollen Lebensstil berühmt. Als Becket 1161 zum Erzbischof von Canterbury gemacht wurde, glaubte der König gewiß, ihn als Mittel seiner Kirchenpolitik gebrauchen zu können im Streit um die Besteuerung der Geistlichkeit sowie um die Gerichtshoheit in Streitfällen, in die Geistliche verwickelt waren. In den nächsten Jahren geriet Becket aber in einen Gegensatz zum König, der sich nach der Durchsetzung der sechzehn Konstitutionen von Clarendon, denen Becket zunächst zugestimmt hatte, zum offenen Streit ausweitete, in dessen Verlauf Becket nach Frankreich ins Exil ging. (Die normannischen Eroberer Englands besaßen noch weite Gebiete in Frankreich, nicht zuletzt durch Heinrichs Vermählung mit Eleonore von Aquitanien.) Nach langwierigen Vermittlungen schien 1170 ein Kompromiß erreicht, doch gab sich Becket nach seiner Rückkehr an seinen Amtssitz alles andere als friedfertig, so daß der jähzornige König, wenn man den Quellen glauben kann, seinen Tod wünschte.

Die Geschichte des Thomas Becket spielt auf verschiedenen Ebenen. Der Konflikt mit der Krone ist eine Episode aus dem großen mittelalterlichen Thema der »Beiden Reiche«, des Verhältnisses von weltlicher und geistlicher Macht. Im engeren Sinne ist es eine Episode aus der Phase der inneren Neuordnung Englands durch Heinrich II. Es ist auch eine Episode in der innerenglischen Kirchengeschichte, denn in der Rivalität der Erzbistümer York und Canterbury bezüglich des Primates entschied erst der aufsehenerregende Märtyrertod Beckets zugunsten seiner Stadt. Die Affäre hatte auch internationale Dimensionen, denn es spielte die Rivalität zwischen der englischen und der französischen Krone hinein, aber auch der gesamteuropäische Streit zwischen dem deutschen Kaiser und dem Vatikan in einer Zeit der Kirchenspaltung. Es ist gewiß auch eine Affäre, in der Persönlichkeiten eine erhebliche Rolle spielten, denn schon die mittelalterlichen Quellen sprechen von der Jagdleidenschaft und der Freundschaft zwischen dem König und dem vierzehn Jahre älteren Emporkömmling.

Diese vielfältige Exemplarität macht aus dem Tod in der Kathedrale ein frappierendes Ereignis, dessen Ausdeutung und Ausgestaltung die hineinverwobenen Themen auf anderer Ebene fortsetzen. Literaturträchtig sind dabei der Tod und zuvor die persönliche Wandlung des Thomas Becket. Diesen Punkt hat denn auch Jean Anouilh für seine literarische Bearbeitung ausgewählt; er hat aber dem Motiv der ungleichen Freundschaft (das seit seinem Bühnenerstling bei ihm zu finden ist) eine ebenfalls zentrale Bedeutung zugemessen.

Ihn interessiert weniger der populäre Heilige oder die unter Historikern umstrittene Gestalt. Ihn interessiert die Geschichte der rätselhaften Verwandlung eines leichtlebigen Spielers und Ästheten. Zwar läßt er sehr viel historisches Material einfließen, doch arrangiert er Becket (und den König), wie er es für seine Themen braucht. Vor allem muß man, um seine Stückkonstruktion zu verstehen, nicht nur auf das heute über Becket Gewußte blicken, sondern muß sich vergegenwärtigen, daß Anouilh einer sehr speziellen Quelle gefolgt ist.

Anouilh hat sich nämlich bei einem französischen Historiker

des 19. Jahrhunderts, Augustin Thierry (1795–1856), informiert, dessen Darstellung der englischen Geschichte seit der normannischen Eroberung zwar als Erzählung einigen literarischen Wert hat, auf Grund einer fehlerhaften Quellenbasis aber historisch unbrauchbar ist. Der Text erschien zuerst 1825 in Paris als *Histoire de la conquête de l'Angleterre par les Normands (Geschichte der Eroberung Englands durch die Normannen),* aber in einer Anmerkung zur Neuausgabe, die dann erst nach seinem Tode im Jahr 1867 erschien, mußte Thierry selber auf die Fehler in seiner Darstellung hinweisen.

Anouilh folgt den Quellen und der Erzählung aus dem zweiten Band von Thierry.* Er übernimmt dabei dessen Hauptthese, daß nämlich Becket Angelsachse war, so wie Thierry aus dem Widerstreit von Angelsachsen und Normannen, im Sinne der im 19. Jahrhundert populären »Rassentheorie«, insgesamt zu erklären sucht. Diesen letzten Punkt, den Thierry zuletzt selber nicht mehr vertrat, macht Anouilh zu einem Angelpunkt seiner Stückkonstruktion, weil er so einen (nicht rassistisch gemeinten) typologischen Unterschied konstruieren kann. (»Race« meint im französischen Wortgebrauch oft nur Menschenschlag, Charaktertyp, gerade auch in bezug auf das Personal in literarischen Texten.) Anouilh kann so auch anhand des Themas Eroberung viele witzig gemeinte Bemerkungen einflechten über Besatzung und Kollaboration. Im Programmheft zur Uraufführung 1959 schreibt Anouilh unbeschwert: »Es heißt, daß Thomas Becket nicht einmal angelsächsischer Abstammung war – und gerade das war eine der Triebfedern meines Stückes. [...] Wie entsetzlich. Für einen ernsthaften Menschen wäre damit alles zusammengebrochen. Aber ich bin ja ein sorgloser und leichtfertiger Mensch – da ich Theater mache. Ich habe beschlossen, daß mir das gleichgültig wäre. [...] Ich habe den König und meinen Becket so zwielichtig gestaltet, wie ich es benötigte.«

* Einzelheiten in: Brigitta Coenen-Mennemeier: *Untersuchungen zu Jean Anouilhs Schauspiel Becket ou l'Honneur de Dieu,* München 1964.

Das soll hier nicht nur der Anekdote halber zitiert werden, sondern um deutlich zu machen, daß Anouilh hier nicht anders verfährt als sein Becket: Er arrangiert die Geschichte und das Ende, das ihm angemessen erscheint (und das ganze Stück über ist von Beckets inszenierten Auftritten die Rede). Leichtfertigkeit und Heiligkeit reichen sich hier auf beiden Ebenen die Hand. Becket ist Anouilhs Heiliger des Imaginären, oder zynisch gesprochen: Die Berühmtheit durch den selbstgestalteten Tod, das ist der Gipfel der Karriere des Lebemannes. Und doch kann man die Scheinheiligkeit und das Todesstreben so wenig beweisen wie den Glauben, man kann beides nur darstellen, das ist das skandalöse Paradox dieses Stückes. Absurd ist dabei weniger die Tatsache der Bekehrung als die faszinierende Wirkung, die sie und der schließliche Tod ausüben. Anouilhs *Becket* versteht man nur, wenn man das Stück in die Kontinuität seiner Aspirationsthematik stellt und wenn man nicht einen Augenblick vergißt, daß Anouilh ein Leben lang fasziniert war von Molières abgründigstem Stück, dem *Tartuffe*. Erst diese unauflösbaren Widersprüche machen das Stück interessant, gewiß interessanter als ein einlinig religiöses Drama (das auf der Bühne immer fragwürdig bleibt). Bleiben wir aber noch einen Augenblick bei der Anlage. Es ist auch eine pure Erfindung, daß Beckets Mutter eine Sarazenin gewesen sei, wie in der Ballade behauptet wird, die Anouilh nachgedichtet hat (Ende des ersten Aktes). Der Normanne Becket stammte aus einer Londoner Kaufmannsfamilie und absolvierte ein Rechtsstudium in Bologna.

Bei Anouilh interessiert Geschichte als Vorrat von Kostümen (und seine Sammlung heißt ja: *Kostümierte Stücke*) und Situationen, von Motiven und Gestalten mit suggestiven Namen, anhand deren sich eine facettenreiche Austragung seiner Themen auf die Bühne stellen läßt. Nicht der Streit zwischen König und Kirche interessiert, sondern der Konflikt zweier unvereinbarer Prinzipien, wobei es der entscheidende Kunstgriff von Anouilh ist, ihren Widerstreit auf zwei Freunde zu verteilen.

Zwei Bestrebungen machen die Dynamik des Stückes aus: des jüngeren und noch ungehobelten Königs Streben nach der Freundschaft des eleganten, intelligenten, kriegerisch und diplomatisch gewandten Becket, dem alles, was er tut, in Schönheit gelingt und der so sehr anders ist als sein Hofstaat und seine Familie. Zum anderen gibt es Beckets unbestimmte Suche nach dem, was er seine Ehre nennt, welches Streben ihn zu einem ungewöhnlichen und unnahbaren Menschen macht. Das ihm durch den König übertragene Amt gilt ihm als unvermutetes Ziel seiner Suche, wobei die Ernsthaftigkeit seiner Konversion eben dadurch fragwürdig wird, daß er sie bis zuletzt darzustellen bestrebt ist. (In der *Goldenen Legende* war die Rede von prunkvollem Auftreten und verborgener Heiligkeit.) Das ist das Problem des Tartuffe: Die Darstellung des Glaubens hintertreibt, nach einer Zeit der Blendung, die Glaubwürdigkeit; aber was ist ein Glaube, der sich nicht mutig darstellen läßt und schön? Eben diese Frage quält Anouilhs Becket in seinen Gebeten. Er wählt auch nicht den Glauben, sondern das, was er seltsam die »Ehre Gottes« nennt, welche sich wohl in der herrlichen Darstellung zu erkennen gibt. Zumindest bezeugt dies seine unbeugsame Haltung, die ihm den Konflikt mit dem einstigen Freund und schließlich den Tod einträgt.

Die Freundschaft der beiden, die eine deutliche homoerotische Komponente hat, ist die Freundschaft von zwei Ungleichen. Diese Ungleichheit, die das Interesse füreinander bewirkte und die ungemein theaterwirksam ist, kann durch die entgegengesetzten Ämter nur verschärft werden. Einen Ausgleich kann es nicht geben (»Wir konnten uns nicht verständigen«, sagt Becket schon in der Vision des Stückanfangs). Einen Ausgleich gibt es erst, als Becket in seinem Tod den extremen Punkt seiner Rolle gefunden hat und der König schließlich vor dem Märtyrer das Knie beugen muß, um nämlich die entstandene Legende in den Dienst seiner Politik zu stellen. Diese Bußgeste ist somit ebenso zynisch wie Kreons Dekret (und den durchgängig den Königen angedichteten Zynismus sollte man bei Anouilh nicht übersehen), aber sie ist wirksam. Quia absurdum: weil es unbedingt und nicht begründbar ist, ist es von durchschlagender Faszination; was in den frühen Gestalten des Jean Anouilh haltlose Empörung einer eigensüchtigen Seele war, ist hier, in der Begegnung mit dem Religiösen, auf eine höhere Stufe gehoben. Es ist absurd, unglaubwürdig, eigentlich nur Theater; aber man kann dafür sterben, und siehe, es wirkt Wunder. Becket sagt es übrigens selbst: Einer müsse sich schon um den »absurden Wind« und um Gott kümmern, jenen ganz anderen Hauch, der die Menschen anrührt. Den Historikern gilt die Wandlung Beckets als ungelöstes Rätsel der Geschichte; Anouilh interessiert sie eben, weil sie unmotiviert ist. Plötzlichkeit, Zugefallensein, Spielgewinn, wenn man will: unverdientes Geschenk – das ist nicht Lücke im Aufbau, sondern Thema.

Mit dem schwierigen theologischen Begriff der »Ehre Gottes« dürfte sich Anouilh gewiß nicht befaßt haben, so wenig er gewußt haben dürfte, daß einer der großen Vorgänger des historischen Thomas Becket, Anselm von Canterbury (gestorben 1109), diesen Begriff sehr wichtig genommen hat und damit eine Ausnahmestellung einnimmt. Der Begriff ist in der Bibel und der spirituellen Literatur nicht so häufig. Er meint zumeist die Selbstoffenbarung Gottes durch sein machtvolles Wirken in der Geschichte, die von Gott verbürgte endzeitliche Gerichtetheit der Geschichte. Liebe, Ruhm und Ehre sind die drei Aspekte, unter denen sich Gott zu erkennen gibt; seine Ehre meint seine Souveränität über die von ihm geschaffenen Werke. Der Mensch kann nur diese Selbstoffenbarung anerkennen in Wort und Werk (also nicht selber darstellen).* Im *Dictionnaire de la spiritualité*, einem französischen Lexikon, wird unter dem Stichwort »l'honneur de Dieu« auch kurz Anouilhs Stück kommentiert, dessen

* Siehe *Lexikon für Theologie und Kirche*, Band 3, Seite 714, Freiburg im Breisgau 1959.

zentrales Thema ebenfalls in Beckets Verwandlung gesehen wird: »Für den Autor bleibt die Ehre Gottes ein Symbol, nur ein Element in einer bestimmten Ideologie. Thomas Becket ist ein Moment und eine Gestalt im Konflikt zwischen dem Absoluten und dem Relativen. Jean Anouilh zeigt hier die Ehre Gottes als eine Kraft, die manchmal in die Geschichte eingreift [...], um die Forderungen der Gerechtigkeit und des Respektes der Menschen zu bekräftigen.«*

Becket ist, in unserer Rekonstruktion von Anouilhs Werk aus einem zentralen Thema heraus, ein Held des Imaginären und der Aspiration. Daß dieses Streben eben wegen seiner Unbedingtheit an das Religiöse angrenzt (oder an das Absolute, um wie das Kirchenlexikon zu reden), ist das Thema. Der Heldin der Bruderliebe, der bei Sophokles ja religiös motivierten Antigone, hat Anouilh dies noch verweigert. Anouilhs Becket ist Ästhet, und in seiner Konversion, so unsere These, *bleibt* er Ästhet: Er ist bis zuletzt um sein Kostüm und seinen nachhaltigen Auftritt bekümmert. Er entdeckt nicht den Glauben, sondern erlebt in der Plötzlichkeit seiner Berufung aus einer Spiellaune heraus die Umkehrung seiner nihilistischen Unbedingtheit in eine nichts fürchtende Bedingungslosigkeit der Hingabe, die Verwandlung seiner üppigen Lebenspracht in einen »großen Glanz aus innen« (denn er hat ja mit dem prächtigen Amt zugleich den Sinn seiner einstigen Armut wiedergefunden; dies ist die Funktion des ihm als Attentäter zugelaufenen kleinen Mönchs). Oder, um noch einmal Kierkegaard zu bemühen (der allerdings Sokrates meint, aber das soll uns nicht stören, weil sein Satz auch auf unseren Fall Becket paßt): »Sein ganzes Leben war eine persönliche Beschäftigung mit sich selbst, und dann geht die Weltlenkung hin und fügt welthistorische Bedeutung hinzu.«

In Beckets »mutmaßlicher Konversion« (Louis Barjon) geht es also, trotz der Gebetspassagen, nicht um die Innerlichkeit eines

* Band 7, Seite 713, Paris 1969.

überzeugten Glaubens. Es geht um Äußerlichkeiten, schließlich sind wir auf dem Theater. Es geht aber um die (auch innere) Wirkmächtigkeit der Bilder des Glaubens, also des Imaginären. Der Ästhet Becket entdeckt, daß das Imaginäre, das als so unbedingtes Streben in das Leben eines Menschen einbricht, an eine ernste Sphäre angrenzt bzw. einen ernsten Effekt hat: eine ethische und eine religiöse Dimension. Es geht um die Ehre des Imaginären, die Ehre des Theaters. Das ist kein Skandal, oder wenn es einer ist, dann hat, wie Anouilh in so vielen Artikeln geschrieben hat (meist wenn es um *Tartuffe* ging), die Kirche früher recht daran getan, die Schauspieler (als Konkurrenz) zu exkommunizieren.

Entscheidend in der Anlage des Stückes ist, daß Becket ein Amt und damit eine Identität findet, und zwar ein Amt, das eben durch glaubhaftes Auftreten existiert. In ihrer mustergültigen Analyse des Stückes schreibt B. Coenen-Mennemeier: »Das Amt des Erzbischofs ist eine Aufgabe, in der alle seine unerfüllten Sehnsüchte zur Ruhe kommen«* und: »Denn alle Distanz, die Becket bisher dem Leben gegenüber gewahrt hatte, wird nun verwandelt in eine dynamische Kraft. Dies führt auf eine positive Realität zu, nicht mehr nur an die Grenze des Todes. Der vom Tod her gesetzte Spielraum wird jetzt aufgehoben in der Übereinstimmung, die der neue Dienst mit sich bringt. L'honneur de Dieu (die Ehre Gottes) verlangt einen vorbehaltlosen Einsatz. Der spielerische Schwebezustand zwischen Ja und Nein, zwischen Hingabe und Enthaltung ist in dem Augenblick beendet, als eine Realität an Thomas Becket herangetragen wird, die sich beliebig sowohl des Lebens als auch des Todes zu ihrer Offenbarung bedienen kann.«** Ob Becket dabei die Absurdität nur auf die Spitze treibt oder ob er die wahre, alle Bedingungen sprengende Quelle seiner Sehnsucht findet, das mag der Leser je nach

* A.a.O., Seite 70.
** A.a.O., Seite 145.

Einstellung entscheiden. Aber nur wenn man der Konversion selber ihren fundamentalen Widerspruch läßt, faßt man das Geheimnis der Faszination dieser Anouilh-Gestalt und das Geheimnis seiner Aspirationsthematik, die sowohl in den radikalen Nihilismus wie in die Fülle des Glaubens, in die stumme Selbstvernichtung wie ins glanzvolle Heiligenleben führen kann. Das Maximum an Glaubwürdigkeit und das Maximum an Blendung fallen ununterscheidbar zusammen – und was ist das anderes als das grundlegende Paradox, auf dem die Faszination des Theaters beruht; noch die zynische Scheinheiligkeit ist abgeleitet aus der rätselhaften Heiligkeit des Scheins. Tartuffe beschwört Mächte, die zuletzt sein armseliges Spiel durchkreuzen.

Becket also hat kein Paulus-Erlebnis, und nirgends im Stück ringt er um den Glauben. Er ist auf einen Schlag wie umgewandelt, das kann auf der Bühne nicht theaterhaft genug dargestellt werden. Sein bisheriges Streben nach dem glanzvollen Auftritt, aus innerer Leere geboren, findet nun zur endgültigen Pose, zum Bilderbuchtod in der Kathedrale; aber das Irrlicht wird dabei zum Stern am Himmel der Geschichte und der kollektiven Erinnerung. Blasphemie oder Metaphysik der Kunst? Anerkennung der Kirche oder Apotheose des Theaters? In der Darstellung im erborgten Glanz ist die einzige menschenmögliche Integrität gegeben, das ist das (ästhetische) Credo des Jean Anouilh, oder um es mit seinem Becket zu sagen: »Die Schönheit gehört zu den wenigen Dingen, die den Zweifel an Gott überspielen.«

Theatralisch und im Werkkontext von Bedeutung ist dabei, daß das Drama Beckets sich nicht gegen eine schäbige Welt richten muß, wie es der Stoff (Verfolgung und Ermordung) nahegelegt hätte. In den frühen Stücken bei Anouilh geschah dieses Streben immer gegen die anderen, gegen das Leben, wie es ist. Hier aber geschieht über alle Konflikte hinaus eine Versöhnung, was nicht nur das Thema der leidenschaftlichen Freundschaft zwischen dem König und Becket bezeugt, sondern schon auf der theatralischen Ebene die facettenreiche Rolle des Königs, der vielleicht die wirksamere Rolle hat. Ganz zuletzt entdeckt der kalte Spieler Becket sogar die Menschenliebe. Insofern geschieht hier eine sonst bei Anouilh verweigerte Versöhnung mit der Wirklichkeit, aber auch erst, wenn Becket seinen Preis entrichtet, sein hohles Leben hingegeben hat. Das reiche und bewegte Spiel, das kostümierte Historiendrama (das so sehr im Gegensatz steht zur kargen, knappen *Antigone*) ist, wiederum also auf theatralischer Ebene, auch ein Versuch der Versöhnung mit der Wirklichkeit.

Theatralität und Integrität

Vielleicht gilt für die Startbedingungen von Jean Anouilh, was er in seinem späten Stück *Le scénario (Das Drehbuch*, 1974) den jungen Drehbuchautor Paluche sagen läßt: »Ich war ein armer junger Mann, hatte nichts, wirklich nichts in die Wiege gelegt bekommen. Es gab nur das arme, ehrenhafte Arbeitsleben meines Vaters und das jämmerliche Lotterleben meiner Mutter, einer Orchestermusikerin in Tanzlokalen, die von Einkäufen auf Raten träumte. Und um mich herum die feindselige, unzugängliche Welt, wie sie eben für arme Kerle erscheint, die mit der Angst leben, auf jeden Fall die Lücke finden zu müssen in den glatten Wänden des Systems, die Lücke, durch die sie hineinschlüpfen können.« (*Pièces secrètes*, Seite 319) Und das einzige, was Paluche-Anouilh gefunden hat, um Zugang zum sehr dichten System des Theaters und zur feineren Lebenswelt in der durch starre Barrieren getrennten französischen Gesellschaft der Zwischenkriegszeit zu erhalten, das war Geschichten zu verkaufen, das war eben der Erfolgsweg des Theaters. Dieses in die eigenen Stücke hineingespiegelte Streben ist die Quelle seiner Techniken des Spiels im Spiel, oder besser gesagt, des Widerspiels von Binnen- und Außenspiel (Formulierung von H. Seilacher). Theatralisierung des Lebens, Verwandlung des Lebens und der eigenen Strebungen in Theaterhaftigkeit, das ist Anouilhs grundlegende

Wahl, das ist das Streben seiner exaltierten Textgestalten, und das ist der teils gewinnende, teils befremdende Kern der selbstbezogenen Faszination oder der faszinierenden Selbstbezogenheit, die sein Theater ausstrahlt. Theatralität ist hier Mittel und Fluchtpunkt. Theatralität ist das einzig mögliche Heil, die einzig mögliche Integrität, die sich finden läßt.

Solange daran festgehalten wird, erscheint die Welt ringsum schäbig, bedrohlich in ihrer Banalität. Das Leben als sozialer Lebenslauf mit relativierender Identität, das ist es, wogegen sich Anouilhs »Wilde« wehren müssen. Ihre Ablehnung gilt der kriminellen Vergangenheit *(Prisonnier, Voyageur)*, der Etablierung in der Zukunft *(La Sauvage, Antigone)* oder widerwärtigen Lebenszwängen *(Eurydice)*. Das Vorgezeichnetsein, die Fatalität des Verlustes der eigenen Aspiration wird dabei als tragisch empfunden; Konflikte spielen sich ab zwischen der Textperson und ihren Lebensbildern, nicht zwischen Gestalten und Werten (auch Kreon hält Antigone ein Lebensbild entgegen). »Warum weißt du alles schon vorher?« (nämlich wie dein Leben unvermeidlich verlaufen wird), fragt Monime schon in Anouilhs erstem Stück ihren Geliebten Frantz.

Negation der Lebensgeschichte, das ist die Suche der Gestalten von Anouilh, also nicht eine aufrechtzuerhaltende Balance in der sozialen Identität, sondern die Suche nach einer Nullidentität, nach einer Verfügbarkeit jeden Augenblicks. Aus dieser Negation der Lebensgeschichte heraus versteht man auch die obsessionelle Bedeutung der Jungfräulichkeit, die Anouilhs Werk (als eine der Gestalten der Integrität, der Indentitätslosigkeit) durchzieht. Vor der konkreten Lebensgeschichte mit ihrem Schäbig- und Schuldigwerden *(Voyageur)* rettet der Tod *(Antigone)*, aber auch die Flucht in die Imagination: »Sie überlegt, daß sie nun gleich Antigone sein wird«, kündigt der Prolog bei der Vorstellung vieldeutig an.

Diese Hineinverwandlung in vorgestellte Lebensbilder ist das eigentliche Formprinzip der wichtigsten Anouilh-Stücke, die somit das Gegenteil eines Theaters der Verfremdung sind; auf der Bühne wäre stets diese Hineinverwandlung, dieses Ausleben der eigenen Vision darzustellen, so in der *Antigone,* so in *Bitos,* wo der Robespierre-Traum der Hauptgestalt plötzlich ganz ernsthaft einen Akt lang ausgespielt wird. Und nicht immer wird diese Vision zurückgenommen: Das Stück über Jeanne d'Arc endet mit der Bilderbuchszene der Königskrönung in Reims; so bleibt sie ewig – in der Erinnerung (was am besten dargestellt wäre, wenn auf den schließlich fallenden Vorhang ein solches Bild aus einem Schulbuch projiziert würde). In Bildern leben und wirken, das ist die angestrebte Heiligkeit und Integrität von Anouilhs Gestalten.

Denn das Bild bleibt. Die Zeit ist aufgehoben darin. Es ist ewige Gegenwart, die in *Becket* zur Gegenwart des Ewigen gesteigert wird. In solchen Augenblicken ist Anouilh, der triviale Boulevardautor mit den derben Wortspielen, auf seine Weise ein Metaphysiker des Theaters. (»In Wahrheit geschieht ja alles gleichzeitig«, heißt es in dem mit vielen Visionen arbeitenden Stück *Les poissons rouges* [*Nouvelles pièces grinçantes,* Seite 547].)

Anouilhs Gestalten sind also nur bedingt Gestalten seiner Zeit. Es sind zunächst und vor allem Instanzen in seiner Phantasie, die zur Bühne der Widersprüche des Ästhetischen wird. Denn es ist selbstbezogen und kollektiv (wie Jeanne d'Arc und Becket beweisen), es ist Lebenswunsch und Todessehnsucht, es ist obszön und kann doch heilig werden.

Aber als Gestalten des Imaginären, als Figuren des Wunsches und des Hasses, wirken seine Gestalten auf das Publikum. Zugleich sind gerade die Bilderbuchgestalten (Robespierre, Napoleon, Jeanne d'Arc, Becket usw.) Gestalten des französischen Geschichtsbewußtseins, eingebildet und unwahr, aber mit politischen Werten besetzt, Instanzen in jener imaginären Rekonstruktion der französischen Geschichte, wie sie seit dem 19. Jahrhundert bis zur Gegenwart als Element der Politik und des gesellschaftlichen Lebens fortwirken, was den Theaterskandal um Anouilhs Stücke der fünfziger Jahre erklärt, ob es nun um Robespierre (und die republikanische Tradition) oder um die Besatzungszeit geht. Bitos-Robespierre ist gewissermaßen die Gegenfigur zum (zur gleichen Zeit entstandenen) Becket: Bitos findet als Robespierre im Kostümfest seine ideale Rolle, aber er findet (in den Augen des Monarchisten Anouilh) keine Gnade, weil er in seinem Streben illegitim bleibt, selbstbezogen wie einst Antigone. Aber erst Bitos und Becket zusammen, Heiligkeit hier und Gnadenlosigkeit da, machen den ganzen Anouilh aus.

Erst in der Vervielfältigung der Theatralität als Spielstrategie, als Kernthema und als Suche der Bühnengestalten entfaltet sich Anouilhs Suggestivkraft: Es ist die dargestellte Faszination, die uns fasziniert, das gezeigte Ergriffensein, das uns ergreift; die Gestalten drängen sich uns auf als Medien eigener Ängste und Hoffnungen. Darin liegt aber auch ihr professioneller Zynismus, den Anouilh in seine zahlreichen gehässigen Passagen und Stücke, in sein dann auch immer wieder bösartiges Theater (die *Pièces grinçantes*, die widerwärtigen, die Illusion nehmenden Stücke) einfließen läßt. Das Ewig-Tartüffische zieht uns an und stößt uns wieder ab, uns, »die wir heute abend nicht zu sterben brauchen«, wie der Sprecher am Anfang der *Antigone* feststellt, wir, deren Streben und Lachen sich nur eine Darstellung lang mit dem Bühnengeschehen vermischt. (In dieser Dialektik der Wirkmächtigkeit der Bilder ergibt sich eine überraschende Nähe von Anouilhs *Becket* und Jean Genets zeitgleichem Stück *Der Balkon*!)

Ein Kritiker hat geschrieben, Anouilh schaffe eine Utopie, an die er selbst nicht glaube, die positiven Gegenkräfte gegen die gezeigten Schäbigkeiten des Lebens seien bloß fiktiv (W. Gajewski). In der Tat, als das einzig Heilende gilt hier das Imaginäre, weil es als das einzig Unbedingte gilt, wodurch die Wirklichkeit noch heilloser oder noch heilbedürftiger erscheint, je nach Standpunkt. Aber, Gegenfrage, wie real sind die Kräfte des

Imaginären, wie wirksam ist der von Becket beschworene »absurde Wind«, den sich sein König Heinrich durch das Bußgebet am Grab des toten Heiligen für seine Zwecke zu eigen macht, der auch bei Jeanne d'Arc die Hoffnung siegreich werden ließ? Zu diesen Fragen bietet Anouilhs Theater der Imagination einen wichtigen Beitrag (wie es auf anderer Ebene der nur scheinrealistische Romancier André Malraux mit seinen pseudopolitischen, aber politisch sehr wirksamen Romanen tat).

Anouilhs Jeanne d'Arc sagt in ihrem Gebet gegen Ende: »Heiliger Michael! Heilige Margarete! Heilige Katharina! Wenn ihr auch jetzt stumm bleibt, so weiß ich doch, daß ich erst geboren wurde an jenem Tag, an dem ihr zu mir gesprochen habt. Wirklich gelebt habe ich erst seit dem Tag, als ich das tat, was ihr mir aufgetragen hattet, zu Pferd und mit einem Schwert in der Hand! So ist die wahre Jeanne, nur so! Nicht wie jene andere, die in ihrem Kloster bequem, blaß und geschwätzig wird oder die dort ihr behagliches Leben findet, erlöst... Nicht wie jene andere, die sich an das Leben gewöhnen wird...« (*Pièces costumées*, Seite 132) V. Canaris kommentiert schön und treffend: »Die Tragödie Jeannes ist für Anouilh die Tragödie des Menschen, der den kleinen göttlichen Teil seines Selbst zum eigentlichen Selbst macht.«*

Das ist aber nur ein Beispiel für das Kernthema von Anouilh, wie es hier rekonstruiert wurde, wie es die Entwicklung des Autors bis in die Nebenfiguren hinein und noch in den immer einbrechenden Platitüden und Fehlgriffen bezeugt, denn der tiefe Fall, den Anouilhs Theater immer wieder tut, besonders in seinen späten Stücken, ist nur der Kontrast zu dem seit *L'Hermine* gewählten Weg des Hochmuts, jenes Hochmuts, den die Schauspielerin Lisa gegenüber ihrem Mann, dem Drehbuchautor Paluche, schonungslos wie folgt analysiert (in *Le scénario*): »Dein armseliger Hochmut, das ist doch nur deine ewige Angst, dich

* *Anouilh,* Velber 1974, Seite 87.

mit etwas zu beschmutzen. Deine vielberedete Reinheit ist nichts als Hochmut und Unvermögen. Alles ist immer nur eine Geschichte, deine Geschichte. [...] Du verkaufst nur Geschichten, mein Lieber, etwas anderes ist dir nicht eingefallen, um deine Familie zu ernähren.« (*Pièces secrètes,* Seite 327) Um sich seine hehren Träume leisten zu können, mußte er sie auf die Bretter schikken, wo sie, weil sie eine andere Welt zu bedeuten scheinen, so viel eingebracht haben.

Manfred Flügge

ZEITTAFEL ZU ANOUILH

1910 Am 23. Juni wird Jean Anouilh in Bordeaux als Sohn eines Schneiders und einer Orchestermusikerin geboren.

1919 Anouilh besucht in Paris die Grundschule Colbert (heute Gymnasium). In Arcachon, unweit von Bordeaux, kann er in den Ferien viele Operettenaufführungen miterleben, aber immer nur bis zur Pause, da er noch früh zu Bett muß. Das Operettenhaus in jener Sommerfrische am Atlantik gehört einem weitläufigen Verwandten der Anouilhs; dort soll Anouilh der Geschmack an der altertümlichen Theatralität gekommen sein, der seine Stücke in Dekor und Stil so prägt. Später hat er immer wieder die Sommerzeit dort verbracht und mehrere Stücke geschrieben.

1921 Eintritt in das Collège Chaptal in Paris. Als Mitschüler hat er dort Jean-Louis Barrault, den späteren Schauspieler und Regisseur, der auch Stücke von Anouilh inszeniert hat.

1922 Erste Schreibversuche nach dem Vorbild von Édmond Rostand.

1925 Anouilh beginnt sich für das Pariser Theaterleben zu interessieren. Seine wichtigsten Entdeckungen, die von Einfluß auf sein Werk waren, sind die Stücke von Pirandello und die Theaterarbeit von Charles Dullin im Théâtre de l'Atelier in Montmartre, in dem später viele Anouilh-Stücke uraufgeführt werden.

1928 Im Juli legt Anouilh das Abitur mit glänzendem Erfolg ab (Ehrenpreise in Philosophie und Mathematik). Der Form halber beginnt er ein Jura-Studium, das er aber nach einem Jahr schon aufgibt, weil er sich viel lieber in Theatern aufhält und sehr viel Belletristisches liest. Von nachhaltigem Einfluß auf sein Werk ist die Entdeckung von Jean Giraudoux, dessen Stück *Siegfried* in jenem Jahr in einer Inszenierung von Louis Jouvet triumphiert.

1929 Anouilh nimmt eine Stelle in einer Pariser Reklameagentur an, in der sehr moderne Werbemethoden angewandt werden (Reklamefilme). Anouilh hat später diese Tätigkeit als seine eigentliche poetologische Schule bezeichnet (dabei mag man an seinen schlagwortartigen Dialog denken oder an seine geschickte Geheimnistuerei mit seiner Biographie). Zu diesem Zeitpunkt hat er schon zwei kleine Theaterstücke verfaßt, *Humulus le muet (Der stumme Junge)*, das nie gespielt wurde, und *La Mandarine (Die Mandarine)*, das 1933 im Théâtre de l'Athénée ein Reinfall wurde.

1931 Anouilh verfaßt das Stück *L'Hermine (Der Hermelin)*. Er absolviert die einjährige Wehrpflicht.

1932 Anouilh nimmt eine Stelle als Sekretär des großen Regisseurs und Schauspielers Louis Jouvet an, mit dem er sich aber nicht versteht und der häßliche Bemerkungen über diesen »armseligen« jungen Mann macht. Bei einem Premierenabend sieht Anouilh den (später rechtsextremen) Romancier Drieu La Rochelle, einen berühmten Frauenhelden und Dandy, der ihm damals von Lebensstil und Person her als großes Vorbild erscheint (ein Thema, das in seinen Stücken bis zuletzt immer wiederkehrt). In diesem Jahr heiratet Jean Anouilh die Schauspielerin Monelle Valentin. Er verfaßt die Stücke *Le Bal des voleurs (Ball der Diebe)* und *Jézabel* (*Das Weib Jesebel*, nie aufgeführt). Am 26. April wird im Théâtre de l'Œuvre sein Stück *L'Hermine* uraufgeführt und fast vierzigmal gespielt. Anouilh beschließt, nur noch vom und fürs Theater zu leben. Er hat auch nur vier Hungerjahre vor sich, in denen er die entscheidenden Stücke seines Frühwerks verfaßt. 1932 markiert den Anfang seiner Karriere als Theaterautor mit nahezu jährlicher Produktionsweise. Über sein Privatleben ist seit diesem Datum so gut wie nichts bekannt.

1933 Geburt seiner Tochter Catherine, die nach dem Krieg eine erfolgreiche Theaterkarriere unternehmen wird.

1934 Anouilh verfaßt *La Sauvage (Die Wilde)* und *'Y avait un prisonnier (Es war einmal ein Sträfling).*

1935 Uraufführung des *Prisonnier* im Théâtre des Ambassadeurs (fünfzig Aufführungen). Die amerikanische Filmgesellschaft Metro Goldwyn Mayer kauft die Verfilmungsrechte für das Stück, das zwar nie verfilmt wird, dessen Honorar aber die finanzielle Unabhängigkeit von Anouilh sichert.

1936 Den Stoff zu diesem Erfolgsstück arbeitet Anouilh um zu *Le Voyageur sans bagage (Der Reisende ohne Gepäck),* das als sein erstes in Thematik und Anlage vollendetes Stück gelten kann.

1937 Anouilh verfaßt *Le Rendez-vous de Senlis (Das Rendezvous von Senlis).* Die Uraufführung des *Voyageur* im Februar durch den großen Theaterleiter Georges Pitoeff im Théâtre des Mathurins wird ein durchschlagender Erfolg (hundertneunzig Aufführungen). Die Szenenmusik komponierte Darius Milhaud. In diesem Jahr schließt Anouilh Bekanntschaft mit dem Theaterautor Roger Vitrac und vor allem mit dem Regisseur André Barsacq, mit dem er dann ein Jahrzehnt intensiv zusammenarbeitet, als dieser die Leitung des Théâtre de l'Atelier übernimmt. Barsacq hat den Stil von Anouilhs »mythologisierenden« Stücken nachhaltig beeinflußt.

1938 Die Uraufführung von *La Sauvage* in der Inszenierung von Pitoeff, wieder mit Musik von Milhaud (Théâtre des Mathurins), markiert den entscheidenden Durchbruch von Anouilh im französischen Theater, zumindest in den Augen der Kritik. Im September gibt es die Uraufführung des *Bal des voleurs,* die erste Inszenierung eines Anouilh-Stückes durch Barsacq. Mit über zweihundert Aufführungen wird es auch ein kommerzieller Erfolg.

1939 Anouilh verfaßt *Léocadia.*

1940 Nach dem Blitzkrieg im Mai/Juni und der Flucht der nordfranzösischen Bevölkerung vor den anrückenden deutschen Truppen beginnt ab Sommer die prekäre Normalität des Besatzungsalltags, zu der über vier Jahre hinweg auch ein reges kulturelles Leben gehört. Für viele Autoren, auch für Anouilh, sind es produktive, erfolgreiche Jahre. Im Herbst 1940 öffnen die Pariser Theater wieder; im November geht seine *Léocadia* erstmals über die Bühne (Inszenierung: P. Fresnay; Musik: Francis Poulenc; in den Hauptrollen Yvonne Printemps und Pierre Fresnay; hundertfünfzig Aufführungen).

1941 Uraufführung von *Le Rendez-vous de Senlis* im Atelier durch A. Barsacq, Musik von F. Poulenc, erstmals mit Anouilhs Frau Monelle Valentin in einer Hauptrolle (hundertsiebenundsechzig Aufführungen). Die zweite Kriegssaison 1940/41 sieht also nebeneinander zwei Anouilh-Uraufführungen. Anouilh veröffentlicht einige (unpolitische) Artikel in der kollaborierenden Presse. Im Dezember inszeniert Barsacq im Atelier das neue Stück *Eurydice* (mit Monelle Valentin und Alain Cuny in den Hauptrollen). Für das Publikum ist das Stück zu düster, für die Kritik, obwohl es keine Anspielungen auf die Gegenwart enthält, bedenklich. Das Stück wird nur ein halber Erfolg, finanziell wird es ein Reinfall für Barsacq, dessen Beziehungen zu Anouilh sich trüben. Anouilh stellt seine Tätigkeit als Zeitungschronist ein.

1942 Im Sommer beendet Anouilh die Arbeit an der *Antigone*, die er im September 1941 nach dem Attentat auf Laval begonnen hatte. Das Stück erhält noch im Herbst 1942 den Erlaubnisstempel der deutschen Zensur, doch schiebt Barsacq die Aufführung hinaus. Anouilh, entmutigt, hofft auf wenigstens fünfzig Sonderaufführungen.

1943 Einziges Zusammentreffen Anouilhs mit Giraudoux. Anouilh führt selber Regie in der Verfilmung seines Erfolgsstückes *Le Voyageur sans bagage* (mit Pierre Fresnay wie im Theater 1936), doch wird der Film, als er 1944 zeitgleich mit *Antigone* herauskommt, von der Kritik einhellig als mißlungen beurteilt.

1944 Im Februar erlebt nach langer Vorbereitung endlich *Antigone* die Uraufführung im Atelier. Regie und Dekor sind von Barsacq. In den Hauptrollen glänzen Monelle Valentin und Jean Davy sowie Suzanne Flon. Im Sog des Erfolges werden andere Anouilh-Stücke in anderen Theatern wieder aufgenommen. Nach der Befreiung von Paris (August) wird Anouilh vom Säuberungskomitee (dessen Abteilung Theater von Anouilhs Rivalen Armand Salacrou geleitet wird) der Kollaboration und zumindest des Konformismus bezichtigt. Gegen das Stück läuft eine Kampagne an, doch kann es sehr bald auf Grund des anhaltenden Publikumserfolges seine Karriere fortsetzen; es wird bis 1947 mehrfach wieder aufgenommen, mit wechselnder Besetzung der Antigone, und erreicht fast siebenhundert Aufführungen. Nach 1953 wird Anouilh in seinen Stücken immer wieder auf die Besatzungszeit zurückkommen.

1945 Anouilh verwendet sich für den wegen Kollaboration zum Tode verurteilten Schriftsteller Robert Brasillach, der auch eine der besten und einfühlsamsten Kritiken der *Antigone* geschrieben hatte. Brasillach gehörte seit den dreißiger Jahren zu den intellektuellen Köpfen des Pariser Faschismus; er wird trotz zahlreicher Interventionen gewissermaßen exemplarisch hingerichtet. Anouilh verfaßt *Roméo et Jeannette,* ein fragmentarisches Orest-Drama sowie das letzte der mythologisierenden Stücke, *Médée (Medea).*

1946 Uraufführung von *Roméo et Jeannette* im Atelier (Regie: A. Barsacq, mit Jean Vilar, Maria Casarès, Suzanne Flon; hundertvierzig Aufführungen). Von nun an gibt es in Paris Saison für Saison einen »neuen« Anouilh zu sehen, bis zur großen Pause nach 1962.

1947 *L'Invitation au château (Die Einladung ins Schloß)* erlebt im Atelier dreihundertvierunddreißig Aufführungen (Musik: F. Poulenc; mit Michel Bouquet).

1948 Ende der Zusammenarbeit mit Barsacq. In der sehr bourgeoisen Comédie des Champs-Élysée inszeniert Roland Piétri das neue Stück *Ardèle ou La Marguerite (Ardèle oder das Gänseblümchen);* er hat seither an allen Anouilh-Aufführungen mitgearbeitet. Als Vorspiel: *Épisode de la vie d'un auteur (Szene aus dem Leben eines Autors).*

1950 *La Répétition ou L'Amour puni (Die Probe oder die bestrafte Liebe),* nach Marivaux, von der Theaterkompanie Barrault/Renaud aufgeführt.

1951 *Antigone* wird ins Repertoire der Comédie Française aufgenommen. Im Februar erfolgt die Uraufführung von *Colombe* (im Atelier durch A. Barsacq, zweihundertsechzig Aufführungen).

1952 *La Valse des toréadors (Der Walzer der Toreros)* erlebt in der Comédie des Champs-Élysées zweihundertsechzig Aufführungen. Bei der Synchronisation von Ingmar Bergmans Film *Jeanne* lernt Anouilh den Jesuitenpater Doncœur kennen, der ihn in seiner nächsten Stoffwahl und in der folgenden »religiösen Linie« seines Werkes beeinflußt.

1953 Im März erlebt das Stück *Médée* seine Uraufführung (durch A. Barsacq im Atelier, mit dem es keine unmittelbare Zusammenarbeit mehr gab). Auch reden die nur zweiunddreißig Aufführungen eine deutliche Sprache. In diesem Jahr läßt sich Anouilh von Monelle Valentin scheiden und heiratet die Schauspielerin Nicole Lançon. Im Oktober: glanzvolle Uraufführung von *L'Alouette (Jeanne oder die Lerche)* im Théâtre Gaston Baty, inszeniert von Anouilh und Piétri (sechshundert Aufführungen, Titelrolle: Suzanne Flon).

1954 *Cécile ou L'École des pères (Cäcilie oder die Schule der Väter)* in der Comédie des Champs-Élysées mit Anouilhs

Tochter Catherine in der Hauptrolle. Hundertachtzehn Aufführungen.

1955 Ebendort Uraufführung von *Ornifle ou Le Courant d'air (Der Herr Ornifle)*, inszeniert von J. D. Malclès, mit Catherine Anouilh, Louis de Funès und Pierre Brasseur. Dreihundertfünfzig Aufführungen.

1956 Theaterskandal bei der Uraufführung von *Pauvre Bitos ou Le Dîner des têtes (Der arme Bitos oder das Diner der Köpfe)* in der Inszenierung von Malclès, mit Michel Bouquet in der Titelrolle. Anouilh läßt das Stück für das Ausland eine Zeitlang sperren. Dreihundertacht Aufführungen.

1957/8 Anouilh verfaßt *Becket ou L'Honneur de Dieu (Becket oder die Ehre Gottes)* sowie *L'Hurluberlu ou Le réactionnaire amoureux (General Quixote oder der verliebte Reaktionär).*

1959 *L'Hurluberlu* in der Comédie des Champs-Élysées uraufgeführt (Regie: R. Piétri, Hauptrolle: Paul Meurisse, vierhundertneunundachtzig Aufführungen). Für das Sommerfestival in Bordeaux inszenieren Anouilh und Piétri *La petite Molière (Mademoiselle Molière)*, das im November für fünfzig Aufführungen ins Odéon in Paris übernommen wird (mit Simone Valère und Catherine Anouilh). Hauptereignis des Jahres ist im Théâtre Gaston Baty die Uraufführung des *Becket* (Inszenierung: Anouilh und Piétri, sechshundertachtzehn Aufführungen). Anouilh verfaßt *La Foire d'Empoigne (Majestäten)*, ein Stück, in dem er seine bisherigen Themen persifliert.

1960 Anouilh inszeniert in der Comédie des Champs-Élysées Molières *Tartuffe*. Als Vorspiel dazu gibt es seinen Einakter *Le Songe du critique (Der Traum des Kritikers)*, sichtlich eine Nachwirkung der Kampagnen gegen Anouilh seit *Bitos*. Für die Inszenierung des *Becket* erhalten Anouilh und Piétri den Preis für die beste Regieleistung des Jahres.

1961 Anouilh verfaßt eine Sammlung sarkastischer Umdichtungen der *Fabeln* von La Fontaine (erschienen Paris 1962). Im Théâtre Gaston Baty in Montparnasse inszenieren Anouilh und Piétri eines der schwärzesten Stücke des gesamten Werkes, *La Grotte (Die Grotte).* Hundertfünfzig Aufführungen.

1962 Anouilh und Piétri inszenieren in der Comédie des Champs-Élysées *La Foire d'Empoigne* (Hauptrolle: Paul Meurisse, d. h. als Napoleon und als König Ludwig, zweihundertelf Aufführungen), mit dem kurzen Vorspiel *L'Orchestre (Das Orchester).*

1964 Anouilh verfaßt *Ne réveillez pas Madame (Wecken Sie Madame nicht auf).*

1966 Anouilh und Piétri bringen im Théâtre Gaston Baty eine Nachdichtung von Heinrich von Kleists *Käthchen von Heilbronn* unter dem Titel *L'Ordalie ou La petite Catherine de Heilbronn* auf die Bühne.

1967 Anouilh verfaßt *Cher Antoine ou L'Amour raté (Der gute Antoine oder die verfehlte Liebe),* mit dem seine letzte Werkphase beginnt, Selbstreflexion über seine Themen und sein Theaterleben in seltsamer Mischung aus französischem Boulevard und Konversationsstück à la Tschechow.

1968 In der Comédie des Champs-Élysées zeigen Anouilh und Piétri *Le Boulanger, la Boulangère et le petit Mitron (Bäkker, Bäckerin und Bäckerjunge),* mit Michel Bouquet (hundertdreiundsiebzig Aufführungen). Damit beginnt eine andere wichtige Linie in Anouilhs späten Stücken, seine Gedanken über Frankreich aus monarchistischer Sicht.

1969 Uraufführung von *Cher Antoine* in der Comédie des Champs-Élysées (Inszenierung: Anouilh und Piétri, dreihundertsiebzehn Aufführungen).

1970 Anouilh und Piétri inszenieren im Théâtre de l'Œuvre *Les Poissons rouges (Die Goldfische),* das wohl schon 1968 verfaßt wurde (fünfhundert Aufführungen), und außerdem in der Comédie des Champs-Élysées *Ne réveillez pas Madame* (mit François Périer, dreihundert Aufführungen). Im April geht in der Oper von Monte Carlo *Madame de...* über die Bühne, Textbuch von Anouilh nach dem Roman von Louise de Vilmorin (Musik: Damaze). Anouilh erhält zu seinem sechzigsten Geburtstag den Prix mondial Cino del Duca (150000 Francs). Anouilh nimmt bei Lausanne in der Schweiz einen Zweitwohnsitz.

1971 *Becket* wird ins Repertoire der Comédie Française aufgenommen.

1972 Uraufführung im Théâtre Antoine von *Tu étais si gentil, quand tu étais petit (Und du warst ein so liebes Kind)*, Anouilhs Version des Elektra-Stoffes, nachdem 1945 ein Versuch Fragment geblieben war *(Oreste)*. In der Comédie des Champs-Élysées kommt *Le Directeur de l'opéra (Der Operndirektor)* heraus, mit Paul Meurisse (zweihundertneunundsechzig Aufführungen).

1974 Uraufführung des kleinen Sketches *Monsieur Barnett* im Café-Théâtre des Halles (zweihunderteinundfünfzig Aufführungen).

1975 Anouilh und Piétri inszenieren im Théâtre de l'Athénée *L'Arrestation (Die Verhaftung)* (einundsiebzig Aufführungen.

1976 Uraufführung von *Le Scénario (Das Drehbuch)* im Atelier und von *Chers Zoiseaux (Das liebe Federvieh)* in der Comédie des Champs-Élysées.

1978 Anouilh und Piétri bringen im Atelier eine matte Satire auf den Feminismus heraus, *La Culotte (Die Hose)*.

1981 Wiederum im Atelier in Montmartre: *Le Nombril (Der Bauchnabel)*, mit Bernard Blier.

1986 *Œdipe ou le roi boiteux (Ödipus oder der hinkende König)*, verfaßt 1978, aber noch nicht aufgeführt.

1987 3. Oktober: Anouilh in Lausanne gestorben.

ANMERKUNGEN

Seite

9 *Sprecher:* Bei Anouilh heißt es »der Prolog«, der hier gleichsam personifiziert auftritt; die Rolle wird in der Regel von demselben Schauspieler übernommen, der später im Stück ironisch als »Chor« bezeichnet wird. In der deutschen Übersetzung steht deshalb beidesmal »Sprecher«. Diese Einleitung ist oft untersucht worden als Beispiel für Verfremdungseffekte, es werden aber nicht Personen, Schauspieler, sondern Gestalten (personnages) vorgestellt, es findet eine Art Verwandlung und Taufe statt: Die Übernahme von Rollen ist ein zentrales Thema bei Anouilh, das im *Bekket* seinen Höhepunkt findet. Selbstkommentierung ist ein durchgängiges Verfahren in diesem Stück, auch bei Kreon etwa.

Lust am Tanzen: Das Stück ist gespickt mit zum Teil kitschigen Anachronismen. Sie betreffen sämtlich die Alltagswelt, Eßgewohnheiten, Kleidung usw., aber nicht die Politik, von ganz wenigen, daher auffälligen Ausnahmen abgesehen.

10 *Kreon:* Der erste Schöpfer dieser Rolle (1944), Jean Davy, war damals ein Mittdreißiger, also ein sehr junger Kreon. Bei der Aufführung trug er einen korrekten Smoking und hatte einen Mantel über die Schultern geworfen. – Die Formulierungen, in denen hier von seiner Politikauffassung die Rede ist, wird Kreon später selber verwenden.

11 *seinerseits verhaftet werden:* Bei Anouilh fehlt gegenüber der Version des Sophokles die Gestalt des Sehers Teiresias, der am Ende Kreon verflucht. Im Stück von 1942/44 ist Kreon am Ende ungebeugt, siehe Seite 62; von seinem möglichen Scheitern oder Sturz, was in der Besatzungszeit ohnehin eine gewagte Anspielung gewesen wäre, ist nur an dieser einen Stelle im Prolog die Rede.

Die Amme: von Anouilh erfundene Gestalt, durch welche die Ausgangssituation der Antigone in die Welt des Kindertümlichen verlagert wird. Bei Sophokles beginnt das Stück mit dem packenden und knappen Dialog Antigone/Ismene über die Notwendigkeit der Bruderbestattung, mit welcher Szene das europäische Dialogtheater und Ideentheater unübertrefflich beginnt. In Anouilhs persönlichstem Spätwerk, *Cher Antoine* (1967), taucht eine deutsche Hausdienerin auf, die die »erste Liebe« des Theaterautors war und die er wieder in seine Dienste nimmt.

13 *ihrer armen Mutter:* Jokaste, in der griechischen Mythologie die Tochter des Menoikeus, der sich für Theben opferte, Frau des Königs Laios, dem sie u. a. den Ödipus gebar, der später unwissend zum Mörder seines Vaters und zum neuen Gemahl seiner Mutter wurde. Aus Scham darüber erhängte sich Jokaste.

16 *Du bist verrückt:* Der Verdacht wird noch öfter geäußert, auch von Kreon. Todessüchtigkeit oder einfach Verrücktheit, Besessenheit, das sind die Haupthypothesen für die Widersetzlichkeit Antigones in der Version Anouilhs. Insofern kann ihr Kreon später als Lösung die private Normalität anpreisen: heiraten und eine Familie gründen.

17 *Verstehen:* Eine Antigone, die es ablehnt zu »verstehen«, kann schlechterdings keine inhaltlichen, moralischen oder gar politischen Engagements vertreten. In der Besatzungszeit war das Schlagwort vom Verstehen (comprendre) eine beliebte politische Vokabel im Zusammenhang mit der Kollaboration im Sinne von: Ihr Franzosen müßt einsehen, wo jetzt euer Heil liegt. Das private Schlüsselwort der Antigone enthält also zugleich eine zeitgeschichtliche Anspielung. Diese Sätze stehen fast wörtlich schon in *La Sauvage*, 1934.
Und die ganze Stadt denkt so wie er: Bei Anouilh steht die Bevölkerung von Theben auf Seiten des neuen Herrschers und gegen die Verletzer seines Erlasses, das mag eine Remi-

niszenz an das Laval-Attentat sein, das Anouilh angeregt hat (siehe das Nachwort).

18 *Dein Glück liegt vor dir:* Nicht erst Kreon, sondern sowohl Ismene wie später Hämon (Seite 22) gebrauchen dieses der Antigone so verhaßte Wort.

20 *das Fieber:* Das Bild von der Fieberkrankheit nimmt der Sprecher am Ende wieder auf (Seite 63).

22 *Hämon tritt auf:* In der Version des Sophokles gibt es keine Szene Antigone/Hämon, so wie das Thema der Liebe dort ganz ausgespart ist. Bei Anouilh wird die Liebe ins Spiel gebracht, aber nur, um von Antigone ausgespart zu werden; Antigone ist vor der körperlichen Liebe geflohen, was für den Autor und viele Kritiker ihr Verhalten erklären mag.

23 *an jenem Abend:* Siehe den Prolog Seite 9.

25 *stürze ich mich aus diesem Fenster:* erstes Aufklingen der Selbstmord-Thematik, hier im Zusammenhang mit der nicht verlorenen Jungfräulichkeit, der bei Anouilh wohl (auch in anderen Stücken) eine obsessionelle Bedeutung zukommt.

Es ist zu spät: Die Türschwelle ist in der Tradition nicht nur der französischen Tragödie der geeignete Ort, von dem die Katastrophenformel des »zu spät« her gesprochen werden kann. Bei Sophokles wird in den Eingangsszenen über das *Ob* der Tat verhandelt, bei Anouilh ist die Tat schon vollbracht, was erst hier enthüllt wird, wodurch, nach der rückblickenden Beschwörung der Kinderzeit und der Familiensituation wie in Zeitrafferform, die Wandlung der Antigone vorgeführt wird. Dies ist der entscheidende Kunstgriff in der Exposition bei Anouilh.

26 *Der Wächter:* Schon bei Sophokles ist der Wächter, der über die Zuwiderhandlung Meldung erstatten muß, eine durchaus groteske Figur.

28 *Die Opposition wühlt:* Diese Passage ist gespickt mit politischen Anspielungen aus der Besatzungszeit, mit Formulie-

rungen aus Leitartikeln der kollaborierenden Presse nach dem Attentat auf Laval 1941, das Anouilh zu seinem Stück angeregt hat.

29 *Das Uhrwerk ist aufgezogen:* in Nachahmung des Zwischenspiels aus dem Stück *Elektra* von Jean Giraudoux. Dies ist eine Schlüsselstelle zum Frühwerk von Anouilh, vielleicht weniger ein Beitrag zur Tragödientheorie als zu seinem seltsamen Fatalismus, der seine »wilden« Gestalten so sehr die Gewißheit suchen läßt, daß sie die Gewißheit des sicheren Todes in einem tragischen Spiel der bangen Hoffnung und Sorge im Leben vorziehen.
Da genügt schon...: Anspielungen auf klassische Tragödien: *Britannicus* (1669) von Jean Racine (1639–99) (»ein kurzer Blickwechsel«); *Le Cid* (1636) von Pierre Corneille (1606–84) (»ein unbestimmter Wunsch nach Ehre«); *König Ödipus* von Sophokles (»überflüssige Frage«).

32 *Vielleicht gibt's eine Belohnung:* In der Besatzungszeit wurden des öfteren auf Fahndungsplakaten hohe Belohnungen für Denunziationen ausgesetzt.

35 *Kreon und Antigone stehen einander allein gegenüber:* Um diesen zentralen Dialog herum ist das Anouilh-Stück gebaut. Bei Anouilh nimmt die Konfrontation fast zwanzig Textseiten ein, bei Sophokles kommt es nur zu einer knappen Kontroverse in achtzig Versen (Verse 446ff.).
Warum wolltest du deinen Bruder bestatten?: Die ersten Repliken sind sehr feierlich, beide reden, gewissermaßen zitierend, auf der mythologischen Ebene, von der sie dann allmählich herabsteigen.

36 *die Anschläge:* Anachronismus, bei dem das Publikum der Besatzungszeit unweigerlich an die Maueranschläge denken mußte, auf denen Geiselerschießungen verkündet wurden.

37 *Ein für allemal nein:* Dem problematischen Nein der aufsässigen kleinen Antigone steht bei Anouilhs Kreon, was man nicht übersehen sollte, das Nein zur selbstgesuchten

Tragödie entgegen, die Selbstgefälligkeit in den schwarzen Abgründen (des Seelenlebens) sollte vorbei sein – dies ist auch ein Echo der Debatten in Frankreich nach 1940, ein Hauch der moralischen Erneuerung, die sich das neue Regime in Vichy als Aufgabe gesetzt hatte...

41 *Ich alter Mann, der schon ganz andere sterben sah:* Bei diesen Worten mußte das Premierenpublikum 1944 unweigerlich an den Marschall Pétain, den Sieger der blutigen Schlacht um Verdun (1917), denken.

Nach einer schiefgegangenen Revolution: vielleicht eine Anspielung auf die Zeit der Volksfront 1936, als die Sozialisten zwei Jahre lang unter Léon Blum mit parlamentarischer Duldung der Kommunisten regierten. Die französische Rechte hat nach 1940 diese Phase für Frankreichs Niedergang und militärisches Debakel im Blitzkrieg verantwortlich gemacht.

42 *Als ich eines Morgens aufwachte...:* Rollen fallen bei Anouilh plötzlich und ungewollt zu, werden dann aber hundertprozentig ausgefüllt.

43 *der das Schiff steuert:* Das Bild vom Staatsschiff hat eine lange Tradition, bei Sophokles kommt es beiläufig vor. Auch *Becket* wird es gebrauchen, siehe Seite 77. Nach dem französischen Debakel und der chaotischen Flucht eines Viertels der Bevölkerung im Juni/Juli 1940 war das Bild in der Besatzungspresse sehr beliebt. Kreons Katastrophengemälde ist eine deutliche Anspielung auf diese Zeit. Mit dieser Logik wurde auch in Vichy die Politik der totalen Neuordnung Frankreichs im Namen der »Nationalen Revolution« gerechtfertigt. Diese Passage ist also zur Entstehungszeit geradezu tagespolitisch gemeint gewesen.

44 *Wer ja sagt:* Kreons Lob der »schmutzigen Hände« findet sich fast gleichlautend wieder in Sartres Theaterstück von 1947. Das Bild geht aber wohl schon zurück auf Charles Péguy (1873–1914) und war im Frankreich der Besatzungszeit

als Metapher für Realismus im politischen Handeln sehr beliebt.

wenn die Bäume nein sagten zum Saft: Hier zeigen sich Elemente einer »fundamentalistischen« Einstellung, der Begründung von privaten wie politischen Verhaltensweisen aus Naturgesetzlichkeiten, ein Denken, das im Vichy-Frankreich viel Anklang fand und mit denselben Bildern wie hier durch Jean Giono und den damaligen Erfolgsautor Gustave Thibon (»Zurück zur Realität«) vertreten war.

45 *bleichen jungen Mann:* Diese Formulierung kann sowohl den Kreon von einst treffen, ähnlich sagt es ja Antigone (Seite 50), aber auch den Laval-Attentäter von 1941.

49 *weil sie deine Kraft und Begeisterung... einspannen wollen:* Die Jugend war im Vichy-Frankreich einer ständigen propagandistischen Berieselung seitens aller Lager und Parteiungen ausgesetzt.

50 *Ihr widert mich alle an mit eurem Glück:* Dieser Satz wird schon 1934 von Thérèse in *La Sauvage* (*Pièces noires,* Seite 207) gesagt.

52 *Ismene:* Die kleine Szene Antigone/Ismene nähert sich in Anlage und Wortlaut stark den Versen 531–581 bei Sophokles an.

53 *Sie wollte aber sterben:* Kreon spricht ihr hier gewissermaßen den Nachruf. An dieser Stelle wird im Stück selber das Verhalten der Titelheldin gedeutet.

Hämon: Die Szene Kreon/Hämon ist eine Variation und Zuspitzung des Dialoges Antigone/Kreon, aber nun schon in deutlich analysierender Distanz. Das Kernthema der Verweigerung wird an dieser Stelle für Anouilhs Frühwerk gewissermaßen abschließend ausgeführt.

55 *Wächter:* Diese Gefängnisszene gehört wie die Eingangsszene mit der Amme, mit der man sie in Zusammenhang bringen muß, will man Anouilhs Anlage von Titelheldin und Stückaufbau vergleichen, zu den Hinzufügungen ge-

genüber der antiken Version. In Anlage und Einzelheiten ist diese Szene stark beeinflußt von einer Gefängnisszene aus der klassischen Märtyrertragödie *Polyeucte* (1641) von Pierre Corneille (1606–84). In diesem Vergleich erscheint Antigone als unheilige Märtyrerin ihrer eigenen Wahl.

58 *Ein Grab – mein Hochzeitsbett:* Hier läßt Anouilh das einzige Mal den klassischen Text »zitieren«. Es sind die Verse 891/2 bei Sophokles: »O Grab, o Brautgemach, o unterirdischer / Behausung ewige Haft, wo ich die Meinen / nun aufsuche...«

einen Brief: Briefe von zum Tode Verurteilten sind in der Besatzungszeit vom Widerstand verbreitet worden.

59 *Kreon hatte recht:* Diesen Satz sollte man bei der Ausdeutung des Stückes nicht übersehen. In einem politischen Leitartikel einer Pariser Kollaborationszeitung wurde 1944 diese Formulierung als Überschrift auf der Titelseite gewählt.

60 *Der Bote:* Auch bei Sophokles wird das tragische Ende durch einen Boten erzählt, allerdings hat dort Kreons Frau Eurydike einen großen Auftritt; bei Anouilh bleibt sie stumm und strickt. Der knappe Botenbericht führt wieder gewissermaßen auf die fortschreitend verlassene mythologische Ebene zurück, auch im Stil. Aber alles bleibt eine flüchtige Vision, als sähen wir Kreons düstere Träume, bevor er, kaum gerührt, sich wieder seinen Staatsgeschäften zuwendet. Antigone und Hämon sterben von eigener Hand.

62 *Page:* In dieser Schlußszene ist Kreon ungebeugt, und mit dem Pagen ist auch seine Isolierung ein wenig durchbrochen. Zumindest die Attitüde Kreons triumphiert. Mit der Gestalt des Pagen beginnt eine neue Reihe von Personen im Werk von Anouilh, die über den kleinen Mönch im *Becket* bis zu dem lächerlich gemachten jungen Soldaten in *Majestäten* reicht. Bei Sophokles übrigens ist der Seher Teiresias von einem Knaben begleitet.

67 *Das Grab Beckets:* Nach seinem Märtyrertod im Jahre 1170 war Becket schon 1173 heiliggesprochen worden; sein Grab war eine beliebte Wallfahrtsstätte, seine Gebeine sollen viel Wundersames bewirkt haben. Im Jahr 1174 hat König Heinrich II. dort eine Bußübung absolviert, um sich im Kampf mit seinem aufständischen Sohn Heinrich nun mit der Kirche zu verbünden. Anouilhs Stück beginnt und endet mit diesem Bußgebet, so daß die ganze Geschichte bei ihm als Vision des Königs angelegt ist. Das Motiv der Erscheinung des toten Märtyrers kommt übrigens schon in den mittelalterlichen Berichten über Thomas Becket vor.

La Ferté-Bernard: Ort 60 km südwestlich von Chartres; die dort stattgehabte vorübergehende Aussöhnung beider Gegner auf Vermittlung des französischen Königs bildet bei Anouilh den Beginn des vierten Aktes.

68 *gegen meinen Sohn:* Heinrichs ältester Sohn war 1170 zu seinem Mitregenten ernannt worden, hatte sich aber schon bald gegen den Vater erhoben, doch erlangte er nie die Königswürde.

70 *wenn die Könige...:* Die Königsmoral ist bei Anouilh seit der Antigone ein zentrales Thema. Hier ist es Becket, der die politische Erziehung des Herrschers betreibt.

Meine Eltern... kollaborieren: Anouilh mißt dem Gegensatz von Normannen und Angelsachsen eine große Bedeutung bei, was ihm erlaubt, immer wieder Anspielungen auf die Besatzungszeit Frankreichs 1940–44 einzustreuen. Der historische Becket war kein Angelsachse (siehe das Nachwort).

72 *Gabeln:* Anachronismus, denn Gabeln als Instrument zum Essen sind zwar schon im Italien des 11. Jahrhunderts bezeugt, haben sich aber erst zu Beginn der Neuzeit durchzusetzen begonnen. Für einen Christenmenschen galt es im Mittelalter als unschicklich, nicht mit den Fingern zu essen.

73 *Löwensiegel:* noch heute im englischen Königswappen, wahrscheinlich von Wilhelm dem Eroberer 1066 gestiftet.

74 *Der Erzbischof:* historische Gestalt (Thibaut von Canterbury [gestorben 1161]).

75 *Pastor curare gregem debet:* Der Hirte muß seine Schafe hüten.

Distinguo: Da mache ich einen Unterschied. Redewendung aus scholastischen Streitgesprächen, wenn es um unterschiedliche Argumente oder um unterschiedliche Bedeutungen eines Begriffs ging.

76 *In den Jahren der Eroberung:* gemeint sind die Jahre nach der Eroberung der englischen Insel durch den Normannenkönig Wilhelm den Eroberer nach dem Sieg bei Hastings 1066.

77 *England ist ein Schiff:* Das Bild vom Staatsschiff hatte schon König Kreon in *Antigone* strapaziert; beachtenswert ist, daß Anouilh seinen Heiligen hier wie Kreon reden läßt. Becket verteidigt eine Politik, deren Opfer er später wird, womit letztlich beide Bestrebungen als berechtigt anerkannt sind, die der Kirche wie die des Königs. Nur ist der Einklang so schwer herzustellen.

Gilbert Folliot: historische Gestalt, Bischof von London.

78 *das Werk Eures Großvaters:* Gemeint ist Wilhelm der Eroberer, der Begründer der normannischen Königsdynastie in England. Er hatte das eroberte Land noch einvernehmlich mit der Geistlichkeit verwaltet.

79 *deiner Mutter, der Kirche:* Der historische Becket war zunächst Archidiakon in Canterbury (d. h. Vertreter des Erzbischofs in weltlichen Dingen), bevor er an den Hof kam. Seine spätere Ernennung in das Kirchenamt ist also auch (vom Autor) als Rückkehr aufgefaßt (zur Kirche, zu seinen »angelsächsischen« Ursprüngen, zur besiegten Rasse, wie es im Text heißt).

80 *Lehenseid:* Gefolgschaftseid im mittelalterlichen Feudalsystem, galt für weltliche wie für geistliche Vasallen des Herrschers.

81 *Aber wann ist man schon würdig?:* erstes Anklingen des Themas der gesuchten Ehre, und zwar gegenüber demjenigen, dessen Amtsnachfolger Becket unvermutet wird.

82 *Man muß sein Leben aufs Spiel setzen:* Das ist die Moral des »ersten« Becket. An der Frage, wieweit er dieses Spielprinzip in seiner späteren Konversion aufgegeben oder beibehalten hat, scheiden sich die Deutungen des Stückes.

83 *Gwendoline:* von Anouilh erfundene Gestalt.

90 *Er war schön:* Eine für Anouilhs Frauenbild bezeichnende Stelle. Frauen streben im Grunde nur nach Luxus, diese Auffassung zeigt sich in seinen Boulevard-Stücken der siebziger Jahre noch drastischer. Andererseits ist sein Becket in seinem unbedingten Streben nach Schönheit ja nicht anders angelegt.

93 *dieses Lied:* Anouilhs freie Nachdichtung einer englischen Ballade über Thomas Beckets Vater und die Sarazenin, deren Text er bei Thierry gefunden hat. Der Text ist jetzt nachzulesen bei Brigitta Coenen-Mennemeier (*Untersuchungen zu Jean Anouilhs Schauspiel Becket ou l'Honneur de Dieu,* München 1964, Seite 117ff.). Anouilh hat aus dem Lied über Gilbert Becket ein Stück in der Art mittelalterlicher Romanzen gemacht.

101 *zwiefacher Bastard:* in der Konstruktion durch Anouilh, nämlich als Abkömmling von Angelsachsen und von Sarazenen. Auf der thematischen Ebene ist die Illegitimität im moralischen Sinne gemeint, das sich nicht würdig und gerechtfertigt Fühlen, das erst die Entdeckung der Ehre Gottes aufhebt.

die vier Barone: Coenen-Mennemeier (Seite 65f.) sieht in diesem grotesken zeitlupenhaften Anfang des Aktes eine

Parodie auf das Stück »Warten auf Godot« von Samuel Bekkett, was als indirektes Wortspiel Anouilh durchaus zuzutrauen ist.

105 *Te Deum:* Dankgottesdienst.

110 *Ein kleiner Mönch:* Diese Gestalt, die den Heiligen bis zuletzt begleitet wie der Page den König Kreon in *Antigone,* ist eine Variante zu Becket in seiner Jugend, die ihn an sein einstiges Streben und seine arme Herkunft erinnern soll (auch in diesem Sinne ist seine Ernennung zugleich eine Heimkehr). Angeregt wurde Anouilh vielleicht von der historischen Gestalt des Edward Grim, des angelsächsischen Verfassers einer lateinischen Lebensgeschichte Beckets, einer der wichtigsten Quellen über diesen. Grim war bei der Ermordung zufällig anwesend und wurde selber verletzt, war aber keine Person aus Beckets Umgebung. Dies ist nur ein kleines, aber bezeichnendes Beispiel für Anouilhs Verarbeitung von historischen Materialien.

112 *Hastings:* Ort an der englischen Kanalküste; durch die Schlacht bei Hastings 1066 fiel den Normannen die Herrschaft über England zu.

120 *den Erzbischof:* Beckets Vorgänger in Canterbury, Thibaut, starb 1161. Bei Anouilh ist Beckets Ernennung durch den König wie schon im Fall der Kanzlerschaft (erster Akt) eine Augenblickslaune des Königs, im Grunde ein listiger Zug in einem arglos gemeinten Spiel. In der historischen Wirklichkeit scheint es sich um eine längere Anbahnungsphase gehandelt zu haben, sowohl was die Ernennung wie das Ausbrechen des Konflikts betrifft. Daß diese Ernennung in einer Kathedrale stattfindet, ist Anouilhs Konstruktion, die jeweils die Akte 1 und 3 auf offene Schauplätze und die Akte 2 und 4 im wesentlichen in die Kathedrale bzw. jeweils als Weg in die Kathedrale als den Ort der Entscheidung verlegt. Beide Zeremonien hat Becket selber arrangiert (siehe Seite 115).

Er war wie ein Vater: erneute Erinnerung an Beckets Ursprünge vor seiner Ernennung.

124 *Auch das Wams:* Kostümfragen sind in diesem Stück wie überhaupt bei Anouilh von großer Bedeutung; das Kostüm macht die Rolle.

126 *Königinmutter:* Gemeint ist Mathilde, Tochter Heinrichs I., die 1125 Geoffroy Plantagenêt von Anjou heiratete. Anouilh läßt Mathilde, die von 1102 bis 1167 lebte, zum Zeitpunkt der Ermordung Beckets noch am Leben sein. Die historische Mathilde war zu ihren Lebzeiten wohl keine Feindin Beckets und schon gar nicht für einen Konflikt mit der Kirche.

die junge Königin: eine kuriose Gestalt der europäischen Dynastiengeschichte, die Anouilh hier sehr schnöde behandelt. Eleonore von Aquitanien (1122–1204) war in erster Ehe mit König Ludwig VII. von Frankreich verheiratet. 1152 wurde sie in zweiter Ehe die Frau Heinrichs II. von England, dem sie durch diese Heirat weiten Landbesitz in Frankreich einbrachte. Die sehr gebildete und kulturbewußte Königin war samt ihren Söhnen aber schon bald mit dem draufgängerischen König verfeindet.

ein einziges Mal: Die Freundschaft zu Becket ist also die einzige menschliche Beziehung, die zählt, nur bedarf sie gerade der Andersartigkeit Beckets, die sich in der veränderten Konstellation nun gegen den König richtet.

128 *Heinrich der Dritte:* Siehe die Anmerkung zu Seite 68.

Bayeux: witzig gemeinte Anspielung auf den berühmten Wandteppich aus dem 11. Jahrhundert, der auf 70 m Länge Szenen aus der Eroberung Englands durch die Normannen darstellt und in der Stadt Bayeux in der Normandie ausgestellt ist.

131 *Konzil von Clarendon:* nicht ganz der historischen Wahrheit entsprechend. Als im Jahr 1164 auf einem Schloß in der Nähe der englischen Stadt Salisbury in einer Versammlung

geistlicher und weltlicher Würdenträger die »Konstitutionen von Clarendon« beschlossen wurden, war Becket schon längere Zeit im Amt. In jenen Artikeln wurden die historischen Ansprüche der Normannenkönige gegen die neuen Ansprüche der Reformkirche durchgesetzt. Der Konflikt zwischen Becket und dem König entspann sich gerade daran, daß der neue Erzbischof diese Beschlüsse später nicht mehr anerkennen wollte.

139 *Ich bin nicht gekommen...:* Bei der Berufung der zwölf Apostel sagte Jesus: »Ich bin nicht gekommen, Frieden zu bringen, sondern das Schwert.« (Matthäus 10, 34)

140 *es gibt noch ein anderes Gesetz:* Der Dialog ist eine zentrale Stelle im Werk von Anouilh. Becket faßt hier die Königsmoral des Kreon (Verteidigung des Reiches) und die Moral der klassischen Antigone (Einstehen für ungeschriebene Gesetze, denn es geht um Gottes Reich) zusammen. Aber beides, Amtsmoral und Treue zum Überzeitlichen, fällt bei Becket in die Sphäre der »Ehre Gottes«, was man je nach Standpunkt als Ästhetik (Schein) oder Religion auffassen kann. (Wohlgemerkt: Dies ist die Antigone-Auffassung von Charles Maurras; Anouilhs eigene Antigone hatte nur das hartnäckige Neinsagen, auch das gibt es bei Becket, siehe Seite 166.)

141 *Man muß dem Kaiser geben...:* Jesus antwortet den Pharisäern auf die hinterhältige Frage, ob man als gläubiger Mensch dem römischen Kaiser Steuern entrichten solle: »So gebet dem Kaiser, was des Kaisers ist, und Gott, was Gottes ist.« (Matthäus 22, 21)

147 *Ludwig:* Gemeint ist Ludwig VII. von Frankreich, der erste Gatte der Eleonore von Aquitanien. Als diese später den englischen König heiratete, verlor Ludwig fast die Hälfte seines Reichsgebietes. In seiner Schaukelpolitik zwischen England und dem Deutschen Reich war Ludwig keine glorreiche Gestalt der Geschichte. Für Anouilh als Monarchi-

sten sind wohl alle Ludwige (alle Kapetinger) letztlich ein bißchen identisch und sein wahres Herrscherideal (siehe sein Stück *Majestäten*).

148 *Montmirail:* Es gab, bleibt man in der geschichtlichen Wirklichkeit, zwischen 1165 und 1170 elf Treffen zwischen Bekket und dem König, u. a. in Montmirail, auf einer Wiese bei La Ferté-Bernard und bei Chaumont.

150 *Saint-Omer:* Stadt in Flandern, erst seit dem 17. Jahrhundert zu Frankreich gehörig. Im Mittelalter war es ein wichtiger Wollhandelsplatz.

ein Verbannter: Die historischen Anspielungen sind bei Anouilh immer vom Geschichtsbewußtsein seines Publikums her gedacht, weshalb die Jahrhunderte sich vermischen. In diesen Repliken sind die aristokratischen Emigranten der Zeit der Großen Revolution von 1789 gemeint.

152 *der Papst:* Alexander III. (1159–81), der auch Becket heiligsprechen ließ.

153 *Aufrichtigkeit ist auch ...:* Dieser Satz des Kardinals trifft und parodiert damit auch die seltsame Wandlung Beckets.

154 *combinazione:* listige Absprache, die ganz verschiedene Interessen unter einen Hut bringen will.

155 *Pontigny:* berühmte Abtei des 12. Jahrhunderts in der Nähe der Stadt Auxerre, rund 200 km südöstlich von Paris.

156 *Es wäre dennoch einfach ...:* Lange Tiraden gibt es häufig bei Anouilh, Monologe aber haben Seltenheitswert in seinem Theater der Konversation; hier ist der Monolog als Gebet motiviert. Zum Verständnis Beckets als eines Ästheten, aber auch als Credo des Autors eine zentrale Stelle.

160 *sondern mit Mitra und Goldornat ...:* Becket beschreibt hier, als entwerfe er sie gerade in seinem Geist, die Szenerie seines Märtyrertodes, der also von ihm als schönes und einprägsames Bilderbuchspektakel gedacht ist (und auch so gespielt werden sollte).

165 *Daß die Ehre Gottes...:* Beckets Formulierung könnte fast verstanden werden als das politische Programm des Integralismus, einer katholischen Strömung im 20. Jahrhundert, die sich gegen den Modernismus richtet und alle Fragen aus dem Geist der Kirche lösen will, auch die Fragen der Politik.

166 *Meine Rolle ist es nicht, Euch zu überzeugen:* Hier redet Becket wie Anouilhs Antigone, aber er tut es nicht nur für sich, sondern in seinem Kirchenamt, womit Anouilh bisher sich ausschließende Tendenzen zusammenfügt, ohne allerdings den Konflikt mit der realen Welt aufzulösen.

173 *die Menschen lieben:* Diese Anwandlung ist an den Augenblick gebunden und bleibt ein frommer Wunsch. Der konjunktivische Satz unterstreicht die Isolierung und Unzugänglichkeit des Ästheten und Märtyrers.

183 *Daß du stirbst:* Wörtlich so in den mittelalterlichen Berichten (»ut modo moriaris«).

Armer Heinrich: Beckets letztes Wort gilt dem ehemaligen Freund, womit Anouilh deutlich genug die wichtigste thematische Ebene des Stückes benennt. In Beckets Streben bleibt die Freundschaft auf der Strecke.

185 *die Ehre Gottes und das Andenken unseres Freundes:* Auch der König redet zuletzt vom Freund. Nun aber ist es Zeremonie und also Politik geworden, eine Politik, die das im Konflikt des Stückes Unvereinbare propagandistisch zusammenfaßt. Das bunte Geschichtsspektakel als Schlußbild war schon das Verfahren für das Stück über Jeanne d'Arc *(L'Alouette).* Der unwandelbare Bilderbogen erst hebt die Gegensätze auf, weil er sie in einer Darstellung vereint.

BIBLIOGRAPHISCHE HINWEISE

Werkausgaben

Die Texte von Jean Anouilh sind einzeln und gesammelt erschienen im Verlag La Table Ronde, Paris. Anouilh hat sie jeweils unter Phantasiebezeichnungen zusammengefaßt.

Pièces baroques (Eigenartige Stücke), Paris 1974 [Enthält: Cher Antoine ou l'Amour raté / Ne réveillez pas Madame / Le Directeur de l'opéra]

Pièces brillantes (Glanzvolle Stücke), Paris 1951 [Enthält: L'Invitation au château / Colombe / La Répétition ou l'Amour puni / Cécile ou l'École des pères]

Pièces costumées (Kostümierte Stücke), Paris 1967 [Enthält: L'Alouette / Becket ou L'Honneur de Dieu / La Foire d'Empoigne]

Pièces grinçantes (Bösartige Stücke), Paris 1958 [Enthält: Ardèle ou La Marguerite / La Valse des toréadors / Ornifle ou Le Courant d'air / Pauvre Bitos ou Le dîner des têtes]

Nouvelles pièces grinçantes (Neue bösartige Stücke), Paris 1963 [Enthält: L'Hurluberlu ou le Réactionnaire amoureux / La Grotte / L'Orchestre / Le Boulanger, la Boulangère et le petit Mitron / Les Poissons rouges ou Mon père ce héros]

Pièces noires (Schwarze Stücke), Paris 1942, neu 1966 [Enthält: L'Hermine / La Sauvage / Le Voyageur sans bagage / Eurydice]

Nouvelles pièces noires (Neue schwarze Stücke), Paris 1963 [Enthält: Jézabel / Antigone / Roméo et Jeannette / Médée]

Pièces roses (Rosa Stücke), Paris 1942, neu 1973 [Enthält: Humulus le muet / Le Bal des voleurs / Le Rendez-vous de Senlis / Léocadia]

Pièces secrètes (Vertrauliche Stücke), Paris 1977 [Enthält: Tu étais si gentil quand tu étais petit / L'Arrestation / Le scénario]

Bisher nur in Einzelausgaben erhältlich sind:

La belle Vie / Épisode de la vie d'un auteur, Paris 1980
Chers Zoiseaux, Paris 1977
La Culotte, Paris 1978
Le Nombril, Paris 1981

Unveröffentlichte Stücke

La Mandarine (1929)
Attile le magnifique (1930)
Le petit Bonheur (1935)

Das Fragment *Oreste* (1945) ist abgedruckt in R. de Luppé: Jean Anouilh, Paris 1959

Andere Stücke

'Y avait un prisonnier (1935), in: La petite Illustration – Théâtre, No. 724, 18. Mai 1935, Seite 3ff.
Le Songe du critique, in: L'avant-scène / Théâtre No. 143, 1959
La petite Molière, in: L'avant-scène / Théâtre No. 210, 1959
Monsieur Barnett, in: L'avant-scène / Théâtre No. 559, 1975

Bearbeitungen

Marie-Jeanne ou La Fille du peuple, 1940, nach Dennery und Mallian. Théâtre des Arts, 15. April 1940
La Nuit des rois (nach Shakespeare), in: L'avant-scène / Théâtre, No. 243, 1961
Il est important d'être aimé (nach O. Wilde), in: L'avant-scène / Théâtre No. 101, 1954
L'Amant complaisant (nach J. Green), Paris 1962 (bei Robert Laffont)

L'Ordalie ou La petite Catherine de Heilbronn (nach Kleist), in: L'avant-scène / Théâtre No. 372, 1967

Die vollständige Liste aller Bearbeitungen, Inszenierungen und Filmdrehbücher bzw. Filmdialoge von Jean Anouilh findet sich bei Bernard Beugnot (Herausgeber): Les critiques de notre temps et Jean Anouilh, Paris 1977

Deutsche Ausgaben

Die deutschen Übersetzungen erschienen im Verlag Albert Langen – Georg Müller, München und Wien, aber in anderer Sammlung als die französischen Originalausgaben, als »Jean Anouilh, Dramen, Band 1–7« (1960):

Band 1, Vorwort: Carl August Weber [Antigone / Medea / Romeo und Jeannette / Eurydike]
Band 2, Vorwort: K. H. Ruppel [Colombe / Die Probe oder die bestrafte Liebe / Der Herr Ornifle]
Band 3, Vorwort: Gerhard F. Hering [Jeanne oder die Lerche / Ardèle oder das Gänseblümchen / Der Walzer der Toreros]
Band 4, Vorwort: Siegfried Melchinger [Ball der Diebe / Leocadia / Einladung ins Schloß oder die Kunst, das Spiel zu spielen / Cécile oder die Schule der Väter]
Band 5, Vorwort: Joachim Kaiser [Der arme Bitos oder das Diner der Köpfe / Majestäten / General Quixote oder der verliebte Reaktionär]
Band 6, Vorwort: Georg Hensel [Der Passagier ohne Gepäck / Das Rendezvous von Senlis / Madame de... / Mademoiselle Molière]
Band 7, Vorwort: Otto Brües [Hermelin / Die Wilde / Das Orchester / Die Grotte]

Bibliographische Hilfsmittel

Bernard Beugnot: Les critiques de notre temps et Jean Anouilh. Paris 1977 [Bibliographie und Auszüge aus den wichtigsten Arbeiten zu Anouilh]

K. W. Kelly: Jean Anouilh. An annotated bibliography. Metuchen, New Jersey 1973

Untersuchungen zu Jean Anouilh

Gaston Berger: Le temps chez Jean Anouilh. In: Les Études philosophiques VII, 3, 1952, Seite 143–150

Clément Borgal: Anouilh, la peine de vivre. Paris 1966

Volker Canaris: Anouilh. (Friedrichs Dramatiker des Welttheaters, Band 61.) Velber bei Hannover 1974 [Sehr gute Einführung in das Werk von Anouilh mit Kommentar zu den einzelnen Stücken]

Élie de Comminges: Anouilh. Littérature et politique. Paris 1977

André Espiau de la Maëstre: Hat Jean Anouilh eine Weltanschauung? In: Wort und Wahrheit, Februar 1963

Alba Della Fazia: Jean Anouilh. New York 1969

Horst Joachim Gehrmann: Die Kategorien des Lebens und ihre Bedeutung für die Theaterwissenschaft. Dargestellt an den Werken von Jean Anouilh. Wien 1969 (Phil. Diss.)

Paul Ginestier: Anouilh. 2. Auflage. Paris 1974

Wilhelm Grenzmann: Jean Anouilh. In: Wilhelm Grenzmann: Weltdichtung der Gegenwart. Frankfurt am Main und Bonn 1961. Seite 297–325

Walter Heist: Der Trick mit dem Menschlichen. Ein Beitrag zur Entmythologisierung von Jean Anouilh. In: Frankfurter Hefte 18, 1963, Seite 611–620

Detlev Kahl: Die Funktionen des Rollenspiels in den Dramen Jean Anouilhs. Hamburg 1974

Robert de Luppé: Jean Anouilh. Paris 1959

Thérèse Malachy: Les problèmes de l'existence dans un théâtre de marionettes. Paris 1978

Franz Norbert Mennemeier: Jean Anouilh. In: Franz Norbert Mennemeier: Das moderne Drama des Auslandes. Düsseldorf 1961

Klaus Rohr: Der Tod in der Nachkriegsdramatik. Köln 1971

André François Rombout: La pureté dans le théâtre de Jean Anouilh. Amsterdam 1978

Hermann Seilacher: Die Bedeutung des Spiels im Spiel und der Durchbrechung der Illusion in den Dramen von Jean Anouilh. Schwäbisch Hall 1969 (Phil. Diss.)

H. Siepmann: Jean Anouilh. In: W. D. Lange (Herausgeber): Französische Literatur der Gegenwart in Einzeldarstellungen. Stuttgart 1971. Seite 532ff.

Josef Theisen: Anouilh. Berlin 1972

Philip Thody: Anouilh. London 1968 (Writers and critics 58)

Paul Vandromme: Jean Anouilh. Un auteur et ses personnages. Paris 1965. Deutsch: Jean Anouilh. Der Autor und seine Gestalten. München 1966 [Mit den wichtigsten Aufsätzen von Anouilh]

Jacques Vier: Le théâtre de Jean Anouilh. Paris 1976

Harald Weinrich: Fiktionsironie bei Jean Anouilh. In: Literaturwissenschaftliches Jahrbuch 2 / 1961, Seite 239–253

Zu »Antigone«

Rosaire Bellemare: Deux visages d'Antigone. In: Revue de l'Université d'Ottawa, Band 19 / 1949, Seite 335–359

Gary Chancelor: Three versions of Antigone. Hölderlin, Brecht, Anouilh. In: Orbis litterarum 34, 1979, Seite 87–97

F. H. Crumbach: Antigone. In: F. H. Crumbach: Die Struktur des epischen Theaters. Braunschweig 1960. Seite 129ff.

Otto Eberhardt: »Antigone« von Jean Anouilh als Darstellung eines Machtkampfes. In: Die Neueren Sprachen 83/2, 1984, Seite 171–194

Jean Firges: Anouilhs Antigone – ein Exempel der Pathologie oder der Metaphysik? In: Die Neueren Sprachen 11, 1973, Seite 595–607

Manfred Flügge: Verweigerung oder Neue Ordnung. Jean Anouilhs Antigone im politischen und ideologischen Kontext der Besatzungszeit 1940–1944. Rheinfelden 1982 [Mit Materialien zur Entstehung und zur Rezeption des Stückes sowie mit unveröffentlichten Texten von Jean Anouilh]

Simone Fraisse: Le mythe d'Antigone. Paris 1974

Étienne Frois: Antigone. Paris 1972 (Collection Profil d'une œuvre 24)

Manfred Krüger: Privatexistenz und öffentliche Meinung. In: Zeitung für französische Sprache und Literatur 1967, Seite 64–89

Wolfgang Schrank: Antigone. Grundlagen und Gedanken zum Verständnis des Dramas. Frankfurt am Main 1972

Zu »Becket oder die Ehre Gottes«

Louis Barjon: Becket ou l'Honneur de Dieu. In: Études No. 303, 1959, Seite 329–340

Brigitta Coenen-Mennemeier: Untersuchungen zu Jean Anouilhs Schauspiel Becket ou l'Honneur de Dieu. München 1964 (Sammlung Langue et Parole, Heft 6) [Die umfassendste Studie zu Anouilhs Stück, mit historischen Materialien und Vergleichen mit anderen Versionen]

Marianne Groh: Jean Anouilh: Becket. In: Die Neueren Sprachen 13, 1964, Seite 187–192

Thomas M. Jones (Herausgeber): The Becket Controversy. New York und London 1970

François Jost: Thomas à Becket in European fiction and drama. In: François Jost: Introduction to comparative literature. Indianapolis und New York 1974. Seite 188ff.

Georges Portal: Becket et son dépouillement. In: Écrits de Paris 311, 1972, Seite 123ff.

M. Rabut: Le thème de Thomas Becket dans Becket ou l'Honneur de Dieu de Jean Anouilh et dans Murder in the Cathedral de T. S. Eliot. In: Lettres d'humanités, 23, 1964, Seite 494–554

Seymour Reiter: Anouilh's Becket. In: World Theater, New York 1973, Seite 13–35